경호학원론

THE BASIC THEORY OF SECURITY SERVICE

양재열 지음

박영사

머 리 말

경호라는 개념이 도입되고 경호 임무를 수행하는 전문적 경호 기관이 대두되기 시작한 것은 1900년대를 기준으로 삼고 있다.

그 시기 이전에도 각국별로 고유 형태의 경호 제도가 있었으나 전문적 경호 조직에 의한 것이라기보다는 기존 공안 기관의 활용이나 특수 기관에 부수적으로 경호 임무를 부여하거나 필요시 임시적 조직에 의해 경호임무를 수행했다.

그러나 사회가 다변화되고 범죄 수법이 다양화, 지능화 됨에 따라 경호의 대상자들이 위해를 당하는 사례가 점차 증가 추세에 이르자 각국별로 전문적 경호 조직의 필요성이 대두되었고 그 요구에 따라 각자 그 나라의 경호 환경에 적합한 경호 기법과 경호 조직이 탄생하게 되었다.

경호 임무를 수행하는 경호원이란 생의 가장 귀한 목숨을 담보로 임무를 수행하는 자들이며 언제 어디서든지 자기의 목숨을 초개와 같이 버릴 수 있는 숭고함과 두철한 직업의식을 가지고 있다고 볼 수 있으며 역설적으로 이러한 위기의식이나 전문적 직업의식이 없다면 경호원으로서의 임무를 수행하기란 매우 어렵다고 볼 수 있다.

2000년 이후 주요 요인에 대한 위해 사례는 약 30여 건이 발생하였고 테러 대상은 국가 원수, 국왕, 교황, 정부 고위관료 등 공경호 측면에서의 경호 대상뿐만 아니라 민간 부문에서도 그룹회장, 기업 CEO, 유명 연예인이나 스포츠인에 이르기까지 위해기도가 확대되는 추세이다.

본 책자의 연구 범위는 1900년 이후부터 각국의 경호 전문 기관이 출범하여 현재에 이르기까지 여러 형태의 요인에 대한 경호 활동 중 성공 사례보다는 경호적 교훈이 충분한 실패 사례를 중심으로 문제점을 분석하여 보다 효과적이고 성공적 경호 활동을 위한 경호의 이론적 준거틀과 실제 경호 활동 현장에서 경호대상자에게 위해 기도가 발생하였을 경우 경호원으로서 경호대상자를 안전하게 보호하는 행동 절차 및 요령을 우발상황 이론에서 중점적으로 설명하였다.

연구 내용은 경호의 실제 면(경호 기법, 경호 활동)보다는 기본적 이론에 치중하여 경호 실시 및 활동에 앞서 기본적으로 알아야 할 근본이 되는 이론을 중점적으로 서술하였다.

지금까지의 요인에 대한 위해 사례를 분석해 볼 때 경호의 개념이나 원칙, 목표, 기본 원리 등이 소홀히 취급된 상태하에서 위해 사례가 많이 발생하였고, 위해 기도가 발생한 상황하에서도 즉각적인 경호 조치가 이루어지지 않아 추가적인 제2공격에 의해 또 다른 피해가 중복된 사례를 많이 볼 수가 있다.

경호학원론의 구성내용을 보면, 제1장에서 경호의 명확한 개념을 정립하기 위한 기초단계로서 테러와 경호의 근본적 차이점을 설명하였고 지금까지 발생한 요인에 대한 위해 사례 분석 결과 잘못 인식되고 있는 경호에 대한 착각 및 오해를 구체적 위해 사례를 이용 설명하였다.

그 외 경호의 중요성과 관련 법규의 법적 근거, 경호의 분류, 경호의 직업의식과 윤리관을 첨부하여 경호의 법적 근거와 윤리관을 정립해 보았다.

제2, 3장에서는 경호의 일반적이고 보편타당한 일반적 이론 및 원리로서 경호의 개념과 정의, 경호의 목적 및 목표, 원칙 등을 실질적 의미에서 경호 이론을 정립해 보고 경호 임무를 수행하는 요원들이 경호 활동에 앞서 기본적으로 터득해야 할 경호원의 3대 기본기와 실제 경호활동 면에서 적용되는 경호의 기본 원리로서 3중 경호 원리, 자연 방벽 효과의 원리, 대응 시간의 원리, 주의력 및 대응 효과의 원리 등을 이론적으로 정립하였다.

제 4 장에서는 앞에서 설명한 경호의 일반적 이론과 기본 원리를 터득한 후 실제 경호 활동 중 경호대상자에게 위해 기도가 발생하였을 경우 경호원으로서 경호대상자를 안전하게 보호하는 행동 절차 및 요령을 우발상황 이론으로 설명하였다.

경호는 공격 개념이 아니라 방어 개념이다. 경호현장에서 우발상황 발생시 공격을 가해온 범인을 저지하는 것이 중요한 것이 아니라 그 위험현장에서 경호대상자를 얼마나 신속하게 방호(Cover)하고 안전한 지역으로 대피(Evacuate) 시키느냐가 중요하다. 대적 개념보다 방호 및 우선 개념임을 강조하였다.

제 5 장에서는 각국의 경호 제도와 특성을 정치 체제와 경호 환경을 중심으로 정리해 보았고 제 6 장에서는 상황별 경호 종합 훈련 실습예시를 통하여 명확한 경호 개념 정립과 기본 이론 및 원리를 바탕으로 부단한 반복 훈련을 통해 자신도 모르게 조건반사적이고 무의식적으로 즉각적 경호 조치 행동이 나오도록 반복 숙달 훈련을 강조하였다.

현재 우리나라 대학 중 70여 개 대학에서 경호 관련 학과와 36개 대학에서 비서 관련 학과가 개설 운용되고 있다.

관련 학과 학생들에게 경호의 기본 지침서가 되기를 바란다.

또한 각 기업체 CEO, 보안책임자, 안전 담당자들에게 보안, 경호 안전 마인드 고취로 안정된 기업 경영 활동이 보장되길 바란다.

25년간 청와대 경호실 공경호 현장에서 경호 안전 실무를 담당하며 경호이론을 경호 실무에 접목시켜 경호 이론의 객관타당성을 정립하였고, 경호 관련 논문 주제로 연세대에서 석사학위를, 명지대에서 박사학위를 받았다.

또한 숭고한 직업인 경호를 평생 업으로 하고자 하는 후학들을 양성하고자 수년 전부터 경호학을 강의하고 있고 이론과 실무의 일치화와 사회 안전망 구축에 조금이나마 보탬이 되고자 민간 경호 경비 전문 회사 "㈜ 가엘 씨큐리티" 서비스도 창업, 경영하고 있다.

대학 강단에서, 경호 현장에서, 제대로 된 경호학 지침서가 필요하다는 간절한 마음이 이 책을 펴내게 된 동기이다.

이 책을 계기로 경호학 학문이 더욱 발전 정립되고 기업 보안이나 산업 보안에도 기본 지침이 되어 사회 안전망 구축에 도움이 되길 바란다.

2012

양재열

차 례

제1장 경호의 일반론

제2장 경호의 개념 및 일반 이론

제3장 경호의 기본 원리론

제4장 우발상황 이론

제5장 각국의 경호제도와 특성

제6장 경호 경비 실무

Chapter 1

경호의 일반론

Chapter 1

Introdoctory · Security · Service

경호의 일반론

제1절 테러와 경호의 차이점

1. 테러(테러리즘)의 개념

테러(Terror)는 어떤 정치적, 종교적, 사상적 목적을 위해 무차별로 폭력을 행사하거나 직접적인 공포 수난을 이용하는 행위를 말하며 일반적으로 테러라고 하면 테러리즘을 뜻한다.

테러는 위협, 폭력, 살상 등의 끔찍한 수단을 수반하므로, 테러, 테러리즘,[1] 테러리스트라는 말들은 사람들에게 공포와 전율을 느끼게 한다.

1) 테러리즘: 어떤 정치적 목정을 달성하기 위하여 직접적인 공포 수단을 이용하는 주의나 정책.
- 테러리즘이라는 용어는 1789년 프랑스 혁명 당시 혁명정부의 주역이었던 J마라, G. J

1937년 국제연맹(League of nation)에서 개최된 "테러리즘 방지와 처벌에 관한 회의"는 국제적 차원에서 테러리즘의 개념을 정의한 첫 번째 시도였다.

이 회의에서 테러리즘을 '한 국가에 대하여 직접적인 범죄 행위를 가하거나, 일반인이나 군중들의 마음속에 공포심을 일으키는 것'이라고 규정하고 국가 원수나 배우자에 대한 살상, 공공시설 파괴 등을 테러리즘에 포함시켰다.

테러리즘은 '정치적 목적이나 동기가 있으며, 폭력의 사용이나 위협이 따르고, 심리적 충격과 공포심을 일으키며, 소기의 목표나 요구를 관철시킨다는 4가지 공통점을 지니고 있다.

이와 같은 테러 행위의 형태[2)]는 크게 8가지로 구분 할 수 있다.

즉, 폭파, 무장 공격, 암살, 항공기 납치, 인질 납치, 시설물 점거, 방화, 약탈 등으로 구별할 수 있으며 이러한 각종 테러 행위가 일어나지 않도록 테러에 대한 예방과 대비책을 강구하는 것을 대테러(counter terror)라고 한다.

20세기 이후 테러의 범죄 수법은 점차 지능화, 정보화, 흉포화, 다양화되어 소수의 정치적 목적이나 이해 관계를 떠나 자본주의 경제 체제하에서의 소외, 불만 등이 집단적 복수심으로까지 확대되어 전혀 예상치 못한 일반 시민들에게까지 테러 행위가 증가되고 있는 추세이다.

국제 테러 조직으로는 검은 구월단, 붉은 여단, 자하르, KKK단, 하시시, 헤즈볼라, 아일랜드공화군(IRA: Irish Republican Army), 아프가니스탄의 무자헤딘, 터키의 인민해방군(TPLA: Turkish People's Liberation Army), 콜롬비아의 M-19(April 19 Movement), 일본의 적군파(JRA: Japanese Red Army), 알

당통, 로베스피에르 등이 공화파 집권 정부의 혁명과업 수행을 위하여 왕권 복귀를 꾀하던 왕당파를 무자비하게 암살, 고문, 처형하는 등 공포정치를 자행하였던 사실(史實)에서 유래.

2) 이기천, "북한테러리즘에 관한 연구," 연세대학교 행정대학원 석사학위논문, 1990, 17면.

카에다 등 그 수는 300개 이상으로 추정하며, 이 테러 조직들은 상호 협조, 연계 활동을 통해 능력을 강화하고 국가간 이념과 이해가 상충될 때에는 테러 행위를 묵인, 방조, 조장하는 데 결정적 역할을 하기도 한다.

최근에 발생한 대표적 테러 사건으로는 9. 11 테러(September 11, Attacks)[3]를 들 수 있다.

2001년 9월 11일 4대의 민간 항공기를 납치한 이슬람 테러 단체에 의해 감행된 동시다발 자살테러로 뉴욕 세계 무역 센터 건물(110층 쌍둥이 빌딩)이 붕괴되고 수백 명의 사망자와 수천 명의 실종자가 발생하고 워싱턴 DC의 국방부 펜타곤이 공격을 받은 대 참사를 말한다.

2. 테러의 전술적 특성

이와 같이 테러의 전술적 특성은 공격 전술이다.

내 자신의 몸을 최대한 은폐, 엄폐 시켜 목표물(적)에 가장 가까이 접근하여 최대의 살상 효과를 나타내는 군대 전술인 공격 전술이다.

물론 자살폭탄이나 납치한 항공기를 목표물에 돌진하는 자살 행위도 있지만 테러의 전술 기본은 공격 전술이다. 최소의 노력으로 최대의 효과를 나타내어야 하며 내가 죽지 않고 살아서 최대한의 적을 많이 살상해야 하는 군내 전술과 일맥상통한다.

최대의 살상 효과를 주기 위해 기습, 기만 전술, 습격, 매복, 각종 사격과 폭파 기술 연마, 위장, 변장술, 심리전 등 공격 전술의 특성을 모두 포함한다고 볼 수 있다.

---

3) 희생자: 뉴욕 세계 무역 센터(WTC): 실종 4,972명, 사망 152명, AA11편 탑승객 92명 사망, UA175편 탑승객 65명 사망/워싱턴 DC-미 국방청사: 사망 또는 실종 125명, AA77편 탑승객 64명 사망/펜실베니아 주-UA93편 탑승객 44명 사망.

3. 경호의 전술적 특성

결론부터 말하면 경호는 방어 전술이다.

앞에서 기술한 바와 같이 테러의 형태는 크게 8가지(폭파, 무장 공격, 암살, 항공기 납치, 인질 납치, 시설물 점거, 방화, 약탈)로 구별할 수 있고 이러한 테러 행위를 예방하고 대비책을 강구하는 것을 대테러라고 설명하였다.

경호는 각종 테러 행위 중에서도 주요 관심 사항은 암살(Assassination)이다.

국내외 요인 위해 사례를 분석해 본 결과 테러 전술인 공격 전술 개념으로 경호 전술을 인식하여 요인 보호 임무 수행 중 우발상황 발생시 각종 공격 전술 개념 적용으로 경호대상자를 잃거나 부상을 당하는 위해 사례를 많이 볼 수 있다.

"위해 기도자(적)를 먼저 보고 먼저 쏘자", "범인 제압이 우선이다," "고수의 현란한 무술이 경호대상자를 보호하는 데 효과적이다"라는 공격 전술에 입각한 경호 임무 수행시 경호대상자를 효과적으로 보호하지 못하고 경호 현장에서 경호대상자를 잃거나 부상을 당함으로써 경호의 존재 가치가 상실되는 것을 그동안 각종 요인 위해 사례 분석 결과 얻은 결론이다.

앞으로 경호의 개념 정립, 경호의 기본 이론, 원칙, 우발상황 이론 등에서 경호는 공격 전술이 아니라 방어 전술이라는 것은 끊임없이 논의될 것이다.

4. 테러와 경호의 차이점

테러와 경호는 상호 밀접한 관계에 있지만 전술 면에서의 개념상으로는 현격한 차이가 있다고 볼 수 있다.

테러가 불특정 다수인을 공격 목표로 하는 공격 전술인 데 비해 경호는 단수인 개인의 신변 보호를 목표로 하는 방어 개념이라는 데서 크게 성격을 대별할 수 있다.

테러 행위의 형태에는 폭파 행위, 무장 공격, 암살, 항공기 납치, 인질 납치, 시설물 점거, 방화 및 약탈 행위 등이 포함되는데, 이러한 테러 행위에 대한 대비책이 대테러[4]이고, 경호는 테러 행위 형태 중에서도 폭파 행위나 무장 공격 행위에서도 상호 연관성을 가지고 있으나 경호에서 가장 관심을 두는 분야는 바로 암살(Assassination) 행위이다.

또한 현재까지 각국의 국가 원수들이 위해를 당했거나 위해 미수에 그친 사례들을 종합해 볼 때 소수(1~2명)에 의한 암살 행위가 차지하는 비율이 80% 이상이니 됨을 볼 수 있다.[5]

경호란 오랜 시간 동안 총격전을 벌여 적을 격퇴시키거나 적보다 아측의 사상자가 적다고 만족할 수 있는 집단적 개념의 전투와는 본질적으로 다르다.

인간이 할 수 있는 모든 일에 한 번의 실수는 용납이 되고 그 실수의 경험을 바탕으로 차후엔 더 나은 결과를 얻을 수 있는 데 비해, 경호는 실수를 용납지 않는 특수한 성격을 지니고 있다.[6]

경호에 있어 한 번의 실수는 곧 경호대상자를 잃게 하는 결과를 초래하고 경호대상자를 잃는다는 것은 곧 경호의 존재 가치가 무의미한 것으로 나타나기 때문에 경호의 중요성은 날로 그 의미를 더해 간다고 볼 수 있다.

동서 냉전 체제 종식 이후 국가 원수에 대한 위해 사례는 계속적인 증가 추세를 보여 왔으며, 국제화 개방화에 편승한 각종 위해 사례의 증가로 인해 경호를 담당하는 각국의 경호 전문 기관은 많은 부담감을 내포하고 있는 실정이다.

---

4) 이기천, 전게논문, 18면.

5) 양재열, "경호의 기본적 이론에 관한 연구," 연세대학교 행정대학원 석사학위논문, 1995, 2면.

6) 양재열, 전게논문, 2면.

그림 1-1 테러와 경호의 차이점

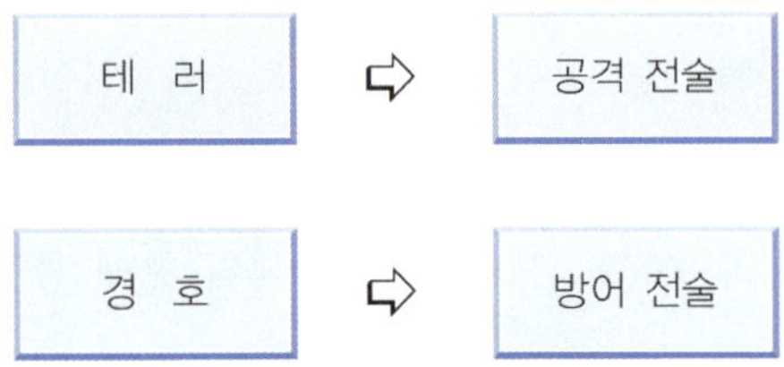

이와 같이 테러와 경호의 근본적 전술적 차이점을 명확히 이해해야 경호의 목적인 경호대상자를 안전하게 보호하는 데 효과적이라 할 수 있다.

테러와 경호의 전술적 차이점을 〈그림 1-1〉과 같이 표시할 수 있다.

제2절 경호의 편견

[정신적인 면]

1. 인상, 용모 면의 착각(오해)

- 범인(위해자)은 "험상궂다", "우락부락하다", "못생겼다", "범죄형이다"라는 인상학적 이론에 대한 착각 및 오해

전문적 경호조직이 나타나기 전인 1900년대 이전에는 경호원은 "사주경계시 얼굴, 눈, 손을 감시하라고[7] 교육받았다.

즉 경호대상자가 일반 군중들과 악수를 교환할 때 경호원은 상대방의 얼굴, 눈, 손을 주시하고 경계해야 한다는 것이다.

그 이유는 눈은 곧 그 사람의 마음의 창이기 때문에 위해 기도자는 눈

7) Dennis V. N, McCarthy & Philip W. Smith, *Protecting the president*, 1998, p. 40.

을 통하여 행동의 어색함이나 불안감이 나타난다는 이론에 의한 것이다.

그러나 1900년대 이전의 인상에 초점을 두고 얼굴, 눈, 손을 주시하라는 것은 이론적으로는 그럴듯하나 실제 경호 현장에서는 상당히 어렵고 불가능하다.

경호대상자가 수많은 군중 속을 지나간다든지 선거 유세와 같은 많은 사람과 악수를 교환하는 상황은 정적이 아니라 유동적 상황이기 때문에 경호원이 경호대상자를 방호함과 동시에 이동하면서 경계 대상자들의 얼굴, 눈, 손을 본다는 것은 실제적으로 효과적이지 못하다.[8)]

이러한 "인상에 초점을 둔 얼굴, 눈, 손을 감시하라"는 이론은 1901년 9월 6일 미국의 제25대 윌리암 맥킨리 대통령이 암살 당함으로써 벽에 부딪히고 한계에 이르게 된다.

범인 '레오 촐골즈'(28세)는 오른손에 권총을 숨기고 수건을 감아 부상을 위장하여 행사장인 리셉션장에 도착, 군중 속에 잠복 대기하던 중 맥킨리 대통령이 도착하여 환영 군중과 악수를 할 때 접견인 대열에 끼어 차례를 기다리고 있었다.

자기의 접견 차례가 되자 대통령 앞으로 다가서며 왼손으로 악수를 청하는 척하며 오른손에 은닉하였던 권총으로 2발을 발사하여 대통령의 흉부와 복부에 명중시켜 중상을 입혔고 대통령은 병원으로 후송되어 긴급치료를 받았으나 사망하였다.

이때 경호원과 경찰들은 '촐골즈'의 인상이 순진하게 보여 거들떠보지도 않았으며, 범인 앞뒤에 있던 털보와 거구의 흑인을 중점 감시하였다.[9)]

이 사건에서 우리는 그 당시 경호 근무자들이 인상에 초점을 두고 경계대상자들을 감시했다는 것을 알 수 있다. 범인의 인상이 순진하게 보여 거들떠보지도 않았고 의심도 하지 않았으며 그의 앞뒤에 있던 거구의 흑인만을

---

8) 양재열, 전게논문, 28면.
9) Dennis V. N, McCarthy & Philip W. Smith, *op. cit.*, p. 77.

감시했던 것이다. 범인의 인상이 순진하게 보였다고 감시 및 경계를 소홀히 한 결과였다.

범인 체포 후 심문시 경호 책임자가 범인을 처음 보는 순간 “아니, 이렇게 순진한 사람이?”하고 놀랐다는 말은 인상에 의한 얼굴, 눈, 손을 감시하라는 기존의 이론에 수정을 가하는 계기가 되었다.

또한 여기서 우리는 좋은 교훈을 찾아낼 수 있다. 즉 “경호원의 편견”을 지양해야 된다는 것이다. 범인에 대한 편견, 악인의 image 등이 고정 관념에 쌓여 ‘악인은 험상궂다’라는 타성적 생각은 과감히 버려야 한다.[10)]

위해자의 모습은 다음과 같은 글에서 잘 설명되고 있다.[11)]

첫째, 위해자의 모습은 당신이 만나는 첫 사람, 둘째, 셋째, 넷째 사람과 닮았다.

둘째, 자신도 모르는 사이 악인은 항상 험상궂어야 하는 것으로 몸에 배었기 때문이다. 경호원은 그러한 편견을 버려야 하며 냉철하여야 하고 일단 누구든 의심하고 보아야 한다.

셋째, 외모, 즉 인상으로 위해 기도자를 가려내기란 매우 곤란하다. 행동이 부자연스러운 자를 살펴야 하고 주변 상황과 환경에 조화되지 않는 점들을 경호원들은 찾아내야 한다.

“의심하고 경계하라, 그리고 또다시 의심하고 경계하라”

아무리 강조해도 지나침이 없는 경호(원)의 명심해야 할 문구이다. 경호 위해 사례를 분석 종합해 본 결과 경호 위해 기도자나 범인 또한 일반 범죄 사건의 범인은 오히려 말쑥하고 잘생기고 용모가 준수한 인상착의를 가진 자가 범인이었음을 잊어서는 안 된다.

다음 범인들의 인상이나 용모를 보면 범인은 “험상궂다”, “우락부락하다”, “범죄형이다”라는 고정관념이 얼마나 위험한가를 보여주는 사례이다.

---

10) 양재열, 전게논문, 30면.

11) Dennis V. N, McCarthy & Philip W. Smith, *op. cit.*, p. 82.

그림 1-2 J. F 케네디 대통령 암살범 '오스왈드'[12)]

그림 1-3 레이건 대통령 암살범 '존, 힝클리'[13)]

12) 1963년. 11. 22. 미 대통령 J. F케네디가 선거 유세차 텍사스 주 댈러스에서 오픈카 퍼레이드 중 저격범이 소총 총탄을 맞고 사망한 사건(3발중 2발 명중)으로 현장 부근에서 L. H 오스왈드가 용의자로 체포, 범인 오스왈드도 구치소로 수감 이동 중 J 루비에게 사살됨.

13) 1981. 3. 30. 워싱턴 D.C 힐튼 호텔 앞 노상에서 환영나온 군중에게 답례하는 순간 환영 군중 속의 범인 힝클리(25세)가 3미터 거리에서 22권총으로 2초에 6발을 발사하여 레이건의 왼쪽 폐에 명중되었으나 경호원들의 즉각적인 조치로 생명에는 이상이 없었던 사건(대피의 경호 모범 사례임).

그림 1-4 8.15 육영수 여사 암살범 '문세광'[14)]

문세광

그림 1-5 화성부녀자 연쇄 살인범 'ㅇㅇㅇ'[15)]

연쇄살인사건 피의자 강호순 씨. 오른쪽은 2004년경 충남 바닷가에서 찍은 사진.

14) 1974. 8. 15. 장충동 국립극장에서 제29주년 광복절 기념식 행사 중 범인 문세광(재일 교포 2세, 23세)이 3.8리볼버 권총으로 단상으로 돌진하며 5발을 발사, 제4탄이 육영수 여사 우측 두부를 관통하여 절명케 한 사건.

15) 2009. 1. 27 검거된 강호순이 2006~2008년까지 경기도 서남부 일대에서 저지른 여성 연쇄 납치 살인 사건, 연쇄적으로 여성 7명을 납치 살해한 혐의로 2009. 8. 3. 사형 확정.

범인들의 인상 용모는 오히려 준수하고 용모 단정한 젊은 청년들임을 볼 수 있다.

2. "내가 먼저 쏠 수 있다"라는 착각(오해)

위해 기도자가 경호대상자를 향하여 총으로 위해를 시도할 경우 경호원의 입장에서 범행의 순간을 인지하고 경호원 자신의 총을 뽑아 대응하는 것이 경호대상자를 보호하는 데 효과적이냐, 아니면 경호대상자 방호를 우선개념으로 두는 것이 효과적이냐를 설명하는 부분이라 할 수 있다.

앞에서 설명했듯이 테러는 공격 전술이지만 경호는 방어 전술이라고 전술적 차이를 기술한 바 있다. 경호 현장에서 경호원이 먼저 범인을 발견해야하고 범인보다 경호원이 먼저 쏠 수 있어야 한다는 공격 전술에 입각한 개념 때문에 경호 현장에서 경호대상자를 효과적으로 보호하지 못하고 최악의 경우에는 경호대상자의 생명까지 잃게 하는 사례들을 국내외 위해 사례 분석 결과를 통해 얻은 결론이다.[16)]

경호 현장에서 항상 우발상황은 일어날 수 있다는 가능성을 한시라도 잊어서는 안 된다.

공격의 주도권은 위해 기도자(범인)가 가지고 있고 수많은 군중 속이나 실내 행사장 다수 참석자 중에서 누가 범인이고 위해 기도자인지는 사전에 알 수가 없다.

행사장에서 우발상황이 일어나지 않도록 선발경호에 의해 사전 안전 조치가 선행되고 안전이 확보된 행사장이라 하더라도 0.1%의 오차나 사각지점으로 인해 우발상황이 항상 일어날 수 있기 때문에 부단한 감시와 경계를 전문가적 시각에서 놓치지 않아야 한다.

---

16) Philip Melanson, *The Politics of protection – The U.S Secret Service in the Terrorist Age*, 1988, p. 155.

경호원은 총소리가 난후, 위해 기도자의 위해 행위 동작 개시 이후 반응하게 됨을 명심해야 한다.

범인이 누구인지도 모르고 어떤 방법으로 위해 기도를 가할지 알 수가 없기 때문이다. 다양한 예상 상황을 염두에 두고 부단한 교육과 훈련을 통한 전문가적 시각으로 만약의 사태에 철저히 대비하는 것이다.

인간이 외부의 자극에 대하여 위협을 인지하고 뇌의 판단과 명령을 통하여 신체적 반응을 개시할 때까지의 시간을 '신체 감응 시간'[17]이라 하며 일반성인의 평균 신체 감응 시간은 0.3초가 소요되는 것으로 알려져 있다. 이 시간은 개인차가 있지만 짧게는 0.1초로부터 길게는 0.5초까지 소요된다.

경호 행사장에서 위해 기도자(범인)가 총으로 위협을 가할시 첫 총성이나 범인의 돌진 행동을 보고 경호원은 반응하게 됨으로 신체 감응 시간을 고려할시 범인보다 평균 0.3초 반응이 늦어진다고 볼 수 있다.

따라서 내가 경호원의 입장이라면 범인(위해 기도자)을 내가 먼저 보고, 먼저 쏜다는 것은 이론적으로는 타당성이 없다고 할 수 있다.

위해 기도자 행동 이후 얼마나 신속하게 반응하고 경호대상자 보호를 위해 즉각 경호 조치를 하느냐가 경호원으로서의 추구해야 할 가치이자 목표이다. 이러한 이유로 경호는 방어 전술이지 공격 전술이 아니라는 것이다.

모 기관에서 0.725 사격 훈련을 실시한 바 있다.

훈련된 경호원이 범인을 먼저 보고 먼저 쏘기 위해 착안된 사격 훈련이다. 경호원이 범인을 향해 가장 빨리 1발을 쏠 수 있는 시간을 0.725초로 계산한 것이다.

신체 감응 시간 0.3초, 사격 소요 시간 평균 0.4초, 실탄이 총구를 떠나 7미터 표적에 도달할 때까지의 탄두 비행 시간 0.025초를 계산한 수치이다.[18]

---

17) 스포츠과학연구원자료.

18) 스포츠과학연구원 자료: 사격 소요 시간은 총을 뽑아서 거총 후 격발을 하여 실탄이 총구를 이탈할 때까지의 시간을 말하며 무조준 사격시 평균 0.4초, 조준사격시 평균 2.2초가 소요. 실탄이 7미터를 비행하는 데 소요되는 시간은 0.025초이며, 일반 성인 남자가 100미터를 주행하는 데 소요되는 시간은 평균 14.02초로 알려져 있다.

위해 기도자(범인)를 먼저 보고 먼저 쏘아서 제압해야 한다는 논리로 0.725초에 1발을 발사하는 속사 훈련을 한 것이다.

그러나 국내외 위해 사례를 분석한 결과를 종합해 볼 때 경호원이 범인을 먼저 보고 먼저 쏜 사례는 단 한 건도 없으며 공격 주도권을 위해 기도자가 가지고 있고 범인이 1발을 쏘거나 위해 행동을 한 직후 경호원들은 신속한 반응 및 방어 자세를 취하기 때문에 범인보다도 신체 감응 시간인 평균 0.3초 늦게 반응할 수밖에 없다는 결론[19]에 이르게 된다.

이러한 논리로 0.725 사격 훈련은 우발상황시 경호대상자를 효과적으로 보호하는 데 전혀 도움이 되지 않는 이론과 훈련으로써 0.725 사격 훈련은 얼마 지나지 않아 교육 훈련 과목에서 제외되었다.

범인 제압보다 경호대상자 방호가 우선 개념이라는 것은 경호 이론에서 조금 더 자세히 설명하도록 한다.

[육체적인 면]

3. “고수의 현란한 무술이 효과적이다”라는 착각(오해)

보편적으로 일반인들은 호신용으로 무술을 배우고 연마하게 된다.

각자의 신체적 조건과 체형, 순발력 등을 고려하여 본인에게 적합한 무술을 택하여 심신 단련과 무도인으로서의 정신 자세를 함양하게 된다.

태권도, 유도, 합기도, 검도, 전통 무예, 특공 무술 등 개인적으로 수련할 수 있는 무도의 종류가 다양하다.

경호 활동에 있어서도 무술의 필요성은 아무리 강조해도 지나침이 없다.

각종 무도 수련을 통하여 개인의 정신 수양, 심신 단련은 물론이고 내 자신의 호신뿐만 아니라 최소한 불의한 현장에서 정의에 가치를 두고 소수의 악한 행위자들을 제압할 수 있다면 무도 수련의 효과는 배가 될 수 있을

19) 양재열, 전게논문, 54면.

것이다.

유단자가 되고 고단자가 될수록 무도 기술의 수준은 현란한 고수의 수준으로 향상되어 간다.

영화나 TV 드라마에서 또는 경호 무술 시범에서 경호원들은 만능의 초능력적인 존재로 과도하게 미화되는 경우가 많다.

경호원은 총에 맞아도 이상 없고 수십 명의 악당들이나 위해 기도자들을 현란한 고수의 무술로 순식간에 제압하는 경우를 많이 볼 수 있다. 실제적으로 이러한 고수의 현란한 무술이 과연 우발상황 발생시 경호 현장에서 경호대상자 보호에 효과적일까?

국내외 위해 사례 분석 결과를 종합해 볼 때 경호대상자 주변 근접 경호원이 고수의 현란한 무술로[20] 위해 기도자(범인)를 제압하는 동안 경호대상자는 방치될 수밖에 없고 방호벽이 형성되지 않은 상태에서 또 다른 방향에서의 제2공격이나 양동 작전 등에 의해 경호대상자가 위해를 당하는 경우가 많았다.[21]

경호 현장에서 우발상황 발생시 경호대상자 방호를 극대화하면서 가장 단순하고 치명적인 동작으로 범인을 제압해야 한다.

저자가 공직 재직시 2004년 6월 5일~6월 10일 폴란드 바르샤바에서 개최된 '국제 경호책임자 회의'[22]에 참석하여 세계 30여 개국의 경호 책임자들과 경호 기법, 경호 사례 발굴, 경호 시범 등을 연구하고 토의한 경험이 있었다.

마지막 날 경호 종합 시범시 이스라엘 경호 시범단의 우발상황 발생시 경호원의 행동 및 조치요령 시범이 있었다.

경호대상자를 중앙에 두고 4명의 근접 경호원이 도보 대형 이동 중 범

---

20) 위해 기도자(범인)를 제압하기 위해 2단 공중회전차기, 부양2단차기, 고수의 회전뒷축차기 등의 고난도 기술.

21) 양재열, 전게논문, 74면.

22) 국제 경호책임자 회의는 회원국이 약 50개국이며 2년마다 회의를 개최한다.

인이 칼이나 총을 들고 경호대상자를 향해 돌진할 시 경호원의 조치 요령 시범이었다.

범인이 위해를 가하기 위해 뛰어들 때 3명의 경호원은 경호대상자를 방호하며 신속히 대피 자세를 취하고 1명은 대적 임무를 취하되 경호대상자 방호 범위를 이탈하지 않고 방호 효과를 극대화하며 단순한 방어 동작으로 범인에게 대응하는 자세를 보여주었다.

경호대상자를 그대로 방치한 채 범인을 제압하기 위해 2단 옆차기나 공중회전차기 등 고수의 무술을 발휘하는 것이 아니었다.

우발상황 발생시 경호대상자 방호에 우선개념을 둘 것인가? 범인 제압에 우선을 둘 것인가?

공격 전술에 입각한 범인 제압에 우선개념을 두다 보니 경호대상자가 위해를 당하거나 생명을 잃는 최악의 경우도 많았다는 것이 요인 경호 위해 사례 분석 결과 얻은 결론이다.

고수의 현란한 무술은 무도 시범시 그동안 연마한 기술을 마음껏 발휘하는 말 그대로 시범 목적상이다.

경호 현장에서 우발상황 발생시 범인 제압이라는 대적 개념보다는 경호대상자 방호 및 대피에 우선개념을 두어야 경호의 목적인 경호대상자 보호에 효과적[23]이라는 것을 명심해야 한다.

경호 무도 시간에도 이 개념을 명확히 인식하여 방호 및 대피 훈련에 치중을 해야 한다.

경호는 방어 전술임을 잊어서는 안 된다.

23) 양재열, 전게논문, 75면.

그림 1-6 국제 경호책임자 회의 사진 자료[24)]

그림 1-7 국제 경호책임자 협회장(독일 BKA국장, 2005년)

24) 국제 경호책임자 협회(APPS: Association of personal protection service): 유럽 20개국 경호기관의 우호협력관계 증진을 위해 1994년 헝가리 부다페스트에서 창설된 APPS는 현재 50개국 61개 기관이 참여하는 전 세계 유일의 경호 기관 협의체임.

- 경호 관련 기법 및 정보를 교환하고 국가간 경호 행사의 원할한 진행 및 협력을 위해 2년마다 개최

* 2010년 5. 31~6. 2 제10차 APPS총회가 서울에서 개최(대통령실 경호처 주관)-37개국 42개 경호기관 관계자 100여명이 참석하여 G20 정상회의 준비상황 점검 및 토의.

방어 전술인 경호 무도와 대비되는 공격 전술(군대 전술)의 대표적 무술인 특공 무술을 간략히 소개해 보면, 특공 무술은 북한 특수부대의 격술에 대응하는 한국군의 무술 필요성에 의해 창시된 무술이다. 제4공화국 당시 급변하는 세계 정세와 혼란한 국내 정세로 인하여 각종 사회 범죄 발생 빈도가 급증하고 테러의 위협이 대두되자 1978년 6월 대테러 부대를 창설하였다.

이 부대는 부대 임무상 특수 임무를 수행하게 됨으로 일당백의 능력 보유가 필요하고 기존의 무술과는 특수한 기법의 무술 개발이 요구되어 현재 사단법인 대한특공 무술협회 장○○ 총재를 대테러 부대 전임 사범으로 임명하고 특수임무 수행에 적합한 무술 연구와 새로운 기법을 개발하도록 하였다.

1978년 11월 개발한 새로운 무술을 당시 대통령 경호실장에게 시범을 보이자 격찬을 아끼지 않았고 박정희 대통령에게 보고되어 무술 명칭을 '특공 무술'로 하사 받고 1979년 6월 박정희 대통령이 참석한 가운데 청와대 연무관에서 시범을 보이게 되었다.[25)]

이후 특공 무술이 특수 임무 수행(공격 전술)에 가장 적합한 무술이라는 평가와 함께 특전사 예하 전 공수여단에 보급 개시함으로써 특공 무술이 군의 정규 교육 과목으로 채택되어 현재까지 장병들의 체력 단련과 정신 수양, 특수 임무 수행에 일조를 하고 있다.

특공 무술은 공격 전술의 대표적 무술이라 할 수 있다.

내 몸을 최대한 은폐, 엄폐시켜 적에게 최대한 접근하여 기습 효과로 최대의 살상 효과를 내는 군대 전술의 대표적 공격 전술의 무술이다. 반면 경호무술은 내 몸을 은폐, 엄폐가 아니라 오히려 체위 확장을 하여 경호대상자 방호 효과를 극대화해야 하는 방어 전술이다.

공격 전술과 방어 전술의 전술상의 현격한 차이를 명확히 인식하고 경호현장에서 임무수행시 경호의 목적인 경호대상자를 효과적으로 보호할 수

---

25) 대한특공 무술협회, 홈페이지(www.tgmsa.org), 특공 무술의 역사 참조.

가 있다.

경호 무술(경호 무도)이란 경호대상자에 대한 위해 기도시 기존의 호신 무술이나 공격 전술에 입각한 특공 무술 등으로는 효과적인 대응이 어려워 경호대상자 보호에 효과적이고 방어 전술에 입각한 단순 동작으로 개발한 요인 보호용 무술이라 할 수 있다.

그래서 용인대학교에서 개발한 요인 보호용 종합 무술을 '용무도'라 하며 대통령실 경호처에서 교육 훈련하는 무술을 '경호 무도'라 칭하는 이유가 여기에 있다.

4. "범인(위해 기도자)제압이 우선이다"라는 착각(오해)

경호 현장에서 우발상황 발생시 범인 제압이 우선개념인가? 경호대상자 방호가 우선개념인가?하는 문제이다. 국내외 위해 사례 분석을 종합해 본 결과 경호 행사 현장에서 우발상황 발생시 공격 전술에 입각하여 범인 제압에 치중하다 보니 오히려 경호대상자가 위해를 당하거나 생명을 잃는 최악의 경우까지 발생하는 사례를 다수 접할 수 있었다.

예를 들어 흑인 인권운동가인 말콤X 암살 사건, 포르투갈 국왕 및 왕자 암살 사건, 8.15 문세광 저격 사건 등은 경호 현장에서 우발상황 발생시 경호대상자 방호보다 범인 제압에 우선 개념을 두고 경호 조치를 하다보니 경호대상자를 보호하지 못하고 경호 실패로 끝난 대표적 사례라고 볼 수 있다. 첫 번째 사례로 1965년 발생한 흑인 인권 운동가 말콤X 암살 사례를 살펴보기로 한다.

범인들은 2개 팀으로 나누어 양동 작전을 구사하였다. 말콤X가 연설을 하는 동안 왼쪽에서 1팀이 일어서며 단상을 향해 공격을 하자 내부에 배치된 경호원과 경찰은 모두 왼쪽 방향에서 공격하는 범인을 제압하기 위해 주의가 집중되는 사이 또 다른 2팀이 반대편 오른쪽에서 말콤X를 향해 무차별로

표 1-1 말콤X 암살 사건 개요[26)]

일 시	1965년 2월 21일
장 소	뉴욕 맨하탄 컨벤션 홀
범 인	토마스 헤이건 외 2명
개 요	실내 강연회(흑인 50명 참석) 연설 도중 토마스 헤이건 외 2명의 암살범들에 의해 저격당함(3m 거리 내에서 권총 난사) 이 총격으로 말콤X는 얼굴과 가슴에 20여 발의 총탄을 맞고 병원으로 이동 중 사망

* 말콤X 암살범, 45년만에 가석방(2010. 4. 28일자 아시아 투데이).

권총 사격을 가해 결국 말콤 X는 사망하게 된다.

두 번째 사례로 범인 제압에 치중하다보니 경호대상자 2명을 동시에 사망케 한 사례를 보기로 한다.

이 사례에서도 많은 경호적 교훈을 얻을 수 있으나 범인의 양동 작전에 기만 당했고 행차 도중 위험에 봉착하였을 때 근접 경호원들은 경호대상자

표 1-2 포루투갈 국왕(카를루스 1세) 및 필립 왕자 암살사건 개요[27)]

일 시	1908. 2.1
장 소	리스본 연도
범 인	Manoel Buica, Alfredo Costa
개 요	국왕 암살을 계획하고 국왕 동선을 탐지한 우크라이나 민족주의 과격분자의 범인들은 양동 작전으로 국왕과 왕자를 동시 살해. 마차로 페레이드 도중 서쪽에서 코스타가 소리 지르며 나오자 경호원들이 서쪽 연도쪽 범인에게 몰려듬. 이때 동쪽에 생긴 공백을 이용하여 뷔카가 국왕마차에 올라가 국왕에게 5발의 권총을 쏴 2발을 목과 등에 명중시켜 사살. 경호원들이 국왕 쪽으로 몰리며 혼란해지자 반대편 코스타가 칼빈소총으로 2발을 쏴 왕자까지 사살 범인 코스타와 뷔카도 현장에서 경호원 및 경찰에 의해 사살됨

26) 말콤X: 1925년 5월 19일 네브라스카 주 오마하의 빈민가에서 태어난 말콤X는(본명, 말콤 리틀: malcolm little) 세살 때 그의 아버지가 백인들에 의해 무참히 살해되자 어머니는 충격으로 정신병원에 수용되고 자신은 마약과 절도 등의 밑바닥 생활을 전전하다가 6년 동안 감옥 생활에서 독서를 통해 흑인 인권 운동에 눈을 뜸. 그는 출옥 후 자신의 이름을 말콤X로 개명. 그는 흑인 인권 운동가로서 마틴 루터 킹(1929~1968)과 함께 1960년대 대표적 흑인 인권 운동을 대변한 인물임(www.cafe.naver.com/대한민국 역사연구소).

27) 카를루스 1세(1863~1908): 포르투갈 왕국의 33대 국왕으로 포르투갈 역사에서 최초로 암

를 중앙에 에워싸고 방호할 자세를 취해야 했으나 난입자에게 집중, 경호대상자를 방치함으로써 또 다른 범인이 마차에 뛰어올라 제2공격을 할 수 있었던 것이다.

경호의 개념에서 자세히 설명하겠지만 경호 현장에서 우발상황 발생시 우선 조치의 개념은 방호 및 대피이지 대적이 아니다. 범인 제압에 우선 개념을 두고 경호대상자 방호에 소홀히 하다 보니 국왕과 왕자를 동시에 잃어버리는 치명적 경호 실패 사례라 볼 수 있다.

세 번째 사례는 1974년 국내에서 발생한 경호 실패의 대표적 사례인 8.15 문세광 사건을 살펴보기로 한다.

이 사건은 1963년 미국에서 발생한 J.F Kennedy 암살 사건과 동일하게 경호적 교훈이 큰 대표적 경호 실패 사례로서 지금도 각국 경호 경비 보안 기관에서 사례연구로 오르내리는 치욕적 사례이다.

8.15 문세광 사건은 이 책 후반부 우발상황 이론에서 자세히 설명이 되

표 1-3 8.15 문세광 사건[28)]

일 시	1974년 8월 15일 10 : 23분경
장 소	장충동 국립극장 1층
범 인	문세광(당시 23세, 조총련계 재일교포 2세)
개 요	제29주년 광복절 기념식 행사 중 박정희 대통령의 기념사 진행 동안 범인 문세광이 3.8리볼버 권총을 들고 단상으로 돌진하여 5발을 발사, 박 대통령 저격은 실패하였으나, 제4탄이 육영수 여사의 우측 두부를 관통하여 절명케 한 사건

살당한 군주임.
이 사건으로 카를로스 국왕과 루이스 필립 왕세자가 동시에 사망하여 어린 아들인 미누엘이 포르투갈 왕가의 마지막 왕이 되었음(위키백과/http//ko.wikipedia/org).

28) 문세광: 1955년생 사건 당시 23세. 조총련 재일교포 2세로 1972년 9월 조총련 정치부장 김호룡에게 포섭되어 박정희 대통령 암살 범행 모의. 1974년 8월 6일 3.8 권총 1정과 실탄 5발을 트랜지스터 라디오 케이스 속에 은닉, 위장 여권으로 김포공항에 입국 후 조선 호텔에 투숙하여 범행 준비. 사건 후 문세광은 재판에 회부되어 1~3심 모두 사형을 선고 받고 1974. 12. 20. 사형이 집행(출처: http//blog.naver.com).

기 때문에 이 장에서는 간략히 범인 제압의 우선 개념을 두다보니 경호대상자를 효과적으로 보호하지 못한 측면만 강조하기로 한다.

이 사건은 여러 가지 문제점이 많지만 본란에서는 우발상황 발생시 경호대상자를 효과적으로 보호하기 위해서는 범인을 제압하기 위한 대적 개념보다는 경호대상자에 대한 방호 및 대피가 우선 개념이라는 데에 초점을 맞추기로 한다.

범인이 단상을 향해 권총을 발사하며 돌진하는 상황이 발생하자 경호원들이 단상에 임석한 경호대상자에 대한 방호 및 대피보다 대적, 즉 범인 제압 및 검거에 주력함을 볼 수 있다.[29)]

범인 제압 시간 동안 단상은 완전히 무방비 상태로 방치되어 있었고 또 다른 공범이 있어 단상을 향해 수류탄을 투척, 사격 등 제2공격이 있었다면 더 큰 피해를 입을 수도 있었다.

당시 문세광은 초탄 오발을 포함하여 5발을 7.5초에 쏘았는데 그 중 4탄이 육영수 여사 우측 두부를 관통했던 것이다.

시간적으로 분석해 볼 때 신속한 방호 및 대피 조치가 있었더라면 육영수 여사도 보호할 수 있었다.

사건 종료 후 문세광이 재판을 받을시 본인의 진술 내용을 보더라도 대적 개념 우선보다 신속한 방호 및 대피가 있었다면 육영수 여사도 보호할 수 있었다는 것을 알 수 있다.

문세광은 육영수 여사를 쏘게 된 경위를 다음과 같이 진술하고 있다.

"2탄을 쏘고 난 후 단상에 있던 대통령의 표적이 없어지자(문세광의 2탄 총성 후 박 대통령은 방탄 연대 뒤로 스스로 은폐) 육영수 여사를 쏘았다"[30)]라는 신술 내용을 볼 때 대석 개념보다 경호대상자의 방호 및 대피가 우선 개념이라는 중요성을 알 수 있다.

---

29) 사건 당시 mbc tv녹화 동영상 참조.
30) 8.15 문세광 사건 재판 기록.

신속한 방호 및 대피 조치가 있었다면 육영수 여사도 피격 당하지 않았을 것이다.

8.15 사건 당시 단상에 위치한 경호대상자의 즉각적 방호 및 대피 조치가 미비한 상황을 경호의 전문가도 아닌 언론인이 정확하게 지적한 기사를 하나 소개하기로 한다.

그는 경호원으로서의 경호실장(당시 박종규)의 태도에 대해 지적했다.

첫째. 경호실장의 태도이다.

범인이 총을 들고 단상을 향해 저격할 당시 응수 사격 자세를 취할 것이 아니라 대통령을 우선 몸으로라도 막을 수 있는 자세(방호)를 취했어야 했다는 사실이다. 물론 경호실장이 총을 들고 단상 앞으로 나올 땐 대통령도 순간적으로 연대 뒤로 피했지만 경호실장은 당연히 대통령 앞으로 뛰어나왔어야 했다.[31]

경호 현장에서 우발상황 발생시 경호대상자 보호라는 경호의 목적을 달성하기 위해서는 대적 개념보다 방호 및 대피가 우선 개념이다.

이 사건에서도 단상에 위치한 경호실장은 대적 자세를 취할 것이 아니

그림 1-8 8.15 사건 당시 대적 상황

31) 언론인 이범용, 1989. 8. 20. 일요신문 게재.

라 당연히 경호대상자를 방호하고 대피하는 데 중점을 두었어야 했다.

우발상황 발생시 범인 제압이 우선이라는 개념은 경호의 착각이고 오해이며 경호대상자를 보호하는 데 효과적이지 못하다.

5. "내 몸의 은폐, 엄폐가 효과적이다"라는 착각(오해)

공격 전술과 방어 전술 중 어느 것이 경호의 목적 달성에 효과적인가?

공격 전술의 대표적인 것은 군대 전술이다. 군대 전술의 기본은 내 자신의 몸을 최대한 은폐, 엄폐 시켜 적에게 최대한 접근하여 기습 작전이나 기만 작전으로 최대의 살상 효과를 나타내야 하는 것이 군대 전술의 핵심이다. 작전 요소 중의 하나인 내 자신이 끝가지 살아남아야 성공적 임무수행이라 할 수 있다. 그러나 경호에서 요구하는 것은 공격 전술이 아니라 방어 전술이다.

경호의 가장 기본적 핵심은 방어 개념이라는 데에서부터 출발해야 한다. 내 자신의 몸을 지키는 호신용이 아니라 남을 보호해야 하는 즉 경호대상자를 보호해야 하는 경호용인 것이다.

모든 경호 이론과 실제, 사격 훈련, 무도 훈련, 체력 훈련 등의 제반 교육 훈련은 방어 개념에 입각하여 실시되어야 한다.

내 자신의 몸을 은폐 엄폐가 아니라 오히려 체위 확장[32]을 해야 하며 체위 확장으로 경호대상자에게 방호 효과를 극대화하며 본능 역행 훈련[33]을 끊임없이 반복 숙달해야 한다.

본능 역행과 체위 확장 훈련을 함양하기 위한 미국 비밀 경호대의 사격

---

32) 양재열, 전게논문, 91면.
체위 확장의 원칙: 우발상황 발생시 경호원 자신의 몸을 은폐, 엄폐가 아니라 최대한 확장 노출시켜 경호대상자에 대한 방호 효과를 극대화해야 한다는 대응 이론의 원칙.

33) 저자가 명명한 용어로 경호원은 본능과 반대되는 훈련을 반복 숙달해야 우발상황 발생시 경호대상자를 효과적으로 보호할 수 있다. - 총소리 나는 방향으로 경호원 자신의 몸을 최대한 확장 노출시키는 훈련.

훈련 자세를 소개하고자 한다.

사 례 미국, 비밀 경호대(SS: Secret Service) 경호원의 사격 훈련 자세[34)]

레이건 대통령이 재임시 경호원들의 사격 훈련장을 방문했을 때 경호원들이 몸을 구부려 안전 자세를 취하지 않고 꼿꼿이 서서 사격 훈련하는 것을 목격하고 "그런 사격 자세는 적에게 좋은 표적 거리가 되는 것이 아니냐?"고 묻자 사격교관은 "이같은 사격 자세는 우리 몸으로 경호대상자의 몸을 보호하는 데 더 효과가 있다"고 답변했다.

평시 사격 훈련에서도 경호원들은 항상 대통령과 공격자 사이에 위치하여 가능한 큰 표적이 되기 위해 꼿꼿한 자세를 유지하도록 교육시키고 있으며 모든 교육 훈련을 경호 근무에 도움이 되고 연관되게 하고 있다.

이러한 반복적 교육 훈련의 성과로 인해 1981. 3. 30. 레이건 대통령 저격 미수 사건 발생시 (범인: 힝클리) 대통령 근접에 있던 티모니 메카시[35)] 경호원은 몸을 구부리거나 피하지 않고 범인 힝클리를 향해 가능한 한 최대로 자기 몸을 확장시켜 경호대상자를 보호하는 자세를 보여주었다.

우발상황 발생시 자기의 몸으로 범인이 쏜 총알의 표적이 되었고 6발의 총알이 발사되는 가운데 본능적으로 자기가 살기 위해 자신의 몸을 은폐, 엄폐 시킨 것이 아니라 반대로 체위를 확장시킨 것이다.

경호 현장에서 위해 기도자의 총성이 나게 되면 대부분의 일반 사람들은 자기 보호 본능이 무의식적으로 나타나게 된다.

그러나 경호원은 반사적인 자기 방어나 보호 본능은 절대 금물이다. 미국의 비밀 경호대 요원들은 "경호대상자를 위해 자기 자신이 표적이 되라"고 훈련받고 있고 "경호원들은 항상 경호대상자와 공격자 사이에 위치하여 가

34) Dennis V. N, McCarthy & Philip W. Smith, *op. cit.*, 1988, p. 66.
35) 티모니 메카시: 사건 당시 복부에 총상을 입었고(당시 31세), 사건 종료 후 경호원 최고 영예인 용맹훈장을 받았으며 경호원으로 계속 임무수행하다가 1993년 경호원직에서 은퇴하여 현재는 민간 보안 전문회사 운영 중.

능한 한 큰 표적이 되기 위해 꼿꼿한 자세를 유지하도록 교육하고 있다.[36)]

우발상황 발생시 본능과 역행되게 체위 확장을 잘 보여주는 사례는 앞에서도 잠시 언급한 바와 같이 1981. 3. 30. 레이건 저격 미수 사건시 경호원 '티모니 메카시'의 행동에서 엿볼 수 있다. 범인 힝클리의 총성이 울림과 동시에 주변의 일반 참모들이나 경찰 근무자는 자기 보호 본능에 의해 모두 피하거나 몸을 구부리는 데 경호원 티모니 메카시는 몸을 구부리거나 피하지 않고 사격 방향으로 몸을 돌리며 가능한 한 몸을 최대한 확장하며 경호대상자에 대한 방호 효과를 극대화하는 것을 볼 수 있다.

즉 자기 몸으로써 평소에 훈련 받은 내로 사격의 표적이 된 것이다. 범인을 제압하기 위해 자신의 총을 뽑아 대적하는 것이 아니라 자신의 몸으로써 경호대상자를 보호했던 것이다.

사건 종료 후 일본의 후지 TV에 출연해 그 때 당시 몸을 피하지 않고 어떻게 사격 방향으로 몸을 향할 수 있었느냐라는 질문에 그는 "자신도 모르게 조건 반사적으로 사격 방향으로 몸을 돌렸다. 이것은 평소의 부단한 반복 훈련의 결과이다"라고 답변했다. 우발상황시 특히 총기류에 의한 위해 기도가 발생할 경우 인간의 기본적 보호 본능을 뛰어넘어 경호원으로서 체위 확장을 하며 방호한다는 것은 생각만 가지고는 상당히 어렵다. 부단한 반복 훈련을 통해 자신도 모르게 조건 반사적이고 무의식적으로 행동이 나올수 있도록 반복 훈련을 해야만 한다.

경호는 공격 개념이 아니라 방어 개념이다.[37)]

우발상황 발생시 경호대상자를 안전하게 보호하기 위해서는 방어 전술에 입각한 즉각 조치 행동이 더 효과적임을 국내외 위해 사례 분석 결과 얻은 결론이다.

36) 미국 비밀 경호대, 훈련 교범 참조.
37) 양재열, 전게논문, 91면.

제3절 경호의 일반 개념론

1. 경호의 중요성

동서 냉전 체제 종식 이후 국가 원수에 대한 위해 사례는 계속적인 증가 추세를 보여 왔으며, 세계화 개방화에 따른 각종 위해 요소의 증가로 인해 경호를 담당하는 각국의 경호 전문 기관은 많은 부담감을 내포하고 있는 실정이다.

2000년도 이후 국가 원수(국왕, 대통령, 수상, 총리 등)급에 대한 위해사례만 보더라도 2002년 프랑스 '죠스팽' 총리 돌맹이 피습 사건, 2004년 대만 '천수이벤' 총통 암살 미수 사건, '카디로프' 대통령 폭탄 암살 사건, 2005년 터키 총리 암살 미수 사건, 2006년 소말리아 대통령 암살 미수 사건, 2007년 러시아 대통령 암살 미수 사건, 2008년 파키스탄 전 총리 암살 사건, 2009년 태국 총리 차량 습격 사건 등 총 20여 건에 이른다.[38)]

테러와 경호는 상호 밀접한 관계에 있지만 전술 면에서의 개념상으로는 현격한 차이가 있다고 이미 강조한 바 있다.

테러가 불특정 다수인을 공격 목표로 하는 공격 전술인 데 비해 경호는 단수인 개인의 신변 보호를 목표로 하는 방어 개념이라는 데서 크게 성격을 대별할 수 있다.

또한 현재까지 각국의 국가 원수들이 위해를 당했거나 위해 미수에 그친 사례를 종합해 볼 때 소수(1~2명)에 의한 암살 행위가 차지하는 비율이 80% 이상이나 됨을 볼 수 있다.

국왕 및 대통령 등 국가 원수는 대외적으로 국가를 대표하며 대내적으로는 국가를 보위하고 헌법을 수호할 책임이 있다. 따라서 국가 원수에 대한 경호는 한 개인의 생명과 신체를 보호하는 차원의 문제가 아니라, 국가와 민

38) www.pss.go.kr 요인 테러 사례 자료실 참조.

족을 보위하는 국가 안보적 차원에서 완벽하게 수행되지 않으면 안 된다.

국가의 안전 보장이 중대한 위협을 받아 국가 보위가 위태로워지고 국가의 기본적인 헌법이 위협을 받게 될 때[39] 대통령은 헌법에 따라 국가 보위의 책임을 다하여야 한다.

이와 같이 주요 요인에 대한 경호는 한 개인의 생명 자체를 보호하는 것으로 그치는 것이 아니라 그것은 국가와 민족을 보위하는 것이 되는 것이다.

즉 국가 원수에 대한 경호는 경호기관에 부여된 지상 최대의 대명제인 것으로서 경호 실패 사고는 단순히 치안상 문제로 그치는 것이 아니라 나아가 국가와 민족의 운명과 직결되는 결과로 파급된다는 것을 자각해야 한다.[40]

국가 원수에 대한 완벽한 경호는 국가 안전망 구축과 직결됨을 명심하여야 한다.

사경호 측면에서도 경호의 중요성은 아무리 강조해도 지나침이 없다.

범죄 양상이 갈수록 조직화, 다양화 추세로 사회 공동체 기반을 위태롭게 하며 날로 심각해지는 무법, 탈법적인 각종 대인 범죄의 위험에 대비하기 위하여 특정 개인의 안전을 민간 전문 경호 업체에 의뢰하는 경우가 증가하고 있다. 공권력이 미처 미치지 못하는 부분에 개인 스스로 신변 보호 및 피해 방지책을 강구해야 한다는 요구가 높아짐에 따라 민간 전문 경호 업체를 찾게 되는 사례가 점점 증가하고 있는 추세이다.

인간이 할 수 있는 모든 일에 한 번의 실수는 용납이 되고 그 실수의 경험을 바탕으로 차후엔 더 나은 결과를 얻을 수 있는데 비해, 경호는 실수를 용납시 않는 특수한 성격을 지니고 있다.

경호에 있어 한 번의 실수는 곧 경호의 대상자를 잃게 하는 결과를 초래하고 경호의 대상자를 잃는다는 것은 곧 경호의 존재 가치가 무의미한 것으로 나타나기 때문에 경호의 중요성은 날로 그 의미를 더해 간다고 볼 수 있다.

39) 그 예로서 미국의 경우 1963. 11. 22. J. F 케네디 대통령 암살 사건과 우리나라의 경우 1979년 10. 26 박정희 대통령 암살 사건을 들 수 있다.

40) 김두현, 「경호학개론」, 엑스퍼트, 2010, 25면.

2. 경호의 법원(法源)

"경호"가 사회 안전망 구축의 한 영역으로서 그리고 산업의 일부로서 인정 받고 자리매김하기 위해서는 객관적이고 명확한 근거가 바탕이 되어야 한다. 이러한 '원천' 즉 존재 근거를 설명하기 위해서는 '경호'는 논리적 객관성을 근거로 한 법(法)적 테두리 내에 존재하여야 한다. 그래야만 하나의 산업으로서 그리고 치안 서비스의 한 요소로서 인정을 받고 보호를 받을 수 있기 때문이다. 이러한 법적 토대를 경호의 "법원(法源)"이라 하며, 경호 활동 전반에 영향을 주는 법원은 〈표 1-4〉와 같다.

표 1-4 경호의 법원[41]

구 분	공경호(대통령실 경호처, 경찰)	사경호(민간 경호 업체)
헌 법	헌 법	
법 률	대통령 등의 경호에 관한 법률	경비업법
	전직대통령 예우에 관한 법률	청원경찰법
	경찰관 직무집행법	
명 령	대통령 등의 경호에 관한 법률 시행령	경비업법 시행령
	전직대통령 예우에 관한 법률 시행령	청원경찰법 시행령
	경찰관 직무집행법 시행령	
규정(규칙)	대통령 경호안전대책위원회 규정	보안업무규정
	경호업무규정, 경호업무지침, 경호경비계획지침	경비업법 시행규칙, 청원경찰법 시행규칙, 보안업무규정 시행규칙
조약(국제법규	SOFA(한미 행정 협약)	

가. 헌 법

직접적인 경호 활동에 대한 언급은 없으나 입법, 사법, 행정부 주요 경

41) 최정택, 「경호학개론」, 진영사, 2008, 71면 재구성.

호대상자의 법적 지위를 규정하고 있다, 대통령의 지위, 책무, 행정권, 국군통수권에 관한 정의(제66조, 제74조)와 국무총리와 각 정부관료 및 국내외 행정관료, 정치인 등 경호대상자가 되는 요인에 대한 기준 및 지위(전직 대통령: 제85조, 국무총리: 제86조 등)를 설정한다. 또한 국민의 위해에 대한 국가 차원의 보호와 의무에 대하여 언급하고 있다(제30조, 제34조).[42)]

제30조	타인의 범죄 행위로 인하여 생명, 신체에 대한 피해를 받은 국민은 법률이 정하는 바에 의하여 국가로부터 구조를 받을 수 있다.
제34조	⑥ 국가는 재해를 예방하고 그 위험으로부터 국민을 보호하기 위하여 노력하여야 한다.
제66조	① 대통령은 국가의 원수이며, 외국에 대하여 국가를 대표한다.
	② 대통령은 국가의 독립, 영토의 보전, 국가의 계속성과 헌법을 수호할 책무를 진다.
	③ 대통령은 조국의 평화적 통일을 위한 성실한 의무를 진다.
	④ 행정권은 대통령을 수반으로 하는 정부에 속한다.
제86조	① 국무총리는 국회의 동의를 얻어 대통령이 임명한다.
	② 국무총리는 대통령을 보좌하며, 행정에 관하여 대통령의 명을 받아 행정각부를 통할한다.

나. 법률, 명령

법률(Law)이란 국회가 헌법상의 입법절차에 따라 제정한 일반적 추상적인 법형식을 말하는데, 경호 및 경비와 관련된 법률로는 대통령 등의 경호에 관한 법률, 전직대통령 예우에 관한 법률, 경찰관 직무집행법, 청원경찰법, 경비업법 등이 있다.

1) 대통령 등의 경호에 관한 법률[43)]

최초의 대통령경호실법은 대통령의 경호를 담당하는 대통령경호실을

42) 최정택, 전게서, 72면.
43) 2008. 2. 29. 기존의 「대통령경호실법」이 「대통령 등의 경호에 관한 법률」로 개정됨.

두기 위하여 1963년 12월 14일 법률 제1507호로 제정되었다. 이후 1999년 2차개정, 2005년 3차 개정이 있었고 2008년 이명박 정부가 들어서면서 「대통령경호실법」이 「대통령 등의 경호에 관한 법률」로 변경하고 대통령 실장 소속하에 경호처를 설치하는 등의 4차 개정이 있었다.

이 법은 대통령에 대한 경호를 효율적으로 수행하기 위하여 대통령실 경호처의 조직·직무범위와 그 밖에 필요한 사항을 규정함을 목적으로 하고 있다. 경호, 경호구역, 경호처 소속공무원에 대한 정의를 내리고 있다. 그리고 대통령과 그 가족, 대통령 당선인과 그 가족, 본인의 의사에 반하지 아니하는 경우에 한하여 퇴임 후 10년 이내의 전직대통령과 그의 배우자 및 자녀, 대통령권한대행과 그 배우자, 방한하는 외국의 국가 원수 또는 행정수반과 그 배우자 및 경호처장이 경호가 필요하다고 인정하는 국내외 요인으로 경호처의 경호대상을 지정하고 있다. 경호처장과 차장의 임명과 직급, 경호공무원 및 경호처 구성원에 대한 임용 및 활동에 대하여 설명하고 있다. 그 밖에 경호공무원의 정년,징계 및 보상 등에 대하여 논의하고 있으며 경호대상에 대한 경호업무를 수행함에 있어 관계 부처의 책임을 명확하게 하고 협조를 원활하게 하기 위한 대통령경호안전대책위원회 설치에 대하여 다루고

제 1 조	(목적) 이 법은 대통령 등에 대한 경호를 효율적으로 수행하기 위하여 경호의 조직·직무범위와 그 밖에 필요한 사항을 규정함을 목적으로 한다.〈개정 08. 2. 29〉
제 4 조	(경호대상) ① 경호처의 경호대상은 다음과 같다.
	1. 대통령과 그 가족
	2. 대통령 당선인과 그 가족
	3. 본인의 의사에 반하지 아니하는 경우에 한하여 퇴임 후 10년 이내의 전직대통령과 그의 배우자 및 자녀. 다만 대통령이 임기 만료 전에 퇴임한 경우와 재직중 또는 퇴임 후 사망한 경우 경호 기간은 그로부터 5년으로 하되, 퇴임 후 사망한 경우의 경호 기간은 퇴임일부터 기산하여 10년을 넘지 아니하는 범위 내에서 사망 후 5년으로 한다.
	4. 대통령권한대행과 그 배우자
	5. 대한민국을 방문하는 외국의 국가 원수 또는 행정수반과 그 배우자
	6. 그 밖에 처장이 경호가 필요하다고 인정하는 국내외 요인

[전문개정 2011. 4. 28]

있다. 하위법인 대통령 등의 경호에 관한 법률 시행령에서는 경호처 직제와 임용, 대통령 등의 경호에 관한 법률 시행에 필요한 사항을 다룬다.

2) 전직대통령 예우에 관한 법률(시행령)[44]

전직대통령 예우에 관한 사항을 규정함을 목적으로 하며, 이 법은 전직대통령 또는 그 유족에 대하여 적용한다. 연금 지급과 유족연금, 전직대통령을 위한 기념사업에 대한 지원 등에 대하여 기준을 정한다. 또한 연금 산정 기준, 유족에 대한 기준, 기간과 지급일까지의 세부사항에 대하여 설명하고 있으며 의료 진료와 사무실 및 차량의 제공 그리고 기타 운영경비 지급에 관한 내용까지 다루고 있다.

제 1 조	(목적) 이 법은 전직대통령의 예우에 관한 사항을 규정함을 목적으로 한다.
제 2 조	(정의) 이 법에서 전직대통령이라 함은 헌법에서 정하는 바에 따라 대통령으로 선출되어 재직하였던 사람을 말한다.
제 6 조	(그 밖의 예우) ① 전직대통령은 비서관 3명과 운전기사 1명을 둘 수 있고, 전직대통령이 서거한 경우 그 배우자는 비서관 1명과 운전기사 1명을 둘 수 있다.
	② 제 1 항에 따라 전직대통령은 둘 수 있는 비서관과 운전기사는 전직대통령이 추천하는 사람 중에서 임명하며, 비서관은 고위공무원단에 속하는 별정직공무원으로 하고 운전기사는 별정직공무원으로 한다.
	③ 전직대통령 또는 그 유족에게는 관계 법령에서 정하는 바에 따라 다음 각호의 예우를 할 수 있다.〈개정, 1988. 2. 24〉 1. 필요한 기간의 경호 및 경비 2. 교통, 통신 및 사무실의 제공 등의 지원 3. 본인 및 그 가족에 대한 치료 4. 그 밖에 전직대통령으로서 필요한 예우

[전문개정 2011. 5. 30]

앞으로 전직대통령이 서거한 경우 배우자에 대한 품위 유지 및 의전 필요성 등을 고려해 비서관(별정직공무원 1명)과 운전기사(별정직공무원 1명)를 지원할 수 있도록 동법 시행령을 개정(2010. 1. 26)하였다.

44) 전직대통령 예우에 관한 법률: 1969. 1. 22(제정) 1981. 3. 2(일부개정) 1988. 2. 24(일부개정) 1995. 12. 29(일부개정) 2005. 12. 29(일부개정) 2011. 5. 30(전문개정).

3) 경찰관직무집행법(시행령)

경찰관직무집행법은 국민의 자유와 권리의 보호 및 사회 공공의 질서 유지를 위한 경찰관의 직무수행(범죄 예방, 진압, 수사, 경비, 요인경호, 대간첩 작전 수행, 치안정보의 수집·작성·배포·교통 및 기타 공공의 안녕과 질서유지)에 필요한 사항을 규정함을 목적으로 한다. 직무의 범위, 불심 검문, 보호 조치에서 범죄 및 위해의 예방과 제지에 대하여 활동 기준을 정하고 있으며 무기, 장구, 장비에 대한 사용범위와 대상 등에 대하여 명시하고 있다.

제 1 조	(목적) ① 이 법은 국민의 자유와 권리의 보호 및 사회공공의 질서유지를 위한 경찰관(국가경찰공무원에 한한다. 이하 같다)의 직무수행에 필요한 사항을 규정함을 목적으로 한다.
	② 이 법에 규정된 경찰관의 직원은 그 직무수행에 필요한 최소한도 내에서 행사 되어야 하며 이를 남용하여서는 아니 된다.
제 2 조	(직무의 범위) 경찰관은 다음 각호의 직무를 행한다. 〈개정 2011. 8. 4〉 1. 국민의 생명·신체 및 재산의 보호 2. 범죄의 예방·진압 및 수사 3. 경비·요인경호 및 대간첩작전수행 4. 치안정보의 수집·작성 및 배포 5. 교통의 단속과 위해의 방지 6. 기타 공공의 안녕과 질서유지

4) 청원경찰법(시행령, 시행규칙)

청원경찰이란 국가기관 또는 공공단체와 그 관할하에 있는 중요시설, 사업장, 국내주재 외국기관 기타 행정 자치부령으로 정하는 중요시설, 사업장 또는 장소 등의 책임자나 시설 사업장의 대표가 소요 경비를 부담하는 조건으로 경찰에 배치 신청을 하는 경우 기관시설 또는 사업장 경비를 위해 배치하는 경찰을 말한다. 이러한 청원경찰제도는 갑자기 늘어난 산업시설의 경비 활동을 감당할 수 없게 되면서 만들어진 제도로 1973년 청원경찰법이 제정되었다. 청원경찰은 경비구역 내에서는 경찰관직무집행법에 의한 경찰관 업무를 제한적으로 행사한다. 임용권자가 국가기관, 지방 자치 단체장인 경우 예외적으로 공무원의 신분을 갖지만, 일반적으로 청원경찰의 신분은 민간인으로서 시설 업체 및 기관의 자체 취업 규칙에 따른 신분 및 보수 규정에 따른다. 그러나 직무 특성상 형법, 기타 법령 및 청원경찰법과 시행령상 특별히 규정한 경우 벌칙 적용은 공무원 신분으로 한다.

제 1 조	(목적) 이 법은 청원경찰의 직무·임용·배치·보수·사회보장 기타 필요한 사항을 규정함으로써 청원경찰의 원활한 운영을 기함을 목적으로 한다. [전문개정 2010. 2. 4]
제 2 조	(정의) 이 법에서 "청원경찰"이라 함은 다음 각호의 1에 해당하는 기관의 장 또는 시설·사업장 등의 경영자가 소요경비(이하 "청원경찰경비"라 한다)를 부담할 것을 조건으로 경찰의 배치를 신청하는 경우에 그 기관·시설 또는 사업장 등의 경비를 담당하게 하기 위하여 배치하는 경찰을 말한다. 1. 국가기관 또는 공공단체와 그 관리하에 있는 중요시설 또는 사업장 2. 국내주재 외국기관 3. 기타 행정자치부령으로 정하는 중요시설·사업장 또는 장소 [전문개정 2010. 2. 4]
제 3 조	(청원경찰의 직무) 청원경찰은 제 4 조 제 2 항의 규정에 의하여 청원경찰의 배치결정을 받은 자(이하 "청원주" 라 한다)와 배치된 기관, 시설 또는 사업장 등의 구역을 관할하는 경찰서장의 감독을 받아 그 경비구역만의 경비를 목적으로 필요한 범위에서 「경찰관직무집행법」에 따른 경찰관의 직무를 수행한다. [전문개정 2010. 2. 4]

5) 경비업법(시행령, 시행규칙)[45]

경비업법은 1976년 국가중요시설, 산업시설 그리고 공공시설 등에서 위해 발생을 방지하는업무, 운반 중에 있는 현금 등에 대한 도난 등의 위해 발생을 방지하는 업무의 일부 또는 전부를 도급받아 행하는 영업행위를 말한다(경비업법 제 2 조 제 1 항). 이러한 채용업자가 사용인으로 경비업무를 수행하는 자를 '경비원'이라 한다. 민산 경비 업체는 법인으로 제한하며 이에 대한 법률은 경비업법에 특별한 규정이 없는 한 민법상의 법인에 관한 규정을 준용하고 있다. 그러므로 민간 경비 업체에 소속된 경비원의 신분은 민간인으로 한정 된다. 그러므로 형법상의 위법성 조각사유인 정당방위, 정당행

45) 최정택, 전게서, 76~79면 참조 및 재구성.

위, 긴급피난, 자구행위, 및 피해자의 승낙과 형소법상의 현행범 체포에 대한 권한만이 부여된다.

제 1 조	(목적) 이 법은 경비업의 육성 및 발전과 그 체계적 관리에 관하여 필요한 사항을 정함으로써 경비업의 건전한 운영에 이바지함을 목적으로 한다.
제 2 조	(정의) 이 법에서 사용하는 용어의 정의는 다음과 같다. 〈개정 2005. 5. 31〉 1. "경비업"이라 함은 다음 각목의 1에 해당하는 업무(이하 "경비업무"라한다)의 전부 또는 일부를 도급받아 행하는 영업을 말한다. 가. 시설경비업무: 경비를 필요로 하는 시설 및 장소(이하 "경비대상시설"이라 한다)에서의 도난, 화재 그 밖의 혼잡 등으로 인한 위험발생을 방지하는 업무 나. 호송경비업무: 운반 중에 있는 현금, 유가증권, 귀금속, 상품 그 밖의 물건에 대하여 도난, 화재 등 위험발생을 방지하는 업무 다. 신변보호업무: 사람의 생명이나 신체에 대한 위해의 발생을 방지하고 그 신변을 보호하는 업무 라: 기계경비업무: 경비대상시설에 설치한 기기에 의하여 감지, 송신된 정보를 그 경비대상시설 외의 장소에 설치한 관제시설의 기기로 수신하여 도난, 화재 등의 위험발생을 방지하는 업무 마. 특수경비업무: 공항(항공기를 포함한다) 등 대통령이 정하는 국가중요시설(이하 "국가중요시설"이라 한다)의 경비 및 도난, 화재 그 밖의 위험발생을 방지하는 업무

경비업법에 의하여 경비업은 법인이 아니면 영업을 할 수 없도록 규정하고 있으며 이에 대한 민법상의 사단법인에 준하도록 규정을 하고 있다. 즉 설립에 있어서 주무관청의 허가를 받게 하고 있으며, 법인사무에 관한 검사, 감독 등도 주무관청에 의하여 이루어지도록 규정하고 있다. 특히 경비업자는 경비원을 지도, 감독하고 교육하기 위하여 경비지도사를 선임하도록 규정하고 있다.

다. 규정, 규칙

1) 대통령경호안전대책위원회 규정46)

대통령 경호 임무를 수행함에 있어서 관계 부서의 책임을 명확히 하고,

46) 대통령경호안전대책위원회: 「대통령 등의 경호에 관한 법률」 제16조에 명시.
① 대통령 등 제4조 제1항(경호처 경호대상자)의 규정에 따른 경호대상에 대한 경호업무를 수행함에 있어 관계 부처의 책임을 명확히 하고 협조를 원활하게 하기 위하여 경호처에 대통령경호안전대책위원회를 둔다.

관계 부서간의 협조를 원할히 함으로써 대통령 경호 임무 수행에 만전을 기하기 위하여 본 위원회의 구성, 운영과 관계 부서의 책임 사항을 규정함을 목적으로 한다.

경호안전대책과 관련된 규정의 연혁을 보면, 1974년 대통령경호·경비대책위원회규정의 제정, 1975년에는 대통령경호·경비안전대책통제단설치에관한규정과 안전대책사범처리협의회 규정이 제정되어 시행되어 오다가 1979년에 발생한 10. 26 사건을 계기로 1979년 12월 27일에 모두 폐지되었다.

그러나 1981년 3월 2일 대통령령 제10233호로 전문 6개조와 부칙으로 구성된 대통령경호안전대책위원회규정이 새로이 제정된 후 13차 개정되어 현재까지 시행되고 있는데, 그 주요 골자를 보면 다음과 같다.

제 1 조	(목적) 이 영은 「대통령 등의 경호에 관한 법률」 제16조에 따른 대통령경호안전대책위원회의 구성 및 운영에 관하여 필요한 사항을 규정함을 목적으로 한다. 〈개정 2008. 2. 29〉
제 2 조	(구성) 대통령경호안전대책위원회(이하 "위원회"라 한다)의 위원은 국가정보원 6국장, 외교통상부 재외동포영사국장, 법무부 출입국·외국인정책본부장, 국방부 조사본부장, 문화체육관광부 관광산업국장, 방송통신위원회 통신정책국장, 국토해양부 항공정책관, 관세청 조사감시국장, 대검찰청 공안기획관, 경찰청 보안국장, 소방방재청 소방정책국장, 해양경찰청 경비안전국장, 합동참모본부 작전부 작전처장, 국군기무사령부 1처장, 수도방위사령부 작전처장과 위원장이 임명 또는 위촉하는 자로 구성한다. 〈개정 2009. 12. 29〉

첫째, 대통령실 경호처장 소속하에 위원회를 두며, 위원장은 대통령실 경호처장이 되며, 부위원장은 경호처 차장으로 한다. 위원은 외교통상부재외동포영사국장, 경찰청 보안국장, 해양 경찰청 경비안전국장, 법무부 출입국·외국인정책본부장, 국방부 조사본부장, 대검찰청 공안기획관, 소방방재청 소방정책국장, 문화체육관광부 관광산업국장, 방송통신위원회 통신정책국장, 국토해양부 항공정책관, 국가정보원 6국장, 관세청 조사감시국장, 합동참모본부 작전부 작전처장, 국군기무사령부 1처장, 수도방위사령부 작전

처장 및 위원장이 임명 또는 위촉하는 자로 구성한다.[47]

둘째, 위원회는 대통령의 경호에 필요한 안전 대책 업무, 경호에 유관한 첩보 및 정보의 상호 교환 분석, 기타 경호상 필요하다고 인정되는 제반 사항을 관장하도록 한다.

셋째, 대통령경호안전대책작용에 관하여는 위원회 구성원 전원과 그 구성원이 속하는 기관장이 공동으로 책임을 지도록 하고, 각 구성원의 책임 사항을 구체적으로 정하고 있다.

넷째, 대통령경호안전대책위원회의 소관 사항을 예비 심의하여 위원회로부터 위임 받은 사항의 처리를 위하여 위원회에 실무위원회를 둘 수 있다.

2) 경호 규정 및 경호 규칙

대통령 등의 경호에 관한 법률 시행령 제36조에서는 이 영의 시행에 관하여 필요한 사항은 대통령실장이 정하도록 위임하고 있으며, 이에 기하여 경호업무 규정 등 수십 개의 경호 규정을 제정·시행하고 있다.

그리고 경찰청장이 1991년 7월 31일 훈령 제12호로 경호 규칙 등을 제정 시행하고 있다. 이 규칙은 경호 차량으로 경호대상자를 호위 안내함으로써 교통의 원할한 소통을 도모함과 동시에 의식 행사를 겸한 노상 행차의 신변 안전을 도모하는 등 경호업무의 세부적인 규정을 정하고 있다. 다만, 그 부칙에서 대통령실 경호처 지침과 경호 규칙이 상이할 경우는 대통령실 경호 지침이 우선한다고 규정하고 있다.

라. 조약 및 국제 법규[48]

조약이란 문서에 의한 국가 사이의 합의를 말하며, 그 형식이 조약·협정·의정서 또는 각서의 어느 것인지를 가리지 아니한다.

---

47) 대통령경호안전대책위원회 규정 제 2 조(구성).

48) 김두현, 전게서, 33면.

우리 헌법 제6조 제1항은 헌법에 의하여 체결·공포된 조약과 일반적으로 승인된 국제 법규에 대하여 국내법과 같은 효력을 인정하고 있으므로, 조약이나 국제 법규 중에서 국내의 행정에 관한 사항을 포함하고 있는 것은 당연히 경호법의 법원이 된다. 일반적으로 승인된 국제 법규란 우리나라가 체약국이 아닌 조약으로서 국제사회에서 일반적으로 그 규범성이 승인되고 있는 것 및 국제관습법을 말한다.

1) 한미행정협정(SOFA: Status of Forces Agreement)

대한민국과 미국의 상호방위조약 제4조에 의한 시설과 구역 및 대한민국에서의 미국 군대의 지위에 관한 협정(Agreement under Article 4 of the Mutual Defence Treaty between the Republic of Korea and the United States of America, Regarding Facilities and Areas and the States of United Armed Forces in the Republic of Korea)으로서 한국 및 외국 국가 원수 미군부대 방문 또는 인접 지역 방문시 경호 관련 정보 교환, 경호경비사령관 임명, 안전 및 보안 조치 관련 협조 내용 등 한국군과 주한 미군간의 대통령 경호에 관한 합의 내용이 포함되어 있다.

경호와 관련된 조약의 예로서 한국군과 주한 미군간의 대통령 경호에 대한 합의각서(Memorandum of Agreement between the Republic of Korea Armod Forces and the United States Forces Korea Regarding Presidential Security)를 들 수 있다. 이 합의각서는 한미간의 SOFA(Status of Forces Agreement)협정 제3조 및 제25조를 근거로 대통령경호경비에 관한 협조 절차를 규정하여 1987년 5월 11일에 효력이 발생하였다.

동 조약 제2조에서 한국 및 외국의 국가 원수가 주한 미군부대나 한·미 연합군부대, 그리고 그 인근지역 및 부대를 방문시 적용하도록 그의 범위를 정하고, 동 조약 제3조에서는 첫째, 대통령 경호경비에 관한 협조는 한국 대통령실 경호처 및 한국군 기무부대와 주한 미군부대 간에 실시하며, 둘째, 대통령 경호경비 업무를 효과적으로 수행하기 위하여 한·미 관계관회의를 통하여 정보를 상호 교환하고 ① 경호경비 책임사령관 임명, ② 안전조치 문제, ③ 보안조치 문제, ④ 필요에 따라 추가 협의가 요구되는 사항에 관하여 긴밀히 협조하도록 그 협조 체제를 규정하고 있다.[49]

※ 대통령 경호경비에 관한 한·미군간 합의각서(1987. 5.11)

제 1 조	(목적) 본 합의각서는 한·미간의 SOFA 협정 제 3 조 및 제 25조를 근거로 하여 대통령 경호경비에 관한 협조 절차를 규정하는 데 있다. ⇒ SOFA협정 제 3 조: 미군시설 안에서 건물 신축 및 경호 관리에 필요한 사항의 통보 협조
제 2 조	(적용범위) 본 합의각서는 한국 및 외국의 국가 원수가 주한 미군부대나 한·미 연합군부대 그리고 그 인근지역 및 부대를 방문시 적용한다.
제 3 조	(협조체제) ① 대통령 경호경비에 관한 협조는 한국 대통령경호실 및 보안부대와 주한 미군부대 간에 실시한다. ② 대통령 경호경비업무를 효과적으로 수행하기 위하여 한·미관계관회의를 통하여 정보를 상호 교환하고 아래 세부사항에 관하여 긴밀히 협조한다. 1. 경호경비 책임사령관의 임명 2. 안전조치 문제 3. 보안활동 조치 4. 필요에 따라 추가 협의가 요구되는 사항

2) 외교관 등 국제적 보호인물에 대한 범죄 및 처벌에 관한 협약

국가 원수, 정부수반, 외무장관, 기타 국가를 대표하는 공무원, 국제기구 직원 및 가족에 대한 보호 의무에 대한 국제조약본 협약의 당사국은, 국제평화의 유지와 국가 간의 우호관계 및 협력의 증진에 관한 국제연합헌장의 제목적과 원칙을 유념하고 외교관 및 기타 국제적 보호인물에 대하여 그들의 안전을 위태롭게 하는 범죄가 국가간의 협력에 필요한 정상적 국제관계의 유지에 심각한 위협을 야기함을 고려하고, 동 범죄의 범행이 국제사회에 중대한 우려 사항임을 믿고, 동 범죄의 방지와 처벌을 위하여 적절하고 효과적인 조치를 취할 긴급한 필요성이 있음을 확신하여, 다음과 같

49) 「국방조약집(제 2 권)」, 국방군사연구소, 1993, 174~175면.

이 합의하였다.

제 1 조	1. 본 협약의 목적상 "국제적 보호인물"은 다음을 의미한다. (가) 관계국의 헌법상 국가 원수의 직능을 수행하는 집단의 구성원을 포함하는 국가 원수, 정부수반 또는 외무부장관으로서 그들이 외국에 체류할 모든 경우 및 그들과 동행하는 가족의 구성원 (나) 일국의 대표나 공무원 또는 정부간 성격을 지닌 국제기구의 직원 또는 기타 대리인으로서 범죄가 이들 본인, 그의 공관, 그의 사저, 또는 그의 교통수단에 대하여 행해진 시기와 장소에서 국제법에 따라 그의 신체, 자유 또는 존엄에 대한 공격으로부터 특별한 보호를 받을 자격이 있는 자 및 그의 세대의 일부를 구성하는 가족의 구성원 2. "피의자"란 제 2 조에 규정된 범죄 중의 하나 또는 그 이상을 범하였거나 이에 가담하였다고 일견 판단할 수 있는 충분한 증거가 있는 자를 의미한다.

* 1973년 12월 14일에 국제연합 제28회 총회에서 채택, 1977년 2월 20일 발효됨(전문 및 20개조로 구성).
* 한국은 1983년 6월 24일 발효, 당사국은 89개국임.

3. 경호의 분류

가. 경호의 분류

경호는 이를 보는 관점에 따라 여러 가지의 종류로 나누어 볼 수 있다. 물론 경호의 분류가 반드시 어떠한 학문적인 의의를 간직한 것이라고는 하기 어려우나, 경호의 내용에 대한 정확한 이해라든지, 경호 법규의 올바른 해석, 운용 등을 위하여 많은 도움이 된다.

경호의 분류는 여러 가지로 나눌 수 있으니, 여기에서는 대상, 장소, 성격, 이동수단, 경호 수준 등에 따라 분류하고자 한다.[50]

1) 대상에 의한 분류

경호 관계 법령에 따라 정하여진 경호의 대상에 따라 갑(A)호, 을(B)호, 병(C)호 등으로 구분한 것이다. 예를 들면 갑(A)호는 국왕 및 대통령과 그 가

50) 경찰종합학교, 「경비경찰, 경호준비」, 2001, 경찰고시편집부, 203~204면.

족, 외국의 원수 등이 이에 해당될 것이며, 을(B)호는 수상, 국회의장, 대법원장, 헌법재판소장, 이와 대등한 지위에 있는 외국인사 등을 들 수 있으며, 병(C)호는 경찰청장 또는 경호기관의 장이 필요하다고 인정하는 주요 인사를 말한다.[51)]

방한하는 외국의 국가 원수 또는 행정수반과 그 배우자, 그 밖의 대통령실 경호처장이 경호가 필요하다고 인정하는 국내외 요인에 대한 경호등급을 정함에 있어서는 해당 경호대상자의 지위와 경호 위해 요소, 해당 국가의 정치 상황, 국제적 상징성, 상호주의 측면, 적대 국가 유무 등 국제적 관계를 고려하여 외교통상부장관, 국가정보원장 및 경찰청장과 미리 협의하여 운영할 수 있다.[52)]

2) 장소에 의한 분류

이는 경호 행사가 이루어지는 장소가 어디냐에 따른 분류이다. 그 예로서 행사장경호, 숙소경호, 연도경호(노상경호) 등으로 나눌 수 있을 것이다.

행사장경호라 함은 경호대상자가 행사 목적에 의하여 행사에 참여하거나 주관하는 장소를 경호하는 것으로 경호대상자가 비교적 오랜 시간 동안 머물거나 일반 군중과 경호대상자의 거리가 근접하게 되는 등 취약점이 많은 행사로써 완벽한 경호가 요망되는 지역이다.

그리고 숙소경호란 경호대상자가 평소에 거처하는 관저(사택)뿐만 아니라 임시로 외지에서 머무르는 장소를 경호 경비하는 것을 말한다. 숙소에 대한 경호는 행사장 경호에 준하나 체류 기간이 장기화 된다는 점과 야간 근무가 이루어진다는 점이 고려되어야 한다. 이때 경호요원은 필요에 따라 정복경호요원과 사복경호요원을 각각 배치하여야 하는데, 정복경호요원은 정문 또는 기타 출입구에 입초로서 경계하고 사복경호요원은 숙소 주위에 잠복

---

51) 김봉의 외 1, 「경비실무」, 정문출판사, 1994, 65~66면.
52) 대통령 등의 경호에 관한 법률 시행령, 제3조의2.

경계하여야 한다.

연도경호(노상경호)에는 다시 육로경호와 철도경호로 나눌 수 있는데, 육로경호란 경호대상자가 행· 환차할 것으로 예측되는 도로에 대한 제반 위해 요소를 사전에 배세하는 작용을 말하며, 철도경호란 철로 주변에 대한 경호로서 철도 관계 기관과의 긴밀한 협조로 실시하며 육로 경호 요령에 준하여 실시하는 것을 말한다.

3) 성격에 의한 분류

이는 경호 행사의 형식적 기준 즉 성격에 따라 공식경호(1호, A호), 비공식경호(2호, B호), 약식경호(3호, C호) 등으로 구분한 것이다.

공식경호란 경호관계자의 사선 통보에 의해 세획·준비되는 공식 행시 때에 실시하는 경호이며, 비공식경호는 경호관계자간의 사전 통보나 협의 절차 없이 이루어지는 비공식행사 때의 경호이다.

약식경호란 일정한 규칙적인 방식에 의하지 아니하고 실시하는 경호를 말한다. 예를 들면, 출·퇴근시에 일상적으로 실시라는 경우가 이에 해당한다.[53]

4) 이동수단에 의한 분류

이는 행사장으로 이동하는 수단과 방법에 의한 것으로 보행경호, 차량경호, 열차경호, 선박경호, 항공경호로 나눌 수 있다.

보행경호란 근거리를 도보로 이동할 때에 실시하는 경호로, 도보 중 경호대상자는 손쉬운 목표가 되므로 동행하는 경호요원은 경호대상자에게 접근할 수 있는 통로 봉쇄를 위해 자신의 위치를 선정한다. 또한 위험인물로 보이는 사람이나 일반인들을 제재시키기 위해 예비경호요원이 있어야 한다. 산책이나 야외 도보 중에는 가장 가까운 곳에 비상차량을 대기시켜야 한다.

---

53) 김봉의 외 1, 전게서, 66면.

차량경호란 경호대상자가 차량으로 이동할 때에 실시하는 경호로 VIP 차와 경호차량(선도, 후미)을 기본 대형으로 한다. 귀빈차에 탑승하는 경호원은 경호대상자의 자동차에 동승하여 차내 및 행선지에서의 보호 임무를 수행하며 유사시 경호대상자를 안전지역으로 대피시키는 일을 기본 임무로 한다. 차량 이동간에는 정차, 서행, 신호대기, 회전시 경계를 강화하고 경호대상자가 승하차시 근접경호를 강화해야 한다.

선도, 후미 경호 차량은 경호대상자의 차량을 선도 및 방어 임무를 하면서 연도 행선지에서의 경호 작용을 한다. 경호대상자 탑승 차량 보호와 승하차시 경호를 기본 임무로 하며 각종 안전사고, 위해 요소, 침투, 교통 정체 등을 막고 서행 정차시 경호대상을 보호하며 경호대상 차량 긴급 사태시 경호 차량으로 방어벽을 형성하고 육탄방어로 경호대상자의 긴급 대피를 돕는다. 승하차시에는 신속한 경호 대형을 이루어 주위를 경계하는 임무를 수행한다.

열차경호란 경호대상자가 열차를 이용하는 경우 열차 내에서 이루어지는 경호를 말하며 경호 책임은 출발지역으로부터 도착지역까지로 출발지역 관할 지방경찰청 및 지부에서 담당한다. 열차경호는 일반 탑승인원이 많으므로 근접경호를 강화해야 하며 경호대상자 주변으로 일반 탑승객 접근을 효과적으로 차단해야 한다.

선박경호는 선박이 해군함정, 경찰경비정, 기타 경호기관 소속의 경비정일 때에는 자체 인원으로 경호 임무를 행하고 일반 여객선일 때에는 선내의 검색을 철저히 한 다음 경호대상자를 다른 여객에 우선하여 승선토록 하여 경호를 하고 그 밖의 사항은 열차 경호 요령과 동일하다.

특히 선박을 선택할 때에는 기후와 파도에 견딜 수 있는 형태와 크기를 갖춘 것이어야 하며, 선박 안에 인명 구조 및 비상 시설이 충분한지에 대한 확인과 여행 중 불편이 없도록 제반 시설을 점검하여야 한다. 또한 경호요원은 경호대상자와 일반 승무원의 불필요한 접촉을 예방하고 귀빈 선박에 기타 다른 선박의 접근을 경계하여야 한다.

항공기경호란 항공기를 이용하는 경우 항공기 내에서 이루어지는 경호를 말하며 항공기 내의 탑승자와 장비에 대해서 사전에 충분한 보안점검이 필요하다. 그 동안 세계 각지에서 항공 위협 및 범죄 행위가 일어나 인명과 재산 손실이 많았다. 기내에서 신변위협이 있을 경우에는 가능한 침착성을 잃지 말고 상황이 일어나면 무엇보다도 항공기 안전에 유의하여야 한다. 예를 들어 약간의 총격과 폭발물로 인해 기내가 외부로 통하게 되면 기압 상승으로 인해 숨을 못 쉬게 되며 또한 항공기 몸체가 균형을 잃어 추락할 위험이 있기 때문이다.

5) 경호 수준에 의한 분류

이는 경호의 수준 즉 경호강도에 의한 분류로서, 1(A)급 경호, 2(B)급 경호, 3(C)급 경호로 나눌 수 있다.

1(A)급 경호는 행차 보안이 사전에 노출되어 경호 위해가 증대된 상황하의 각종 행사와 국왕 및 대통령 등 국가 원수급의 1등급 경호대상으로 결정된 국빈 행사의 경호이며, 2(B)급 경호는 행사준비 등의 시간적 여유 없이 갑자기 결정된 상황하의 각종 행사와 수상급의 경호대상으로 결정된 국빈 행사의 경호를 말한다.

마지막으로 3(C)급 경호는 사전에 행사 준비 등 경호 조치가 거의 전무한 상황에서 이루어지는 것으로 장관급의 경호대상으로 결정된 국빈 행사의 경호이다.[54)]

한국을 방문하는 외국 국빈의 경호 수준(등급)은 〈표 1-5〉를 기준으로 시행되고 있다.

54) 김봉의 외 1, 전게서, 66면.

표 1-5 국빈 경호 관리 체계[55]

구 분	의전 1·2등급				의전 3등급	의전 4등급
	경호A	경호B	경호C	경호D		
국빈 지위	- 대통령, 국왕 등(국가 수반) - A급 총리(의원내각제 수상 등) - 경호처장이 경호가 필요하다고 인정하는 외빈				· B급 총리 - 대통령중심제 수상 - 행정수반이 아닌 총리 · 부통령, 왕족 등	· 전직대통령 · 외무장관 등
경호 환경	위해 가능성이 상존하고, 국가적 심대한 영향 예상	방한시점 특이 정·첩보 사항 있는 경우	위해 요소 경미	위해 요소 거의 없는 경우	예우 차원의 경호를 제공할 때	
경호 책임	대통령실 경호처				경 찰 청	

나. 경비의 분류

경비의 분류도 이를 보는 시점에 따라 여러 가지의 종류로 나누어 볼 수 있다. 이 분류는 공권력 작용 여부나 경비 사태 등을 정확히 판단하고 운용하는데 많은 도움을 준다는 데 그 의미를 찾아 볼 수 있을 것이다.

경비의 분류는 여러 가지로 나눌 수 있겠으나, 여기에서는 경비기관과 경비업법에 의해 분류하고자 한다.

1) 경비기관에 의한 분류

이는 경비기관이 국가기관 및 공공단체[56]에 의한 것이냐, 민간단체에 의한 것이냐에 따른 구분으로서 공경비(Police Law Enforcement)와 사경비(Private Security)가 있다.

---

55) 외교통상부, 「외빈등급 분류지침」, 2004.

56) 공공단체란 지방자치단체(시·도·군·자치구), 공공조합(농지개량조합, 산림조합 등), 영조물법인(국립대학병원, 국립도서관 등)을 의미한다.

일반적으로 공경비라 함은 국가 공권력을 집행하는 국가기관, 즉 대통령실 경호처, 경찰, 검찰, 교정기관 등과 같은 모든 기관을 의미하나, 여기에서는 주로 대통령실 경호처와 경찰을 의미하게 된다.

이에 반하여 사경비라 함은 여러 가지 위해로부터 개인의 신체, 생명, 재산 등을 보호하기 위하여 특정한 의뢰자(Specific Client)인 고객으로부터 받은 보수에 따른 경비 서비스를 개인, 단체, 영리 기업 등이 제공하는 것을 말한다. 이러한 사경비는 대체로 학자에 따라 민간경비, 임대경비, 사경비(Private Police) 또는 용역경비 등 여러 가지 이름으로 불리고 있다.

2) 경비업법에 의한 분류[57)]

경비업법은 경비업을 신변보호업무, 시설경비업무, 호송경비업무, 기계경비업무, 특수경비업무에 해당하는 업무의 전부 또는 일부를 도급 받아 행하는 영업으로 규정하고 있다.

경비업법에 따르면 활동 목적 및 대상에 따라 시설경비, 신변보호, 호송경비, 특수경비 및 기계경비로 나누어지며 〈표 1-6〉과 같다(경비업법 제2조 제1항).

표 1-6 경비업법상의 경비의 분류

일반 경비				기계경비
시설경비	신변보호	호송경비	특수경비	ATM,CD 보안시스템
시설 · 창소	경호 및 의전	재화 · 물품	국가중요시설	

자료: 경비업법 제2조(정의).

(1) 시설경비업무

전통적인 인력경비의 형태를 시설경비라 하는데, 경비를 필요로 하는

57) 최정택, 전게서, 60~61면 참조.

시설 및 장소(대상시설)에서의 도난·화재 및 그 밖의 혼잡 등으로 인한 위험 발생을 방지하는 업무를 말한다. 시설경비는 경비본부, 경비실을 설치하고 상주, 순찰, 순회하거나 일정 지역 내에 경보기를 설치하고 감시, 순찰하는 방법 등이 있다.

(2) 신변보호업무

사람의 생명이나 신체에 대한 위해의 발생을 방지하고 그 신변을 보호하는 업무로서 '경호'업무를 뜻한다. 인력경비의 한 형태로서 아직까지는 경찰관직무집행법, 전직대통령 예우에 관한 법률, 대통령 등의 경호에 관한 법률에 의한 요인경호업무만 인정되었으나 경비업법에 의한 민간 차원의 경호업무가 허용되면서 '신변 보호'라는 부분으로 나뉘어 졌다.

(3) 호송경비업무

운반 중에 있는 현금·유가증권·귀금속 및 그 밖의 물건에 대한 도난·화재 등의 사고 발생을 경계하고 방지하는 업무를 말한다. 전자봉, 가스총 등의 무장이 가능하며 전문적인 방범 진단에 의하여 경비 계획을 수립하고 업무를 수행하여야 한다. 수송 경비를 필요로 하는 대상으로는 은행 환전소, 고속도로 톨게이트, 백화점과 같은 대형 매장, 카지노, 박물관, 현금 및 보석 취급소 등 이 있으며, 투표 용지 호송이나 국가시험 문제지 호송의 경우 경찰에 의하여 실시되고 있다.

(4) 기계경비업무

경비대상시설에 설치한 기기에 의하여 감지·송신된 정보를 그 경비대상 시설 외의 장소에 설치한 관제시설의 기기로 수신하여 도난, 화재 등 위험발생을 방지하는 업무를 말한다. 비용 및 효율성의 제고에 따라 시설경비(인력경비)와 혼합하여 행하는 경우가 많다.

〈표 1-6〉과 같이 일반경비는 시설경비와 신변보호, 호송경비 및 특수경

비로 나누었으며, 기계경비는 보안 시스템 경비를 중심으로 하나의 섹션을 이루고 있다.

(5) 특수경비업무

대통령이 정하는 국가중요시설의 경비 및 도난·화재 그 밖의 위험 발생을 방지하는 업무로서 공항, 항만, 방송국, 발전소, 핵 시설물 등을 말한다. 테러에 대한 방지책으로 지정 시설 내에서 총기 휴대가 가능하다. 배치된 경비 구역 내에서 관할 경찰서장 및 공항경찰대장 등 국가중요시설의 경비 책임자와 국가중요시설 시설주의 감독을 받아 시설을 경비하고 도난, 화재 그 밖의 위험의 발생을 방지하는 업무를 수행한다.

4. 경호 복장 및 장비

가. 경호(원) 복장

일률적으로 통일된 경호(원)의 복장은 이제 개념 전환이 필요한 시기이다. 경호요원으로서의 품위 유지와 용모 단정을 강조한 결과 경호 복장하면 검은 양복, 흰 와이셔츠, 검은 선글라스, 이어폰 등이 빈번하게 연상된다.

최첨단 스마트 시대가 도래했고 범죄 수법도 다양화, 지능화, 첨단화되어 위해 기도자(범인)도 이제는 행사장 잠입이나 접근시 합법적 방법을 강구하여 접근하기 때문에 완전 노출된 위력 경호의 기법으로는 고도의 범죄 수법과 지능형이 합법적 침투 방법에 효과적으로 대응하기가 어려운 시대이다.

곳곳에 노출되어 있는 일률적인 복장의 경호요원들이 오히려 위해 기도자 입장에서는 경호완충벽(경호활동구역)을 안전하게 피해가는 모순점도 내포되어 있는 것이다. 누가 경호원인지, 어디에 배치되어 있는지, 누구를 경계하고 감시하는지를 위해 기도자 입장에서는 몰라야 한다.

경호 복장은 행사의 성격에 따라 주변 환경과 조화되도록 복장을 착용하여 경호요원의 신분이 노출되지 않도록 해야 한다.

호텔에서의 공식 오찬, 만찬, 리셉션 등 행사시에는 행사 성격과 참석자 성분에 맞게 정장을 착용해야 하고 체육관 행사나 야외순시, 시장순시 등의 행사시에는 행사 성격과 주변 참석자 성분 등을 고려하여 점퍼, 사파리, 콤비 등 비공식 행사에 준한 자연스런 복장을 착용해야 한다.

군부대 순시시에는 군복으로 위장을 해야 하고 야구나 축구 관람 행사시에는 각자 근무 위치에 따라 주변 참석자들과 동화될 수 있는 복장을 선택해야 한다.

행사 성격과 주변 환경에 어울리는 복장을 착용하여 누가 경호원인지 모르게 비노출로 근무하되 우발상황 발생시에는 평소 부단한 반복 훈련의 결과와 전문가적 행동 절차로 경호대상자 보호를 위한 즉각 조치를 하는 것이 경호전문가라 할 수 있다. 다만, 완전 공식 행사[58]나 노출 경호가 필요할 때는 절차와 지시에 따라 지정된 복장을 착용할 수 있다.[59]

경호 복장의 종류를 대개 평상복과 근무복(제복, 특수복)으로 구분하기도 하고, 보다 구체적으로 정복, 근무복, 성하복, 기동복, 겨울점퍼, 우의, 춘추점퍼, 파카, 반외투 및 임무복 등으로 구분하되, 정복 및 근무복, 기동복은 하복과 동복의 2종으로 구분한다.[60]

특히 우리나라 대통령실 경호처는 대통령실장이 필요하다고 인정하는 경우 직원에게 제복을 지급할 수 있으며, 그 제복에 관하여 필요한 사항은 대통령실장이 정하도록 되어 있으며[61] 대통령실 경호처에 근무하는 경찰 공무원의 복제에 관하여는 따로 경찰청장이 정하도록 되어 있다.[62]

58) 대통령취임식, 국빈방문행사, 다자간 정상회의, 국제포럼행사 등 정부 차원의 공식 행사를 말한다.

59) 김두현, 전게서, 370~371면 참조.

60) 경찰제복에관한규칙 제 5 조.

61) 대통령 등의 경호에 관한 법률 시행령 제34조.

62) 경찰복제에관한규칙 제20조.

통상 경호기관이 경찰, 군, 헌병기관인 경우에는 법령으로 복제 규정(服制規程)을 두어 그에 따라 경호요원의 복장이 정형화되어 있는 경우가 있고, 기타 경호요원들은 일반인과 같이 평상복을 입는 경우가 많다.

그리고 청원경찰의 제복은 정모, 기동모, 동근무복, 하근무복, 성하복, 기동복, 점포, 우의, 단화, 기동화 및 방한화로 구분한다. 제복의 제식은 경찰복제와 같으며, 그 색상과 재질은 청원주가 결정하되, 각 사업장별로 통일되게 하여야 한다.

청원경찰의 배치지의 특수 복장을 착용할 필요가 있을 때에는 청원주는 지방경찰청장의 승인을 얻어 특수 복장을 착용하게 할 수 있다.[63)]

또한 경비원의 복제는 경찰공무원 또는 군인의 복제와 색상 및 표지장이 명확히 구별될 수 있고, 경비원임을 식별할 수 있는 복장으로 정하여 형식, 색상을 확인할 수 있는 사진을 경비업자의 주사무소를 관할하는 지방경찰청장에 제공한 후에 착용하여야 한다. 다만, 경비업자는 경비원으로 하여금 근무 지역 및 내용에 따라 사복을 착용하게 할 수 있다.[64)]

나. 경호장비

경호장비는 경호대상자를 경호하는데 필요한 호신장비, 방호장비, 기동장비, 검색장비, 통신장비 등을 말한다.[65)] 요즘 암살 및 테러 형태는 날로 고도화되면서 장비 또한 첨단화되는 추세에 있어 경호 임무 수행에 많은 어려움이 따르고 있다. 때문에 이와 같은 암살 및 테러 형태에 대응하기 위해서는 보다 과학적이고 전문적인 경호장비를 동원하여 경호업무에 만전을 기해야 한다.

---

63) 청원경찰법 시행령 제11조 제3항, 동 시행규칙 제9조.
64) 경비업법 시행규칙 제19조 제5항.
65) 김두현, 전게서, 372~376면 참조.

1) 호신장비

일반적으로 호신장비라 함은 자신의 생명, 신체가 위험 상태에 놓였을 때 스스로를 보호하는 데 사용하는 도구를 말한다. 우리나라의 경우 청원경찰은 이론적으로는 그의 신변에 있는 것은 무엇이나 호신용구로 사용할 수 있으나, 청원경찰법에서는 경봉, 가스분사기만을 호신용구로 인정하고 있고, 공공기관에서 인정하는 가스봉을 휴대할 수 있다.

청원결찰이 경봉이나 가스분사기, 가스봉 이외의 야구 방망이나 곤봉을 휴대하는 것은 위법으로 허용되지 않는다.[66]

그리고 미국과 같은 선진국의 경우 사설 경호 요원이 휴대할 수 있는 호신장비는 총기 등 매우 다양하나 우리나라의 현행법상 경비원은 정부기관의 민생 치안 담당기관이 아닌 사설 민간경비업의 신변보호요원이기 때문에 공공 기관에서 허가하는 경봉, 분사기를 휴대할 수 있다. 따라서 우리나라 현행법상 제한적인 호신장비로 인하여 경호업무에 취약점을 안고 있다고 할 수 있다. 즉 외국의 사설 경호원들은 현행법상 합법적인 절차에 의해 호신용 무기를 소지할 수 있도록 되어 있어, 보다 신속하고 완벽한 경호를 유지할 수 있으나, 우리나라에서 경비원은 특수 경비원을 제외하고는 그 어떤 호신용 총을 소지할 수 없도록 되어 있어 실제 경호 경비 임무에 어려움이 크다고 할 수 있다.

2) 기동장비

기동장비라 함은 경호대상자의 경호를 위하여 경호대상자와 경호요원이 운용하는 차량, 항공기, 선박, 열차 등의 기동장비를 말한다. 이 같은 장비는 각 국가의 경제, 문화 등의 수준에 따라 각양각색이지만 몇 가지 공통적인 장비를 소개하기로 한다.

---

66) 경찰고시편집부, 「청원경찰교본」, 정문출판사, 1992, 51면.

첫째, 차량은 기동성이 뛰어나며 안전성이 견고한 것을 많이 사용한다. 예를 들면 캐딜락, BMW, 벤츠, 푸조, 에쿠스, 체어맨 등이 있다. 이 차량은 결함이 없도록 정비를 철저히 해야 하며, 양호한 기계적인 상태를 유지하고 있어야 한다. 차량에는 무전기와 소화기, 신호탄, 반사경 등을 포함하는 비상 장치가 제공되어야 한다.

둘째, 항공기, 선박, 열차도 기동성과 안전성에 중점을 두고 경무장을 설치할 수 있는 장비를 이용하고 있으나, 각 국가의 지형, 철로 등 교통 여건에 따라 다소 차이가 있다. 선진국일수록 독자적인 장비를 갖추고 있지만, 후진국에서는 항공기 및 헬기 등을 임대하여 사용하기도 한다.

3) 검색장비

검색장비[67]란 신변 보호 및 중요 행사를 수행함에 있어 위해 요소에 대한 분석과 판단으로 적절한 조치를 강구하여 위해 요소를 사전 제거하는 작용에 활용되는 장비이다. 즉 검색장비란 행사장, 숙소, 연도 등에 대하여 폭발물을 탐지하고 제거하며 제반 시설물의 안전 점검을 실시하는 데 활용되는 장비를 말한다.

이와 같은 검색장비로는 금속 탐지기(문형금속 탐지기, 휴대용 금속 탐지기), X레이 수하물 검색기, 차량검색거울, 가스 탐지기, 폭발물 탐지기 등이 있다. 경비 현장에서는 검색을 철저하게 행하여 하는 바, 이는 폭력 집단 등이 흉기를 사용하여 감행하는 불법행위를 사전에 진압하는 데 효과적이고 필수적인 대책이다.

불법행위를 기도하는 자는 온갖 교묘한 수단, 방법을 동원하여 폭발물을 현장에 들여오는 것이 보통이므로, 검색은 동원 가능한 요원을 모두 투입해서 여러 번 반복하여 철저하게 행하여야 한다. 이러한 안전 검색의 성공을

67) 일반적으로 검색은 검측, 탐색, 폭발물 탐지, 안전 점검 등으로 불리고 있는데, 미국에서는 이를 search, 일본에서는 검색, 한국에서는 검측이란 용어를 주로 사용하고 있다.

위해서는 장비 설치시 유의해야 할 점과 검색 요령을 잘 알아야 한다.

먼저 검색 장비 설치상 유의할 점으로는 ① 사용 전 반드시 전원 확인, ② 조립식 제품으로 무리한 힘을 가하거나 충격을 주지 말 것, ③ 정밀 전자, 광학 장비이므로 취급 운반시 주의할 것, ④ 에어콘 등 전압 변동이 심한 곳을 피하여 설치할 것, ⑤ 고압 전류가 흐르는 곳을 가급적 피할 것, ⑥ 금속 탐지기를 2대 이상 운용시 최소 3m 이상 유지할 것 등이다.

그리고 검색 요령으로는 통과 입장객이 최소 1.5m 거리의 개인 간격을 유지하도록 하여 보통 걸음으로 보행하게 한 다음 순서대로 검색 후 통과여부를 결정하며, 대상자가 소지한 휴대품을 별도로 검색한다. 또한 무전기와 같은 통신 장비 등을 탐지기로부터 3m 이상 거리를 유지하게 하며, 대상자가 움직이거나 탐지기를 건드린 때에는 다시 검색하여야 한다.

4) 감시장비

감시장비는 경호임무에 있어 인력부족으로 인한 경호 취약점을 보완하는 수단으로 침입 또는 범죄행위를 사전 감지할 수 있는 장비를 말하는것으로 전자파, 초음파, 적외선 등의 광학을 응용한 기계장비를 말한다.

건물 내의 필요 요소에 감지기(콘택트)를 설치하면 이것이 진동, 온도, 습도 및 소리, 연기 또는 단선에 의한 이상을 감지하여 침입이나 잠복 위험물의 이상을 발신하고 유·무선에 의해서 즉각 발견하는 감시장비인 것이다.

이와 같은 감시장비로는 포대경(M65), 다기능 쌍안경, 고성능 쌍안망원경, TOD(영상감시 장비) 등 다양한 장비들이 있으며, 기계경보장치는 침투 탐지 경보 시스템(An Intrusion Detection Alarm System)으로 전기회로 파괴, 광선의 방해, 음향 및 진동의 탐지, 초음파의 탐지, 전자기의 침투, CCTV 설치, 로봇 경비원 등 여러 가지가 발달되어 있다.[68]

68) 김두현, 전게서, 376면.

5) 통신장비

경호 통신 체계는 행사장에 영향을 미치는 중요성, 취약성, 위치, 규모, 전파의 수용성 등에 따라 그 규모와 형식이 달라진다. 이러한 경호업무를 수행하는 데 있어서 필요한 보고 또는 연락은 통상 유선이나 무선을 사용한다. 유선을 사용할 때에는 경호 환경이 실내에서 이루어질 때 사용하며 무선은 실내 또는 실외 그리고 이동 시 등 실제 경호 임무시에는 통상 무선 통신을 이용한다. 그러므로 경호 통신은 신뢰성(Rapidity), 정확성(Correctness), 안전성(Safety)이 고려되어야 하며, 경호업무가 경호대상자의 생명과 재산을 보호한다는 성격에 비추어 볼 때 매우 중요하다고 할 것이다.

이와 같은 장비는 크게 유선 통신[69]과 무선 통신[70]으로 구분된다.

유선 통신은 전화기, 교환기, IMTS 자동전화망, 직통전화망(Hot Line), 텔레타이프(TTY)망, 팩시밀리(FAX)망, 컴퓨터 통신, CCTV 등 다양한 장비가 있다.

무선 통신은 휴대용 무전기(워키토키: FM-1), 페이징, 차량용 무전기(MR-40V, KSM-2510A, FM-5), 휴대용 전자식 교환기(Portable Electronic Telephone), 무선 전화기, GPS[71] 등이 있다.[72]

6) 경호총기

경호의 성패는 우발상황 발생시 즉각적이고 신속한 대응 조치에 있다. 대응 조치 중 최우선 개념은 공격이 아니고 방어이다.

경호 개념을 공격 개념으로 인식하여 공격 위주의 범인 제압에 치중하

69) 유선 통신이란 선로를 이용하여 음성 또는 각종 정보(Data)를 교환하는 지점과 지점 간의 통신 수단을 말한다.

70) 무선 통신이란 도선 없이 전파를 매체로 하여 지점과 지점 간의 음성 또는 정보를 교환하는 통신 수단으로 기본 구성요소는 송·수신기의 안테나 그리고 전파(주파수)이다.

71) VIP 차량 및 경호차량에 최소형 위치정보수신기를 장착한 뒤 차량의 위치를 인공위성을 통해 파악,

72) 김두현, 전게서, 376면.

거나 총기를 뽑아 대응함으로써 경호대상자를 효과적으로 보호하지 못한 사례를 국내외 위해 사례에서 많이 볼 수 있다.

제1장에서도 경호 현장에서 위급 상황시 공격 위주의 행동보다는 방어 위주의 엄호 행동이 경호대상자 보호에 효과적이며 경호는 공격 개념이 아닌 방어 개념이라고 강조하였다.

경호 총기라 함은 경호대상자의 신변 안전을 보호하기 위하여 경호요원이 사용하고 있는 총기를 말한다.

경호요원의 임무의 특성상 총기를 휴대, 사용하는 것은 필수적인 것으로 생각되나, 총기의 무분별한 사용 역시 큰 문제점을 발생시킬 소지가 있으므로 경호요원의 총기 사용 및 한계에 관하여 명백하게 지켜야 한다. 즉 총기를 휴대하는 경호요원은 경호업무를 수행함에 있어서 필요하다고 인정되는 상당한 이유가 있을 경우 그 사태에 응하여 부득이 하다고 판단되는 한도 내에서 사용되어야 한다.

따라서 총기를 사용하지 아니하고서 충분히 위해를 기도하는 자를 제압할 수 있는 경우에는 총기를 사용해서는 아니 되며, 이러한 경우 총기를 사용하게 되면 총기 사용의 남용이라는 책임을 부담하여야 할 우려가 있음을 명심하여야 한다.

그리고 경호요원은 직무를 수행하기 위해 필요하다고 인정되는 범위에서 총기를 사용할 수 있으며 휴대가 적법하고 사용 방법이 타당한 경우에는 위법성이 조각된다. 총기 사용은 실력 행사의 가장 강력한 수단으로 공공의 안녕 질서 유지를 위해 최종적으로 행사하는 비상 수단이므로 관계 법상 인정되는 엄격한 요건과 한계 내에서 이를 사용해야 하며 그 한계를 일탈하면 위법한 것이 되므로 책임을 면할 수 없다. 즉 공무이건 사무이건 간에 경호를 수행함에 있어서 화기의 휴대가 인가된 요원은 경호대상자는 물론 경호요원 자기 자신에 대하여도 커다란 도덕적 책임을 갖는다. 총기는 보이지 않게 휴대되어야 하며, 사용되지 않을 때에는 절대로 노출되어서는 안 된다.

경호대상자나 경호요원의 생명에 대한 위협을 격퇴 시키는 데에 그 어느 것도 충분하지 못할 때만 총기가 사용되어야 한다.[73]

5. 경호의 직업 의식, 윤리관

가. 경호의 직업 의식

1995년 경호학이 한국에 창시된 이래 경호 관련 학과가 70여 개 대학으로 확장되었고 이화여대 비서행정학과 등 비서 관련 학과는 36여 개 대학에 운영되고 있으며 한국체대, 경기대, 용인대의 대학원과 국제문화 대학원 대학교, 국제경호의전 전공 등 전문 대학원이 각각 운영되고 있어 전국에 경호, 비서 관련 학과 대학이 총 100여 개 이상에 이르고 있다.[74]

경호 전문직은 상대적으로 오랜 기간의 교육과 훈련을 통해 습득한 전문지식을 기반으로 최고 수준의 경호 지식과 기술을 가진 직업이다.

자기 자신보다는 타인을 보호해야 하는 전문가로서의 직업 의식이 투철해야 하고 직업 윤리관이 확립되어야 한다.

경호직은 전문적인 지식과 지속적인 교육 훈련, 실무를 통한 축적된 경험 요소를 통하여 경호에 대한 상당한 자율권을 갖고, 다른 집단에 비해 상대적으로 사회적 영향력이 크며 경호대상자의 권위를 유지시켜주는 높은 지위의 지식 의존 직업 집단을 의미한다. 그리고 직업 윤리란 직업인으로서 마땅히 지켜야 하는 도덕적 가치관을 말하는 바, 이는 직업 윤리를 일정한 사회적 규범이 내면화된 것으로서 직업에 종사하는 사람들의 의식 속에 내재화된 윤리이다.[75]

따라서 경호의 역할도 지적, 문화적 활동을 수행하는 주체로서 여론이

73) 김두현, 전게서, 379면.
74) 김두현, 전게서, 360면.
75) 박경미 "현대사회의 직업윤리교육에 관한 연구," 동아대학교 교육대학원 석사학위논문, 2005, 4면.

나 문화 형성을 주도하며, 전문직 종사자 자신들만의 조직을 구성하여 집단 이해 관계를 추구하는 이익 집단의 역할도 하고 있어 종합 예술적인 학문을 지향하고 있다.

경호 전문직으로서의 직업 의식은 여러 가지 관점에서 논의될 수 있으나 여기에서는 임무 수행 본질과 실질적 측면에서 경호 전문가가 지녀야 할 가치관과 역할에 초점을 맞추고자 한다.

1) 임무의 숭고성

"경호란 경호대상자의 생명과 재산을 보호하기 위하여 신체에 가하여지는 위해를 방지하거나 제거하고, 특정한 지역을 경계·순찰 및 방비하는 등의 모든 안전 활동을 말한다"[76]라고 규정하고 있다.

모든 위험과 곤경으로부터 경호대상자를 안전하게 보호해야 한다. 나 자신보다는 경호대상자를 위해 궁극적으로 목숨까지 버려야 한다. 생명을 담보로 일하는 조직이 경호 전문 조직이고 그 구성원이라 할 수 있다. 군 조직이나 경찰 조직도 최후의 경우 국가와 민족, 국민을 위해 초개와 같이 생명을 바쳐야 하지만 조직의 단일 목적이 생명을 담보로 또 최악의 경우 생명을 요구하는 조직은 경호 조직이 유일하다 할 수 있다. 생명을 담보로 일하는 조직, 그래서 경호 전문 조직은 임무 자체가 숭고한 가치를 지니고 있다.

2) 신뢰 구축

공경호 조직이든 사경호 조직이든 주체와 객체 간의 가장 중요한 요소는 신뢰 구축이다. 정당이나 정치적 이해 관계, 개인적 이해 관계를 초월하여 대통령직을 경호하는 공경호 기관이나 의뢰인의 요청에 의해 경비업법에 근거하여 계약행위로 인한 사경호 분야(민간 경호 업체)도 경호대상자와의 신뢰 관계 구축이 선행되어야 한다,

76) 대통령 등의 경호에 관한 법률, 제 2 조(정의) 제 1 항.

경호대상자와 경호 기관(민간 경호 업체 포함) 간의 신뢰 구축이 우선적으로 이루어져야 한다.

3) 보안 의식 생활화

"보안은 경호원의 생명이다."[77]

경호대상자와 경호원 간 신뢰 구축의 제1단계가 바로 보안 유지이다. 공경호 기관이든 민간경호 조직이든 경호대상자의 일정, 동정, 가족동정, 접견대상, 주요 어록 등은 철저한 보안 유지가 경호조직의 존재 가치이다.

경호원은 경호대상자와의 관계 속에서 지득한 사실과 내용은 무덤까지 가져가야 된다는 투철한 직업 의식과 보안 의식이 생활 속에 무장화되어야 한다.

4) 비상식적 생각, 습관의 생활화

최근 범죄의 수법은 정보 통신의 발전과 글로벌화의 영향으로 다양화, 전문화, 과학화, 첨단화로 치닫고 있다.

공격 전술의 대표적인 군대 전술에서도 기습작전으로 최대의 살상 효과를 거두기 위하여 공격 시점이나 방법을 전혀 예상하지 못한 때와 장소를 선택한다.

새벽이나 칠흑 같은 어두운 밤, 소낙비가 퍼붓는 기상 조건, 수중 침투나 전혀 예상치 못한 험한 계곡을 이용한 공격을 감행하여 적이 전혀 예상치 못한 허를 찔러야 소기의 목적을 달성할 수가 있다.

"범인이 당연히 이쪽으로 올 것이다", "양호한 도로를 사용할 것이다", "금속 탐지기에 수상한 자는 다 잡힐 것이다"라는 등의 상식선에서의 생각과 판단은 과감히 떨쳐 버려야 한다

위해 기도자도 자기의 목적 달성을 위해서는 발각되지 않도록 두뇌를

77) 공경호 기관이나 사경호 조직의 경호원의 생활 모토이자 의무 사항임.

써서 최선의 방책을 강구한다. 최대한 합법적인 방법으로 행사장에 침투하고 잠입한다는 것을 명심해야 한다.

경호원은 상식적인 생각, 습관과는 반대로 생각해야 한다. 범인은 가장 합법적인 방법으로, 상식선에서 생각하지 못한 방법으로 침투하고 잠입한다. 웨이터로 위장하여 만찬장 식빵 속에 권총을 사전 은익시켜 놓는다든지 국경일 행사시 군인이나 경찰 복장으로 위장하여 행사장에 잠입한다든지 경호대상자가 병원순시시 환자로 위장하고 팔목 깁스 속에 권총을 은닉한다든지, 소총을 분해하여 장애인 목발로 위장하여 행사장에 침투하는 사례 등을 우리는 국내외 요인 위해 사례에서 많이 볼 수 있다.

당연히 "식빵이다, 목발이다, 환자이다, 경찰이다, 군인이다"라는 성급한 판단은 경호원으로서 지극히 위험한 생각이다.

"의심하고 경계하라, 그리고 또 다시 의심하고 경계하라."[78]

경호원은 비상식적으로 생각해야 하고 그것을 생활화하여야 한다.

5) 본능 역행 훈련의 생활화

경호 현장에서 총소리가 탕탕 나는 우발상황 발생시 대부분의 보통 사람들은 본능적으로 자기 몸을 은폐, 엄폐하게 되어 있다.

군대 전술에서도 최대의 살상 효과를 내어 작전을 승리로 이끌기 위해서는 내 자신의 몸을 최대한, 은폐, 엄폐시켜 적에게 접근하여 기습 작전으로 최대의 살상 효과를 거두는 것이 공격 전술의 핵심이다. 그러나 경호는 공격 전술이 아니라 방어 전술이다.

총소리 나는 방향으로 자신의 몸을 최대한 확장시켜 경호대상자에 대한 방호 효과를 극대화하며 대응해야 한다.[79]

총소리가 난다고 본인 호신을 위하여 몸을 낮추거나 숨는 것이 아니라

78) 경호원의 기본 근무수칙으로서 "나 외에는 아무도 믿어서는 안 된다"는 개념과 있는 그대로 보지 말고 무엇이든지 의심하고 확인해야 된다는 수칙.

79) 양재열, 전게논문, 91면.

오히려 몸을 최대한 벌려 경호대상자에 대한 방호 효과를 극대화해야 한다. 본능과 반대로 움직이고 행동해야 한다. 이렇게 해야 경호의 목적인 경호대상자를 보호하는 데 효과적이다.

제1장 제2절 경호의 착각 및 오해 부분에서 이미 설명했듯이 경호원의 사격 훈련 자세도 무릎을 구부린 자세가 아니라 꼿꼿이 서서 쏘는 사격자세라든지 레이건 대통령 암살 미수 사건시 경호원 '티모니 메카시'의 체위 확장 행위는 경호대상자를 안전하게 보호하는 데 효과적임을 증명하는 좋은 사례라 할 수 있다.

경호 관련 학과를 전공하는 학생들이나 경호업을 전문으로 하는 경호 전문기관 요원들은 자신도 모르게 조건 반사적이고 무의식적으로 체위 확장 행동이 나올 수 있도록 부단한 반복 훈련을 해야만 한다.

6) 경호 기법 연구 생활화

경호 기법은 경호 임무를 수행하는 데 필요한 다양한 기술이나 방법이다.[80] 경호는 공격자인 위해 기도자와 방어자인 경호원의 두뇌 싸움이다. 시대적 상황이나 경호 환경에 의해 경호기법은 수시로 변화하고 발전한다.

지속 가능한 비전있는 기업이 차세대 성장 동력 창출을 위해 R&D 투자에 막대한 예산을 투자하듯이 경호 전문 기관에서도 경호 기법 연구를 집중 활성화하여 미래 범죄 양상 예측과 대비책을 강구해야 한다.

끊임없는 경호기법에 대한 연구 및 개발이 경호의 목적인 경호대상자 보호에 필수적인 요소이다.

나. 경호의 윤리 의식(관)

공경호든 사경호든 경호 전문직 종사자들은 사회적 윤리 책임 범주에

80) 양재열, 전게논문, 7면.

서 자유로울 수 없고 사회적으로 악영향을 초래하지 않도록 고도의 전문가적 직업 의식과 윤리관이 요구된다.

경호 전문직 종사자들은 관계 법령의 규정에 의한 의무와 책임을 부여받거나 의뢰인으로부터 계약 행위로 인한 보수를 받기 때문에 경호대상자 중심으로 생각하고 행동하여야 하며 고도의 윤리 의식이 요구되는 전문직종이다.

경호의 주체와 경호의 객체와의 관계가 생명을 담보로 하는 숭고한 가치를 지닌 특수한 신뢰감이 구축되어야 하고 경호대상자는 경호 전문가를 채용하여 전문적 경호 서비스를 제공받기 위함이며 경호대상자의 안전이 최우선이라는 신뢰를 형성하는 것이 필수적이다.

공경호든 사경호 측면이든 국가나 사회 안전망 구축에 일조를 하고 있다는 가치관과 윤리관을 가져야 한다.

경호는 경호대상자나 조직의 고위 경영자를 가까이에서 경호하거나 보좌하고, 조직 내에서 많은 기밀 사항을 다루는 업무의 특수성으로 인하여 일반 사무직에 비해 더욱 빈번한 윤리적 갈등을 경험하게 된다.

이와 같은 윤리적 갈등은 자신이 알고 있는 공공기관의 기밀 누설 상황, 조직 내의 종적인 문서 위조, 상사의 지시에 의한 정보 조작, 업무 이외의 상사의 개인적인 업무 수행 등에서 나타날 수 있다.

인성이 풍부하고 책임감이 강한, 그러면서도 멋이 있는 인재로 육성해 나가도록 공공기관 또는 민간 경호 경비 회사는 경호, 경비원들의 윤리적 갈등을 감소시킬 수 있도록 건전한 윤리 풍토를 정착시키는 데 노력하여야 한다. 이는 조직 내부로는 조직 구성원의 윤리 의식을 고취시키고 소속 기관이나 기업에 긍지를 갖게 함으로써 근로 의욕이나 직무 태도에 긍정적 영향을 미치고, 조직 외부로는 국민들에게 좋은 이미지를 만들어 결과적으로 기관의 신뢰감을 구축하고 경호력 향상에 기여하게 된다.[81)]

81) 김두현, 전게서, 360면.

경호의 윤리관을 포함하는 항목은 관점에 따라 여러 가지로 논의가 될 수 있으나 종합적이고 핵심적으로 표현한다면 ① 고도의 도덕성과 청렴성, ② 정직성, ③ 신뢰성, ④ 전문성으로 요약될 수 있을 것이다.

다음은 공경호 기관과 사경호 업체에서 요구하는 임용 조건 및 윤리 강령, 준칙 및 자세, 다짐 등을 통하여 해당 기관에서 요구되는 윤리관과 윤리의식 등을 파악할 수 있기 때문에 참고로 소개해 보고자 한다.

1) 경호공무원(대통령 경호원)의 윤리관

경호공무원의 임용, 승진 등 신분에 관한 사항을 대통령 등의 경호에 관한 법률과 동법시행령으로 정하게 되어 있다.[82]

경호공무원의 임용은 학력, 자격, 경력을 기초로 하며 시험성적, 근무 성적, 기타 능력의 실증에 의하여 행하며 공개 채용과 특별 채용으로 나눈다.[83]

경호공무원이 되려면 ① 대한민국 국적을 가지지 아니한 자, ② 금치산자 또는 한정치산자, ③ 파산자로서 복권되지 아니한 자, ④ 금고 이상의 형을 받고 그 집행이 종료되거나 집행을 받지 아니하기로 확정된 후 5년을 경과하지 아니한 자, ⑤ 금고 이상의 형을 받고 그 집행유예의 기간이 완료된 날로부터 2년을 경과하지 아니한 자, ⑥ 금고 이상의 형의 선고유예를 받은 경우에 그 선고유예기간 중에 있는 자, ⑦ 법원의 판결 또는 다른 법률에 의하여 자격이 상실 또는 정지된 자, ⑧ 징계에 의하여 파면의 처분을 받은 때로부터 5년을 경과하지 아니한 자, ⑨ 징계에 의하여 해임의 처분을 받은 때로부터 3년을 경과하지 아니한 자 등 어느 하나의 임용결격사유에 해당되지 않아야 한다.

경호공무원은 신체 및 사상이 건전하고 품행이 방정한 자이어야 함을

82) 대통령 등의 경호에 관한 법률 제6조 제1항.
83) 동법 제8조(직원의 임용자격 및 결격사유).

정하여 신원조회를 엄격하게 실시하고 있다.[84]

대통령 경호공무원은 대통령 등의 경호에 관한 법률에 명시된 경호대상자[85]의 완벽한 절대 안전을 추구하고 있다. 이를 사명이라 생각하고 행동강령으로 "경호원의 다짐"[86]을 제정하여 평소 생활 속에 실천하고 있고 공경호의 경호 전문가로서 요구하는 인재상은 냉철한 판단력과 두뇌 순발력을 갖춘 균형과 조화로운 인재를 요구하고 있다.

<경호원의 다짐>[87]

우리는 국가 원수의 절대 안전을 보장하는 충성스러운 대통령 경호원이다.

하나, 우리는 임무 완수를 위하여 신명을 바친다.

둘, 우리는 의롭고 정직하게 행동한다.

셋, 우리는 상호신뢰를 바탕으로 굳게 단결한다.

넷, 우리는 생명처럼 보안을 지킨다.

다섯, 우리는 명예를 지키고 품위를 유지한다.

<경호인재상>

경호원은 충(忠), 신(信), 지(知), 통(通)을 바탕으로 한 균형감 있는 능력을 요구.

---

84) 동법 제8조.

85) 경호대상자: 각국별로 경호대상자를 법적으로 명시
한국: 대통령 등의 경호에 관한 법률 제4조(경호대상) ①항
경호처의 경호대상은 다음과 같다.
1. 대통령과 그 가족
2. 대통령 당선인과 그 가족
3. 본인의 의사에 반하지 아니하는 경우에 한정하여 퇴임 후 10년 이내의 전직대통령과 그의 배우자 및 자녀
4. 대통령권한대행과 그 배우자
5. 대한민국을 방문하는 외국의 국가 원수 또는 행정수반과 그 배우자
6. 그 밖에 처장이 경호가 필요하다고 인정하는 국내외 요인

86) 1980년 2월에 제정된 '경호원 신조'가 2001년 7월 '경호원 다짐'으로 개정.

87) www.pss.go.kr 참조.

인재상: 냉철한 판단력과 두뇌 순발력을 갖춘 사람.

- 忠: 대통령경호원은 살신성인의 정신과 확고한 국가관, 애국심과 명예를 소중히 여기는 마음. 희생 정신과 봉사 정신은 경호처가 바라는 인재상의 첫번째 조건인.
- 信: 경호처는 철저한 팀웍과 강한 동료애를 가진 인재를 선호.
  경호 지원 및 유관 기관과 신뢰의 네트워크를 유지할 수 있는 리더십과 친화력 필요.
- 知: 대통령 경호원은 사회 각 분야에 대한 다양한 지적 능력과 정보 판단력을 갖추고 있어야 하며 비상시에도 순간적으로 대응할 수 있는 냉철한 판단력과 두뇌 순발력이 요구.
- 通: 글로벌 시대를 맞아 국제적인 경호 행사 증가에 따라 언제 어디서나 자유로운 의사소통이 가능한 외국어 실력과 글로벌 감각을 갖춘 인재를 우대.

<경호처 채용절차>

서류전형: 기본 자격 요건, 신체, 신원 확인, 병력, 성적 확인

필기시험: 영어, 상식(국어, 국사, 법률, 경제, 경영)

체력, 인성 검사: 기본 체력 측정, 정밀 신체 검사, 인성 및 지능검사

면접시험(5단계): 개별, 논리적 면접, 집단토론 면접, 영어 구술 면접, 최종 면접

2) 경찰공무원의 윤리관

경찰은 경찰현장에서 개인의 자유와 권리 보호, 사회의 안녕과 질서 유지, 국민의 안위와 행복한 삶을 누릴 수 있도록 하는 등 맡은 바 임무를 충실히 수행할 것을 선언하고 있다.

이를 실천에 옮기기 위해서는 다음과 같이 인격 존중성, 봉사성, 의로

움성, 공정성, 전문성, 근면 성실성, 검소성 등을 갖춘 경찰이어야 한다며 굳게 다짐하고 있다.

<경찰헌장>

우리는 조국 광복과 함께 태어나, 나라와 겨레를 위하여 충성을 다하여 오늘의 자유민주사회를 지켜온 대한민국 경찰이다.

우리는 개인의 자유와 권리를 보호하며 사회의 안녕과 질서를 유지하며 모든 국민이 편안하고 행복한 삶을 누릴 수 있도록 해야 할 영예로운 책임을 지고 있다.

이에 우리는 맡은 바 임무를 충실히 수행할 것을 굳게 다짐하며, 우리가 나아갈 길을 밝혀 스스로 마음에 새기고자 한다.

1. 우리는 모든 사람의 인격을 존중하고 누구에게나 따뜻하게 봉사하는 따뜻한 경찰이다.
1. 우리는 정의의 이름으로 진실을 추구하며, 어떠한 불의나 불법과도 타협하지 않는 의로운 경찰이다.
1. 우리는 국민의 신뢰를 바탕으로 오직 양심에 따라 법을 집행하는 공정한 경찰이다.
1. 우리는 건전한 상식 위에 전문 지식을 갈고 닦아 맡은 일을 성실하게 수행하는 근면한 경찰 이다.
1. 우리는 화합과 단결 속에 항상 규율을 지키며, 검소하게 생활하는 깨끗한 경찰이다.

3) 군인의 직업 윤리관

국군은 국가의 안전보장과 국토방위의 신성한 의무를 수행함을 사명으로 하며, 그 정치적 중립성은 보장된다.[88] 특히 대통령은 헌법과 법률이 정

88) 헌법 제5조 제2항.

한 바에 의하여 국군을 통수한다.[89)]

따라서 국군은 국민의 군대로서 국가를 방위하고 자유민주주의를 수호하며, 조국의 통일에 이바지함을 그 이념으로 한다.[90)] 다시 말하면 국민의 군대, 국가방위, 자유민주주의 수호, 통일에 기여하는 것이다. 국군은 대한민국의 자유와 독립을 보전하고 국토를 방위하여 국민의 생명과 재산을 보호하고 나아가 국제평화의 유지에 이바지함을 그 사명으로 한다.[91)]

군인이라는 직책은 그 직에 종사하는 사람들에게 일반 사람과는 다른 보다 특별한 것들을 행할 것을 요구한다. 나라의 존망이 위태로울 때 국가를 위하여 자신의 생명을 기꺼이 바칠 수 있는 것, 이것이 바로 군인의 직분이요, 의무이자 사명이다.

명예를 존중하고, 투철한 충성심, 진정한 용기, 필승의 신념, 임전무퇴의 기상과 죽음을 무릅쓰고 책임을 완수하는 숭고한 애국애족의 정신으로서의 군인정신, 엄정한 군기, 왕성한 사기, 단결 및 전기전술의 연마와 강인한 체력단련 등을 군복무의 강령으로서 강조하고 있다.[92)]

<직업군인의 행동준칙>[93)]

① **국가를 위하여**: 조국 대한민국을 사랑하는 직업군인

- 나는 대한민국에 태어난 것을 자랑스럽게 여기고, 국민의 일원으로서 투철한 주인정신을 발휘한다.
- 나는 조국 대한민국과 운명을 같이한다는 확고한 신념과 태도를 견지한다.
- 나는 어떠한 상황에서도 국가를 배반하지 않으며, 결코 국가에 불리한 행위를 하지 않는다.

---

89) 헌법 제74조 제1항.
90) 군인 복무규율 제4조 제1항.
91) 군인 복무규율 제4조 제2항.
92) 김두현, 전게서, 348면.
93) 「군대윤리 및 직업군인의 가치관」, 국방부(정훈공보관실), 2006, 59~60면.

- 나는 국가의 안전과 국민의 생명을 지킨다는 군의 기본임무에 충실하고 부대의 전투력 향상을 위해 끊임없이 노력한다.
- 나는 전투에 임하여 군인으로서의 명예를 저버리지 않으며, 나라와 겨레를 위해서 소중한 생명까지 기꺼이 바친다.

② **국민을 위하여:** 국민을 섬기는 자세로 임무를 수행하는 직업군인

- 나는 국민이 군의 주인이며, 국민의 생명과 개산을 보호하는 것이 군에게 부여된 지고한 사명임을 명심한다.
- 나는 국민들이 군에 거는 기대와 신뢰를 명심하여 높은 도덕성과 윤리 의식을 갖춘 군인이 되기 위해 노력한다.
- 나는 군인으로서 엄정한 정치적 중립을 지키며, 오로지 국민을 위해 봉사하는 것에서 긍지와 보람을 찾는다.
- 나는 각종 재난이나 재해로 국민들이 어려움에 처했을 때 기본 임무를 수행한다는 자세로 열성을 다해 지원한다.
- 나는 각종 교육 훈련시 국민에게 어떠한 피해도 주지 않으며, 민, 군 일체감 조성을 위해 노력한다.

③ **상관에 대하여:** 상관의 입장에서 수명(受命)하고 면종복배(面從腹背)하지 않는 직업군인

- 나는 상관에게 충성하는 것이 곧 조국 대한민국에 충성이라는 사실을 명심한다.
- 나는 개인적인 출세나 영예를 위해 상관에게 충성하는 것이 아니라, 진심에서 우러나오는 상명하복의 자세를 견지한다.
- 나는 상관과 개인적인 친분을 쌓으려고 애쓰기보다는, 상관이 나에게 부여한 임무를 훌륭히 완수함으로써 상관을 보좌한다.
- 나는 상관이 쌓아온 경험과 전문성을 적극적으로 배우며, 나의 언행으로 인해 상관의 명예를 손상시키지 않도록 노력한다.

- 나는 전장에서 아무리 위험한 곳이라도 상관과 함께하며, 그의 명령에 복종함으로써 승리를 쟁취한다.

④ **동료에 대하여:** 동료 전우를 신뢰하고 그와 더불어 협력하는 직업군인

- 나는 동료가 선의의 경쟁자이면서 동시에 군과 국가를 위해 같은 길을 걷고 있음을 명심한다.
- 나는 비록 개인적으로 좋아하지 않는 동료일지라도 임무완수를 위해서라면 그와 기꺼이 협력한다.
- 나는 깊은 신의를 바탕으로 동료를 배려함으로써 상호간 굳건한 신뢰관계를 구축하기 위해 노력한다.
- 나는 동료의 훌륭한 행동은 진심으로 칭찬해주며, 그의 장점을 배우는 데 주저하지 않는다.
- 나는 전장에서 혼자서만 위험으로부터 도피하여 전우들을 커다란 위험에 몰아넣는 비겁한 행위를 하지 않는다.

⑤ **부하에 대하여:** 부하를 사랑하고 그와 동고동락하는 직업군인

- 나는 부하의 인격을 존중하고, 그의 계급이 가지는 존엄성을 인정하며, 그에게 사적인 임무를 부여하지 않는다.
- 나는 하급자의 반대 의견이라도 귀담아듣고 그 말이 옳은 것이라면 흔쾌히 수용하는 포용력을 갖도록 노력한다.
- 나는 강압적이고 권위주의적인 지시만으로 부하를 통솔하지 않고, 솔신수범을 통해 그가 스스로 따라오도록 유도한다.
- 나는 부하들에게 '좋은 사람'이라는 평을 듣기보다는 '엄정하고 공정한 사람'이라는 평을 듣기 위해 노력한다.
- 나는 평시 교육훈련을 통하여 부하들을 강하게 단련시킴으로써 전투에서 부하들이 필승의 자신감을 가지도록 한다.

⑥ 나 자신에 대하여: 자신에게 떳떳하고 임무에 헌신하는 직업군인

- 나는 "개혁이 나 자신에서부터 출발한다"는 것을 인식하고 개혁에 적극적으로 동참한다.
- 나는 책임을 전가하거나 회피하지 않으며, 어렵고 힘든 일일수록 내가 먼저 솔선수범한다.
- 나는 맡은 바 분야에서 최고의 전문가가 되기 위해 끊임없이 나를 계발하고, 창의적인 임무수행을 위해 노력한다.
- 나는 "오늘 하루도 무사히 넘겼다"는 소극적인 생각보다는 "내가 오늘 하루 얼마나 보람된 일을 했는가?"를 생각하며 반성한다.
- 나는 전투에 임하여 몸을 피하지 않고 나에게 주어진 막중한 책임과 희생을 감내하는 헌신적 용기를 발휘한다.

4) 사설 경호(경비)원의 직업 윤리관[94]

(1) 사설 경호(경비)원의 채용조건

– 경비업법 제3조에 의하여 경비업은 법인이 아니면 영업을 할 수 없도록 규정하고 있고, 설립에 있어서 주무관청의 허가를 받게 하고 있으며(동법 제4조, 민법 제32조), 법인사무에 관한 검사, 감독 등은 경찰주무관청에 의하여 이루어지도록 규정하고 있다(동법 제19조, 제24조, 민법 제37조, 제38조). 그 밖의 경비업의 특수성으로 말미암아 경비업은 민사상 사단법인과는 달리 벌칙(동법 제28조, 제29조), 과태료(제31조), 양벌규정(제30조) 등과 같이 경비업에 의하여 엄격한 규율을 받고 있다. 경비원의 업무수행 중에 고의 또는 과실로 경비대상에 발생하는 손해를 방지하지 못한 때에는 경비업자가

94) 사설 경호원이란 사설 경비 기관이나 업체에서 기업회장, CEO, 정치인, 연예인 기타 의뢰인 등의 신변에 대하여 직, 간접적으로 가해지는 위해를 방지하기 위하여 위험 요소를 사전에 제거하고 경호대상자의 안전을 위해 경호 작용을 하는 자를 말한다. 경비업법 제2조 제1항(신변보호업무): "사람의 생명이나 신체에 대한 위해를 방지하고 그 신변을 보호하는 업무"라고 정의하고 있다.

이를 보상하도록 규정하고 있다(제26조).

경비업자는 일반경비원을 채용할 때에는 ① 18세 미만인 자, ② 파산선고를 받고 복권되지 아니한 자와 금치산자 및 한정치산자, ③ 금고 이상의 형을 받고 집행이 종료되거나 집행을 받지 아니하기로 확정된 후 5년을 경과하지 아니한 자, ④ 금고 이상의 형의 집행유예선고를 받고 그 유예기간 중에 있는 자는 채용해서는 아니 된다. 그리고 특수경비원을 채용할 때에는 상기 일반경비원의 결격사유 말고도 만 60세 이상인 자, 금고 이상의 형의 선고유예를 받고 그 유예기간 중에 있는 자, 특수경비원의 신체조건으로 팔과 다리가 완전하고, 두 눈의 나안시력 각각 0.2 이상 또는 교정시력 각각 0.8 이상인 자를 채용한다(동법 제10조, 동법시행령 제 7 조).[95]

(2) 사설 경호(경비)원의 윤리강령[96]

<경비원 윤리강령>

법과 윤리에 따라 범죄로부터 고객의 생명과 재산을 보호하고 각종 규정을 준수하고 투철한 직업 의식으로 경비원으로서의 직업 능력을 함양하며 신의, 성실과 책임을 신념으로 직업 윤리를 이행할 것을 다음과 같이 다짐한다.

1. 법과 원칙을 준수하고 범죄와 사고로부터 고객을 보호하는 데 최선을 다한다.
2. 직무를 수행함에 있어 고객의 보호와 권익에 대해 확실하게 인식하고 그 책임을 다한다.
3. 민간 경비의 발전과 효율성 제고를 위하여 교육과 훈련을 통해 직무능력을 함양하는 데 부단한 노력을 경주한다.
4. 어떠한 경우에도 전문인으로서 긍지와 책임감을 잊지 않고 주어진

95) 김두현 외 1, 「현대스포츠법과 안전」, 한올출판사, 2009, 707~708면.
96) ㈔한국경비협회는 경비원의 윤리강령을 규정하여 경비원의 윤리정립방안과 고객에게 양질의 서비스를 제공하고자 노력하고 있다.

업무 이외의 행위를 하지 않는다.

5. 언제나 회사를 대표한다는 신념으로 고객으로부터 신뢰감을 얻고, 범죄 및 사고예방에 최선을 다한다.
6. 예방수칙을 숙지하고 고객의 위험상황 및 재산상의 손해가 예상되는 순간에 투철한 사명감으로 피해를 최소화한다.
7. 복장과 장비는 규정에 따라 단정하게 착용하고 근무지를 이탈하지 않으며 근무지 청결을 유지한다.
8. 근무수칙을 준수하고 소속 상사의 명령에 복종하며 동료와 친화 관계를 유지한다.
9. 업무상 지득한 고객의 정보를 소중하게 여기고 철저하게 보호한다.
10. 민간경비의 최일선을 담당하는 자부심으로 공경비와 협조하며 고객안전과 나아가 지역사회안정을 도모한다.

5) 미국 사설 경호(경비)원의 직업윤리강령[97)]

미국의 사설 경호(경비)원의 직업윤리강령을 살펴보면 사설 경호(경비)원의 직업 윤리와 경호(경비)원으로서의 지켜야 할 자세를 엿볼 수 있다.

사경호(경비)원은 범죄의 예방과 감소에 있어 사경호(경비)가 수행하는 중요한 공헌을 인식하면서 다음과 같이 서약한다.

1. 내 역할의 책임을 인정하고 업무를 수행한다. 생명과 재산의 보호, 고용주의 기업 또는 내게 할당된 다른 조직이나 기관에 대한 범죄의 예방 및 감소 그리고 모든 사람의 헌법적 권리를 존중한다.
2. 정직과 성실로 일하며 나의 경비의무를 수행함에 있어 최선의 도덕적 원칙을 준수한다.
3. 나의 의무를 수행함에 있어 신의와 근면 그리고 신뢰성을 견지할 것

97) Ricks, A. Truett, and Tillett, BG, *Principle of Security*, Cincinnati, Ohio; Anderson Publishing Co., 1981, pp. 240~241.

이며 항상 타인의 권리를 보호하는 법, 정책 그리고 집행과정을 고양할 것이다.

4. 나의 판단에 영향을 미칠 수 있는 개인적 감정, 편견, 적대감 그리고 우정 등에 치우치지 않고 진실, 정확, 그리고 인내심을 지켜 나갈 것이다.
5. 법 혹은 고용주나 고객의 규칙에 대한 어떠한 위반도 지체 없이 나의 감독자에게 보고할 것이다.
6. 나의 고용주나 고객의 이익이 법률이나 혹은 이 윤리강령에 배치되는 경우를 제외하고 그들의 비밀에 대한 정보는 나의 고용 기간 이후라도 존중하고 보호할 것이다.
7. 책임 있는 경찰조직이나 정부조직의 관할권 내에 있는 일에 관해서는 그들과 협력할 것이다.
8. 고용주의 동의나 인정이 없이는 어떠한 보상, 임무, 선물 또는 다른 혜택도 받지 않겠다.
9. 항상 전문가답게 활동하며 나의 의무를 나 자신, 고용주, 그리고 사경비의 신뢰성을 침해하지 않는 형태로 수행할 것이다.
10. 훈련과 교육의 기회를 추구함으로써 나의 업무수행능력을 개선하기 위하여 지속적으로 노력하며 나의 경비업무에 대한 준비를 게을리하지 않는다.

경호 전문직에 종사하는 요원들에게는 고도의 도덕성과 청렴성, 정직성, 신뢰성, 전문성이 요구되는 직업이다.

경호, 경비를 담당하는 경호, 경비원의 업무 특성상 일상적인 도덕 기준으로는 처리할 수 없는 복잡한 상황에 직면하게 되는 경우가 많다.

최근 사회 구조가 다양화 되고 인성교육, 윤리교육의 미흡으로 경호 경비원에 의한 성폭력 사건, 도난 사건, 경호 경비 근무 중 총기 위해 사건, 뇌

물수수 사건, 보안 누설 사건, 경호경비 조치 미흡 사건 등 크고 작은 비윤리적 사고가 증가되고 있는 현실이다. 경호 경비 교육 기관의 경호 윤리 교육을 강화하고, 70여 개 대학 경호 관련 학과의 교과목에 '경호 윤리' 과목을 개설하여 경호 경비원의 인성 역량을 증진시키는 등[98] 경호 경비원의 전문가적 직업 의식과 윤리관이 시급히 정립되어야 할 시점이다.

제4절 공경호와 사경호의 비교

일반적으로 경호 조직은 "인위적인 위해 기도를 무력화하고 범행의 성공 기회를 최소함으로써 경호대상자의 신변을 안전하게 보호하는 조직"으로 정의할 수 있으며, 특히 일반 사경호와는 달리 공경호는 국가 공권력의 바탕 위에 국가 원수 및 수반의 안전 보장을 위해 민·관·군 합동의 총력 경호 체제의 형태를 보인다.

우리나라 대통령 경호 관리의 목표는 "대통령의 절대 안전 보장"이라 할 수 있다. 이를 좀 더 구체적으로 살펴보면 먼저 ① 대통령의 안전 보장을 통한 국가 혼란 방지 및 국가 안전 보장과 아울러, ② 대통령의 심리적, 육체적 안정감 제공을 통한 원활한 국정수행을 보장하는 것이다. ③ 또한 국가 최고 통치권자로서의 지위, 권위 및 품위를 유지시키고, ④ 국가 통치 행위에서 발생되는 각종 국가기밀에 대한 보안 유지와, ⑤ 기타 국가 지휘 통신망[99] 확보 및 관리 등을 통한 원활한 국정 운영을 보좌한다는 차원에서 대통령 경호의 중요성이 있다고 할 수 있다.

---

98) 김두현, 전게서, 365면.

99) 국군지휘통신사령부령(1990. 9. 29. 대통령령 제13115호) 제 2 조(임무) 제 5 항에 명시-대통령의 직무수행 및 대통령실경호처의 경호임무수행에 관련된 통신망의 구축 및 운용 〈일부개정 2008. 2. 29〉

본절에서는 먼저 일반 사경호와의 비교를 통해 대통령 경호 관리 특징을 분석하고 대통령 경호의 기본이론과 10대 기능 및 경호가 진행되는 세부 수행 절차에 대하여 살펴보기로 한다.

1. 공경호와 사경호 비교

일반적으로 조직은 어떤 특정된 목표를 달성하기 위한 수단적인 성격을 가지고 있으며, 가급적 그 목표를 합리적으로 이룩하고자 할 뿐만 아니라 분업의 원칙에 따라 편성 운영되고 있다.

공경호 조직은 이러한 일반적인 조직이 가지는 속성을 공유하면서도 경호업무의 특수성으로 인하여 폐쇄성 또는 보안성, 전문성, 기동성 등의 특성을 가지며 이는 일반인을 경호하는 사경호 조직과도 유사하다. 하지만 국가 원수 경호를 담당하고 있는 공경호 조직은 일반 사경호 조직과는 경호의 대상 자체가 다른 관계로 경호의 목적과 법적 근거, 경호 규모, 공권력성의 유무 등에서 많은 차이를 내포하고 있다.

공경호 관리와 사경호 관리의 차이점을 분석해 보면 첫째, 경호의 대상에 있어 공경호는 관련법규에 규정된 경호대상[100]으로 한정되어 있다. 동법 제4조 제1항 제6호에 명시된 "그밖에 처장이 경호가 필요하다고 인정하는 국내외 요인"이란 주로 정치적 요인이나 경호 환경적인 측면을 고려하여 선정되는 국내 요인 또는 방한하는 국가 원수급 국빈을 의미하는 것이다. 이에 반해 일반 사경호의 대상은 주로 계약 관계에 의해 성립되며, 자연인 누구나 경호의 대상자가 될 수 있기 때문에 경호대상자가 다양하다.

둘째, 목적에 있어서 공경호 관리의 목적은 국가 원수 및 행정 수반 신변 안전 보장을 통한 원활한 국정 운영 수행 여건을 보장하고 국가 원수의

100) 경호대상자: 각국별로 경호대상자를 법적으로 명시
한국: 대통령 등의 경호에 관한 법률 제4조(경호대상)에 명시.

신체적 안전은 국가안정과 직결되기 때문에 공조직은 경호대상자에 대한 절대 안전 보장을 통해 궁극적으로 국가 안전에 기여하지만, 일반 사경호 업무는 의뢰인의 안전 보장을 통해 영리를 추구하며 궁극적으로 사회안전망 구축을 목적으로 한다고 볼 수 있다.

셋째, 공경호 관리는 대통령 등의 경호에 관한 법률·규정 및 조약·협약[101] 등에 근거하여 운영됨으로써 공권력을 바탕으로 한 경호 유관 기관과 합동으로 총력경호체계를 구축하고 있으나, 일반 사경호 관리는 경찰청 경비업법에 근거하여 운영되고 있으며 영리 추구를 목적으로 하여 최소한의 인적, 물적 자원을 이용하여 관리되기 때문에 경호 규모면과 경호 기법 체계에 있어 많은 차이점이 있다.

표 1-7 일반 사경호와 공경호 관리의 차이

구 분	공경호(대통령 경호 관리)	사경호(일반 경호 관리)
경호 목적	대통령 신변 보호를 통한 국가 안전 보장 및 국가 발전에 기여	영리 추구
법적 근거	대통령 등의 경호에 관한 법률 등 다양한 법률 적용 (경찰관직무집행법, 형법, 조약 등)	경비업법
경호 대상	제한성(법률에 명시된 대상)	다양성(계약 관계에 의해 성립)
규 모 면	대규모성(경찰·군·국정원 등 다양한 부서가 참여하는 총력 경호 체계)	소규모(경영의 원리에 따라 최소한의 인적·물적 자원 운영)
경 호 원	법을 집행하는 공무원(특정직)으로 다양한 법률상의 의무와 책임	고용자로서 단순한 "보디가드" 역할을 수행, 기업 윤리 및 도덕적 차원의 의무
경호 장비	총기 등 경호 활동에 필요한 다양한 무기 사용 가능	무기 사용 불가 * 단 관할 경찰서 신고 후 전자충격기 사용 가능

101) 조약으로는 국가 원수, 정부수반, 외무장관, 기타 국가를 대표하는 공무원, 국제 기구직원 및 가족에 대한 신변 안전 보호 의무에 대한 구제조약인 외교관 등 국제적 보호인물에 대한 범죄방지 및 처벌에 관한 협약(1973년 6월 2일 조약 제813호)이 있으며, 협정으로는 주한 미군과 대통령 경호에 관한 협조 절차 규정을 정하고 있는 대통령 경호에 대한 합의각서(1987. 1. 6 대통령 경호경비에 대한 한·미군간 합의)가 있다.

넷째, 경호원의 의무 또는 책임에 있어서도 공경호 업무를 담당하는 경호공무원의 경우 공무원 신분으로 엄격한 자격 기준에 의해 선발되며 법적 규제가 따르는 국가공무원법상의 의무[102]를 지고 있으며, 직무를 소홀히 할 경우 형법상의 직무유기죄 등을 적용 받게 된다. 하지만 일반 사경호원의 경우 법적 제제가 따르는 의무나 금지 사항은 없으며 기업 활동 윤리 차원의 도덕적 의무만을 진다. 또한 고용주와 종업원의 계약 관계에 의해 채용되기 때문에 경비업법, 민법, 상법, 근로기준법의 적용을 받게 되며 비교적 전문화된 "보디가드"의 역할을 담당하기 때문에 주로 정신자세, 무도, 체력 등 정신적, 신체적, 요건 우수자들로 구성되어 있다.

이러한 일반 사경호 관리와 공경호 관리에 있어서 차이점을 〈표 1-6〉과 같이 정리할 수 있다.

2. 공경호 조직의 특성

가. 공권력성

영리추구 및 사회 안전망 구축을 목적으로 운영되는 일반 사경호와 달리 공경호 조직은 법을 집행하는 정부기관으로 공권력에 바탕을 두고 경호 임무를 수행하고 있다. 공경호 임무는 정부조직법[103] 및 대통령 등의 경호에 관한 법률 등에 법적 근거를 두고 공무를 집행하는 행위로서, 경비업법 등에 의해 제한받으며 공권력성이 없는 사경호와는 근본적인 차이점을 내포한다. 또한 경호 임무를 효율적으로 수행하기 위해 일부 직원들에게 사법

102) 국가공무원법상 공무원의 의무에는 성실의무, 복종의 의무, 친절공정의 의무, 비밀엄수의 의무, 청렴의 의무, 품위유지의 의무가 있으며, 금지사항으로는 직장이탈 금지, 영리 및 겸직 금지, 정치운동 금지, 집단행위 금지 등이 있다.

103) 정부조직법 제14조(대통령실)
① 대통령의 직무를 보좌하기 위하여 대통령실을 둔다.
② 대통령실에 실장 1명을 두되, 실장은 정무직으로 한다.
③ 대통령 등의 경호를 담당하기 위하여 대통령실에 전담기구를 둔다.
④ 제3항에 따른 전담기구의 조직·직무범위, 그 밖에 필요한 사항은 따로 법률로 정한다.

경찰권[104]을 부여하고 있으며, 무기 또는 총기사용권[105]을 가지는 등 총기 사용권이 없는 사경호와는 많은 차이가 있다.

나. 통합성 및 계층성

모든 조직은 목표달성을 위해서 각 구성 요소가 분화되어 있으며, 경호 조직 또한 경호 임무 수행에 필요한 각각의 전문화되어 있는 기능으로 분화되어 있다. 이러한 분화되고 전문화된 단위 조직의 활동에 대한 효율적인 지휘 감독을 통한 통합 없이는 경호 역량을 효과적으로 발휘할 수 없을 것이다.

특히 일반 정부 조직과 달리 항시 비상 사태 등에 대비하여야 하는 경호 조직의 경우 분화된 조직의 기능을 통합할 수 있는 기능은 필수 불가결한 것이다. 경호업무를 담당하는 조직은 기능의 분화를 통해 전문성은 향상시키되 지휘 및 감독 기능 강화를 통해 이러한 각 분야별 전문성을 통합하여야 하며 이를 위해 경호 행사시 지휘권의 단일화, 명령 통일의 원리를 바탕으로 통합성을 강조한다.

이러한 통합성에 기초하여 경호 조직은 전체적인 구조가 피라미드형을 구성하면서 서로 상하의 계층을 이루고 지휘 감독 등의 방법으로 경호 임무를 수행하고 있다. 특히 경호 임무 중 긴급 사태에 대처하기 위해서는 지휘자의 신속한 판단과 지휘 명령이 요구되고 있어 계층제적 원리에 근거한 지휘권의 단일성이 요구되고 있으며, 경호 행사를 직접 담당하는 부서는 일반 행정부서에 비해 이러한 계층제의 원리가 더욱 강조되어야 한다.

---

104) 대통령 등의 경호에 관한 법률 제17조(경호공무원의 사법경찰권)
① 처장의 제청에 의하여 서울 중앙지방검찰청 검사장이 지명한 경호공무원은 제 4 조의 직무수행 중 인지하는 그 소관에 속하는 범죄에 관하여 직무상 또는 수사상 긴급을 요하는 한도 내에서 사법경찰관리의 직무를 행할 수 있다.
② 7급 이상 경호공무원은 사법경찰관, 8급 이하의 경호공무원은 사법경찰리의 직무를 행한다.

105) 동 법률 제19조(무기의 휴대 및 사용) "처장은 직무를 수행하기 위하여 필요하다고 인정된 때에는 소속공무원에게 무기를 휴대시킬 수 있다", "무기를 휴대하는 자는 그 직무를 수행함에 있어서 필요하다고 인정하는 상당한 이유가 있을 경우 그 사태에 응하여 부득이 하다고 판단되는 한도 내에서 무기를 사용할 수 있다."

다. 협 력 성

공경호 임무 수행에는 많은 인적, 물적 자원과 함께 다양한 정보를 필요로 하고 있기 때문에 경호 조직 단독으로 경호 임무를 수행하기 위해서는 조직 규모의 지나친 확대가 불가피하며 이는 국가 전체적인 행정 조직 운영 측면에서도 비효율적이라 판단된다. 따라서 효율적인 경호 임무 수행을 위해서는 경호와 관련이 있는 업무를 담당하는 경찰, 국가정보원, 군 등의 유관 부서와의 유기적인 협조가 필수적인 것이다.

우리나라는 대통령 등에 관한 법률 제15조[106]에 근거하여 경호처장은 국가기관, 지방자치단체 및 공공단체의 장에게 경호업무에 필요한 사항에 대해 협조를 요청할 수 있으며, 협조 요청을 받은 기관의 장은 특별한 사유가 없는 한 이에 응하여야 한다. 또한 대통령경호안전대책위원회규정[107]을 별도로 두어 대통령경호안전대책과 관련한 경찰, 군, 국정원 등 15개 관련기관들의 협조를 받아 경호 임무를 수행하고 있다.

경호 유관 기관과의 협조는 물론이고, 민주주의 국가에서 완벽한 경호 임무를 수행하기 위해서는 대통령 경호에 대한 올바른 이해에 바탕을 둔 일반 국민들의 절대적인 협력과 지원이 더욱 요청되고 있다.

경호업무의 특성상 많은 부분에 있어 일반 대중의 통제가 이루어질 수 있는데, 이러한 대통령 경호업무에 대한 올바른 이해를 바탕으로 국민들의 지지와 협조를 구하기 위해서는 경호처의 홍보업무는 물론, 경호 임무 수행 시 국민 불편을 최소화하는 방향으로 경호 기법의 개선과 경호 행사장 주변

106) 대통령 등의 경호에 관한 법률 제15조(국가기관 등에 대한 협조 요청) 처장은 직무상 필요하다고 인정할 때에는 국가기관, 지방자체단체 기타 공공단체의 장에게 그 공무원 또는 직원의 파견 기타 필요한 협조를 요청할 수 있다.

107) 대통령경호안전대책위원회규정은 1981년 3월 2일 대통령령 제10233호로 제정되었으며 이 영은 대통령 경호 임무 수행에 있어서 관계 부서의 책임을 명확히하고, 관계 부서간의 협조를 원활히 함으로써 대통령 경호 임무 수행에 만전을 기하기 위하여 대통령경호안전대책위원회(이하 "위원회"라고 한다)의 구성, 운영과 관계 부서의 책임 사항을 규정함을 목적으로 제정되었다.

에 있는 국민들의 생업 보장 및 경호원들의 지속적인 정신교육을 통한 전문가적 근무 자세 견지 등을 통하여 국민의 협조와 지지를 받을 수 있는 경호 업무가 이루어져야 할 것이다.

라. 보안성 또는 폐쇄성

공경호 임무를 완벽하게 수행하기 위해서는 조직, 인원, 행사의 특성에 따른 경호 기법, 행사 시간 등에 대한 보안성 유지가 필수적인 관계로 조직의 보안성이 강조된다. 또한 대통령 최근접에서 근무하게 되는 경호원들은 필연적으로 국가기밀은 물론 대통령 및 그 가족의 사생활에 대하여 많은 정보를 접하게 되기 때문에 정보 보호가 필연적인 것이며, 이러한 정보 누출시 경호원에 대한 대통령의 신뢰를 잃는 결과를 초래하여 경호 임무 수행에 많은 제약이 따를 수도 있다.

이에 따라 대통령경호원들은 경호 행사와 관련된 정보의 보호뿐만 아니라 국가적 기밀사항 및 보안성이 요구되는 주요정책 등 경호임무 수행 중 지득하게 되는 각종 기밀을 보호해야 하는 책임과 의무를 지게 된다.

일반 정부 조직의 경우 국민의 알 권리 충족과 행정 감시 차원에서 공개주의 원칙을 채택하고 있지만, 경호업무의 특성상 테러범이나 암살 기도자에게 경호업무와 관련된 정보의 공개는 중대한 위험요소로 작용될 수 있기 때문에 공경호 조직은 보안성 또는 폐쇄적인 특성을 가지게 되는 것이다.

또한 대통령 등의 경호에 관한 법률 제9조에 따르면 "소속공무원[108]은 직무상 알게 된 비밀을 누설하여서는 아니 된다"라고 명시되어 있으며, 소속공무원이 경호처의 직무와 관련된 사항을 발간 기타의 방법으로 공표하고자 할 때에는 미리 처장의 허가를 받도록 되어 있다.

---

108) 대통령 등의 경호에 관한 법률 제2조(정의) 제3항: "소속공무원"이라 함은 경호처의 직원과 경호처에 파견된 자를 말한다.
동 법률 제9조(비밀의 엄수) ① 소속공무원(퇴직한 자 및 원 소속 기관에 복귀한 자를 포함한다)은 직무상 알게 된 비밀을 누설하여서는 아니 된다.

마. 전 문 성

현대사회는 기능의 분화에 따른 다원주의 사회로의 전환과 과학 기술의 발달로 경호 위해 또한 다양화되고 지능화되고 있는 추세에 있다. 특히 최근 국제적인 테러 행위는 전쟁을 능가하는 엄청난 파괴와 살상을 야기시키는 등 고도화 추세에 있기 때문에 경호 조직 또한 전문화와 과학적 관리가 더욱 요구되고 있는 것이다.

특히 자본주의 발전과 정치 민주화에 수반되는 경호 환경의 변화는 공경호업무에 있어 전문 지식을 요구하고 있으며, 대통령의 권위나 권력의 후광으로 경호를 수행하는 것이 아니라 합법적이고 합리주의 원칙에 입각한 경호업무의 전문성에 기초를 두어야[109] 하며 통제 위주의 강압직 경호가 아니라 과학적이고 유연한 경호를 더욱 요구하고 있다.

또한 대통령 경호업무는 사격, 무도, 체력을 기본으로 하여 테러 및 대테러 전술, 정보통신 기술, 외국어 능력, 범죄 심리, 경호의전, 정보 분석, 유관 기관 협조 체계 구축 등 많은 전문적인 지식이 요구되는 특수한 업무임에 비추어 볼 때 일반 사경호업무에 비해 보다 더 고도의 전문성을 요구한다고 볼 수 있다.

대통령실 경호처에서는 교육훈련과 풍부한 실무경험을 바탕으로 한 완벽한 경호 임무를 수행하기 위해서는 우수한 인력을 확보하여 직업 경호원으로 육성하는 것이 중요하다는 판단하에, 대통령 경호 관리의 특수성과 전문성 확보를 위한 차원에서 지난 2000년 대통령경호실법의 개정을 통해 경호원의 신분을 특수 경력직 공무원인 별정직 신분에서 직업공무원으로 신분이 보장되는 특정직 경호공무원으로 신분을 전환하였다.

109) 김두현, 전게서, 197면.

바. 기 동 성

경호 임무는 경호대상자와 함께 움직이는 동적인 성격이 강한 업무이다. 대통령은 국민들에 의한 정치적, 정책적인 지지를 얻기 위해 대중이 있는 곳에 가야 하고 대중에게 모습을 보여야 하기 때문에 끊임없이 이동하며 생활하기 마련이다. 또한 ASEM(Asia-Europe Meeting: 아시아 유럽 정상회의)·APEC(Asia Pacific Economic Cooperation: 아시아 태평양 경제협력체)·G20 정상회의 등 다자간 정상회의를 비롯한 국제적인 외교 활동의 증가와 사회의 유동성 증가로 인해 일반 조직에 비해 경호 조직은 높은 기동성을 요구하는 조직으로 운용되고 있다.

이에 따라 경호 조직은 경직된 관료주의를 탈피하여 조직의 경량화를 추구하고 있으며, Task Force[110]화, 프로젝트팀[111]의 구성, 팀 단위 조직 운영 등을 통해 기동성이 강한 조직으로 운영하고 있다. 또한 대통령의 지상, 공중, 해상 경호를 위한 첨단 기동 장비의 확보와 행정 지원 업무의 신속한 처리를 위한 사무 자동화는 물론 정보통신 기술의 발달에 따른 화상회의 체제 구축 및 GPS[112] 등 첨단통신장비의 확보 등 공경호 조직은 기동성 있는 조직으로 발전하기 위해 기동장비의 고도화 작업을 지속적으로 추진

110) Task Force란 군사용어로 특정한 군사목적이나 임무를 수행하기 위하여 각 분야의 전문가들로 한시적으로 편성된 특수부대에서 유래되었으며, 경호업무의 특성상 선발, 검측, 안전, 보안, 정보, 수행, 기동 등 다양한 분야의 전문가들로 구성된 한시적인 조직을 구성하여 경호행사를 수행하고 있음을 고려할 때 경호업무는 대부분 이러한 T/F의 조직구성을 통해 진행된다.

111) 프로젝트팀이란 특정한 과업이나 프로젝트를 해결하기 위해 창설되며 변화에 능동적으로 대처하는 임시적이고 동태적 조직을 의미하고, 피라미드적인 상하 관계의 조직이 변화에 신속히 대응할 수 없는 단점을 극복하기 위하여 횡적인 협조체로 조직을 편성한 것, 경호업무의 특성상 주요 과업을 수행하기 위해 단위별 횡적인 협조 체제를 수시로 구축하여 운영하고 있음.

112) GPS(Global Positioning System) 위성항법장치: 인공위성을 이용한 위치 확인 시스템으로 위치 정보는 GPS 수신기로 수개 이상의 위성으로부터 정확한 시간과 거리를 측정하여 3개의 각각 다른 거리를 감각 방법에 의하여 현 위치를 정확하게 계산한다. 따라서 위도 경도 고도의 위치뿐만 아니라 3차원의 속도 정보와 함께 정확한 시간까지 얻을 수 있는 장치로 경호 행사 도입은 지난 2000년 제3차 ASEM 정상회의시 최초로 운용한 바 있다.

해야 한다.

사. 완 벽 성

공경호업무는 선발경호, 수행경호, 검측, 검식, 보안, 정보, 통신, 의무, 기동 등 다양한 분야의 필수 기능과 각 지원기관의 협조 또는 상호작용을 통해 수행되는 것으로 각, 기능별 단위 업무의 완벽한 임무수행을 통해 전체적인 조직의 목표, 즉 완전 무결한 경호가 완성되는 것이다. 어느 한 조직 단위의 불완전한 임무수행은 곧 전체 경호 임무의 실패를 가져온다는 점을 고려할 때, 모든 분야의 경호 임무는 완벽을 기해야 할 것이다.

또한 경호업무의 실패는 돌이킬 수 없는 결과를 초래하기 때문에 철저한 완벽성을 추구하는 경호 관리 체계가 필요한 것이다. 일반 부처 조직은 어느 한 기능에 장애가 발생하여도 전체적인 행정업무 수행에는 큰 지장이 나타나지 않을 수도 있고, 행정업무 수행의 불완전성은 또 다른 정책 결정을 통해 불완전성을 해소해 갈 수 있는 여지가 있다는 점에서 경호 임무와는 많은 차이가 있다.

이에 따라 공경호의 대표적인 대통령실 경호처는 일반 공무원과는 달리 자체 복무규정[113]을 두어 직원들이 업무에 전념할 수 있도록 복무규율을 강화하고 있으며, 대통령 등의 경호에 관한 법률 제12조[114]에 의거 자체 징계권을 확보하여 운영하고 있으며, 직권 면직 조항을 강화하여 업무의 완벽성을 기함은 물론 개인 생활면에서도 일반 공무원과는 다른 높은 도덕성을 요구하고 있는 것이다.

---

113) 복무 규율상화와 고도의 도덕성,청렴성을 위해 자체 복무 규정을 두고 있다.

114) 대통령 등의 경호에 관한 법률 제12조(징계)에는 "직원의 징계사건을 심사·의결하기 위하여 대통령실에 고등징계위원회와 보통징계위원회를 둔다." "직원의 징계는 징계위원회의 의결을 거쳐 실장이 행한다. 다만, 5급 이상 직원에 대한 파면 및 해임은 징계위원회의 의결을 거쳐 실장의 제청으로 대통령이 행한다"고 규정되어 있으며 일반직 공무원의 경우 공무원징계령에 의거 국무총리소속 산하에 중앙징계위원회를 두도록 하고 있다.

3. 경호 관리의 10대 구성 요소[115)]

공경호 측면에서 국가 원수 경호 관리는 일반 사경호 관리와는 여러 가지 측면에서 비교되는 부분이 많다.

흔히 공경호 부분에서 국가 원수 경호 관리는 "종합예술"이라고 표현하기도 한다.[116)]

이는 여러 가지 기능이 유기적인 협조 체제하에서 동일 목적을 가지고 일사 분란하게 움직여야만 소기의 목적을 달성할 수 있기 때문에 국가 원수 경호 관리 특성을 반영한 것이라 할 수 있다.

경호업무를 전문적으로 수행하는 세계 각국의 경호 전문기관들은 다소의 차이는 있지만 효율적인 국가 원수 경호 관리를 위해 다음의 10가지 기능을 필수 구성 요소로 하여 국가 원수 경호 관리를 수행하고 있다

가. 선발경호

선발경호라 함은 임시 편성된 경호팀(Task Force)이 행사지역에 사전 출동하여 제반 취약요소에 대한 안전 조치를 강구하고 경호인력[117)]을 운영하여 경호대상자의 신변 안전을 도모하는 일련의 경호업무를 의미한다.[118)] 편성 인원은 행사의 규모 및 성격, 주변 경호 환경, 행사장 특성 등에 따라 결정되며 비공식 행사시에는 행사의 성격을 고려하여 실시하지 않는 경우도 있다.

선발경호의 주요 임무는 행사장 주변의 취약 요소에 대한 안전대책을 수립하고, 비표 및 MD 등 검측 장비 운용을 통한 행사장 출입통제 대책을

115) 양재열, "대통령 경호시스템의 변화와 개선방안 연구," 명지대학교 일반대학원 박사학위논문, 2005, 28~32면.

116) 양재열, 전게논문(박사학위논문), 28면.

117) 경호 인력이라 함은 경호 행사에 동원되는 경호요원뿐만 아니라 군, 경찰 등 해당지역에서 지원되는 인원을 포함하는 포괄적인 개념이다.

118) 양재열, 전게논문(박사학위논문), 29면.

강구하며, 경호유관기관의 협조 및 조정을 통하여 사전 안전 조치를 취하는 것이다. 또한 효과적인 경호 임무 수행을 위해서 경호상황본부를 편성 운용하고 비상대책을 수립한다.

나. 수행경호

수행경호라 함은 경호대상자가 머물거나 도보 또는 차량 등 기동수단을 이용하여 이동시에 근접에서 보호하기 위한 근접경호활동[119]을 의미한다. 수행경호는 항상 비상상황에 대비하여 비상차량, 비상대피로 및 구급병원을 확보하여야 하며, 행사장의 성격과 행, 환차로 및 행사장의 특성을 고려하여 적절한 기동수단을 이용하여야 한다. 차량이동시에는 다양한 기동대형을 운용하며 무정차 기동을 원칙으로 하고 국기 인수에 대한 의전계획에 따라 행동절차를 숙지하여야 한다. 또한 차량, 헬기, 공군기, 선박, 열차 등의 기동수단에 대한 관리업무와 이러한 기동수단을 이용시 발생하는 각종 위해요소로부터 경호대상자의 안전을 보장하는 업무까지 크게 수행경호의 개념에 포함된다고 볼 수 있다.

다. 정보업무

정보업무라 함은 경호대상자의 신변 안전을 위협하는 제반 취약 요소를 사전에 수집, 분석, 예고하여 위해 요인을 사전에 제거할 수 있도록 경호 관련 정보를 지원하는 업무[120]를 말한다. 경호정보에 따라 경호 계획이 수립되며 효율적인 경호 임무 수행을 위해서는 경호 정보의 수집 활동이 매우 중요하다. 따라서 효율적인 경호 정보 수집을 위하여 대통령실 경호처에서는 대통령경호안전대책위원회[121]를 운영하고 있으며 국내 행사장인 경우 국

119) 양재열, 전게논문(박사학위논문), 30면.
120) 양재열, 전게논문(박사학위논문), 30면.
121) 대통령경호안전대책위원회규정(1981. 3. 2. 대통령령 제10233호)에 따라 대통령실 경호처 소속하에 동 위원회를 두고 있으며 위원장은 경호처장, 부위원장은 경호처 차장, 그리고 위원은 15개 경호유관 기관으로 구성되어 있다.

가정보원 및 경찰청 정보와 기무사령부 정보를 주로 활용하게 되고 해외행사시에는 국가정보원 및 외교통상부 정보를 주로 이용하고 있다.

라. 보안업무

보안업무라 함은 경호업무와 관련된 인원, 문서, 시설, 지역, 통신, 전산 등에 대하여 완벽한 보호대책을 수립하여 지속적으로 보안을 유지해 나가는 일련의 업무 체계를 말하는 것으로 이러한 보안업무에는 행사장 주변의 인적, 물적, 지리적 취약 요소에 대한 안전조치를 포괄하는 개념이다.[122] 경호목적 달성을 위해서는 테러 분자나 위해 기도자에게 요인 이동상황이나 경호 인력, 시설, 장비 등에 대한 철저한 비밀의 유지가 중요한 요소이다.

그리고 이러한 보안 활동에는 안전 대책 활동의 개념도 포함되어 운용되고 있는데 안전 대책 활동이라 함은 인적 취약 요소(행사 참석자, 지원 요소 등), 물적 취약 요소(총기, 화약류, 유류, 가스 등), 지리적 취약 요소(행사시설물, 주변 고층 건물 등) 등에 대한 안전 대책 활동을 의미한다.

마. 검측업무

검측업무라 함은 행사장내의 폭발물 등 신변안전에 위협을 줄 수 있는 위해 물품을 탐지하고 제거하는 제반 활동을 의미하는 것[123]으로 요인이 참석하는 행사장에 대하여 예외 없이 실시함을 원칙으로 하고 있다. 검측 활동은 행사장과 경호대상자의 이동로를 중심으로 구역을 명확히 구분하여 담당구역별로 실시한다. 검측업무는 폭발물의 탐지 및 제거뿐 아니라 전기, 가스, 소방, 승강기 등의 시설물에 대한 안전 점검과 반입물품에 대한 안전검사 등의 업무도 포함한다.

---

122) 양재열, 전게논문(박사학위논문), 30면.
123) 양재열, 전게논문(박사학위논문), 31면.

바. 검식업무

검식업무라 함은 경호대상자에게 제공되는 음식물에 대하여 구매, 운반, 저장, 조리 및 제공되는 과정에서 위해 요소를 제거하는 업무를 의미하는 것으로 행사장의 위생상태 점검 및 수질검사, 전염병의 예방 및 식중독의 예방대책을 포함하는 활동[124]이다. 요인에게 제공되는 모든 음식물에 대해서 관능검사, 시식의 방법과 검식장비를 통해 검식업무가 이루어지고 있다.

사. 통신업무

통신업무라 함은 경호 행사시 요구되는 경호통신업무와 각 행사장별 연락망 구축과 경호 CP 운영 등을 포함하고 있으며, 무선 원격 조종 폭발물을 무력화 시키는 장비의 운용도 포함하는 개념[125]이다. 경호 행사시 경호 CP와 각 행사장별 무선 소통 및 유선 연락망 등은 비상시를 대비하여 완벽히 강구되어야 한다.

아. 의료지원업무

의료지원이라 함은 평시 경호대상자의 진료와 건강관리업무를 의미하고 외부 행사시 응급 상황에 대비한 의료지원업무[126]를 의미한다. 국내외 행사시 응급 의료지원을 위해 응급대책을 별도로 강구해야 하며, 지속적인 교육을 통해 대부분의 경호원은 응급조치가 가능하도록 교육해야 한다.

자. 기동지원업무

기동지원업무라 함은 경호대상자가 육로, 공로, 해로 등 이동시 차량, 헬기, 공군기, 열차, 선박 등을 지원하는 업무[127]를 의미하는 것으로 이러한

124) 양재열, 전게논문(박사학위논문), 31면.
125) 양재열, 전게논문(박사학위논문), 31면.
126) 양재열, 전게논문(박사학위논문), 31면.
127) 양재열, 전게논문(박사학위논문), 32면.

기동수단에 대한 철저한 안전 관리를 통한 안전성 확보는 요인의 신변안전에 매우 중요한 요소이다.

차. 경비업무

대통령 등의 경호에 관한 법률에 의하면 경호는 경비개념을 포함하는 개념이나 일반적으로 경호는 사람에 대한 보호를 의미하고 경비란 생명 또는 재산을 보호하기 위해서 특정한 지역을 경계, 순찰, 방비하는 행위[128]를 의미한다. 현행 대통령 등의 경호에 관한 법률 제3조 제2항 및 동법 시행령 제3조에 근거하여 청와대 지역에 대한 경비구역을 명시하고 있다. 이러한 청와대 외곽에 대한 경비업무는 주로 경찰 또는 군의 지원을 받아 실시하고 있으며, 공중경비를 위하여 항공법 제38조[129] 근거하여 청와대를 중심으로 일정 지역에 대하여 비행통제구역으로 지정하여 운용하고 있다.

---

128) 양재열, 전게논문(박사학위논문), 32면.

129) 항공법 제38조(공역 등의 지정) 제2항: 국토해양부장관은 공역의 체계적이고 효율적인 관리를 위하여 필요하다고 인정하는 때에는 비행정보구역을 다음 각호의 공역으로 구분하여 지정, 공고할 수 있다. 제3호 통제공역: 항공교통의 안전을 위하여 항공기의 비행을 금지 또는 제한할 필요가 있는 공역.

Chapter 2

경호의 개념 및 일반 이론

Chapter 2

Introdoctory · Security · Service

경호의 개념 및 일반 이론

제1절 경호의 개념 및 정의

1. 경호의 개념

경호라는 개념이 도입되고 경호 임무를 수행하는 전문적 경호기관이 대두되기 시작한 것은 1900년대를 기준으로 삼고 있다. 그 시기 이전에도 각국별로 고유 형태의 경호 제도가 있었으나 전문적 경호조직에 의한 것이라기보다는 기존 공안기관의 활용이나 특수기관에 부수적으로 경호 임무를 부여하거나 필요시 임시적 조직에 의해 경호 임무를 수행했다.[1]

1) 양재열, "경호의 기본적 이론에 관한 연구," 연세대학교 행정대학원 석사학위논문, 1995, 6면.

그러나 사회가 다변화되고 범죄 수법이 다양화, 지능화됨에 따라 경호 대상자들이 위해를 당하는 사례가 점차 증가하는 추세에 이르자 각국별로 전문적 경호 조직의 필요성이 대두되었고 그 요구에 따라 각자 그 나라의 경호 환경에 적합한 경호 기법과 조직이 탄생하게 되었다.[2)]

1800~1900년까지 1세기 동안 미국의 예를 보더라도 이 시기에는 실질적인 전문적 경호가 제공되지 않았기 때문에 4건의 암살 기도[3)] 중 3건이 성공했다. 1901년 이후 현재까지 5건의 암살 기도[4)] 중 4건이 실패했고, 1906년 경호전문기관인 비밀 경호대(Secret Service: 비밀 경호대)에 의해 경호가 제공된 이후 대통령은 더 안전하게 보호되고 있으며 암살의 성공률은 극히 낮아졌음을 알 수 있다(미국의 비밀 경호대는 1865년에 창설되었으나 위조 화폐 단속 임무를 주 임무로 수행하였고, 1906년 의회의 공식 승인 이후에 경호 임무를 담당하게 되었다).

표 2-1 요인 위해 사례[5)]

[미 국]

1800~1900년대	1901년 이후
4건의 암살기도 중 3건 성공	5건의 암살기도 중 4건 실패
1835년 앤드류 잭슨 대통령 암살 미수 1865년 링컨 대통령 암살 1881년 제임스 가필드 대통령 암살 1901년 윌리암 맥킨리 대통령 암살	1933년 루즈벨트 대통령 암살 미수 1950년 트루먼 대통령 암살 미수 1963년 케네디 대통령 암살 1975년 포드 대통령 암살 미수 1981년 레이건 대통령 암살 미수

2) 경호 기법: 경호임무를 수행하는 데 필요한 다양한 기술.
 - *Protective Service*, U. S. Secret Service, 1978, p. 39. 경호에 적용되는 기법은 경호대상자에게 제공되는 시기의 상황과 여건에 따라 다르다.

3) 1835년 앤드류 잭슨 대통령 암살 미수, 1865년 링컨 대통령 암살, 1881년 제임스 가필드 대통령 암살, 1901년 윌리암 맥킨리 대통령 암살.

4) 1933년 루즈벨트 대통령 암살 미수, 1950년 트루먼 대통령 암살 미수, 1963년 케네디 대통령 암살, 1975년 포드 대통령 암살 미수, 1981년 레이건 대통령 암살 미수.

5) 1900년대를 기준으로 경호 제공 여부에 따라 암살 성공 비율도 달라짐을 도식으로 표시함.

[한　국]

암살 미수	암살 성공
이승만 대통령: 4회 1968년 청와대 기습 사건 1970년 국립묘지 현충문 폭파 1983년 미얀마 아웅산 묘소 폭파 1984년 로마 교황 방한시 저격 미수	1974년 8. 15 문세광 사건 1980년 10. 26 사건

표 2-2 경호 제공 후 대표적 경호 실패 사례[6)]

미　　국	한　　국
1963년 케네디 대통령 암살 사건	1974년 8. 15 문세광 사건(박정희 대통령 저격 미수 사건-육영수 여사 저격)

경호 임무를 수행하는 경호원이란 생(生)의 가장 귀한 목숨을 담보로 임무를 수행하는 자들이며 언제 어디서든지 자기의 목숨을 초개와 같이 버릴 있는 숭고함과 투철한 직업 의식, 전문가적 가치관과 윤리관을 보유하고 있어야 하며 역설적으로 이러한 전문가적 직업 의식과 위기 의식이 없다면 경호원으로 임무를 수행하기란 매우 어렵다고 볼 수 있다.

공경호 전문 조직이나 민간 경호 전문 업체가 개인의 가장 귀한 생명을 담보로 임무를 수행하면서도 이제까지 국민들로부터 호응을 받지 못하고 긍정적인 측면보다는 부정적인 이미지가 남아있는 것은 바로 경호 임무 수행간 불가피하게 통제(기본권의 부분적 제약)라는 기법이 동원되기 때문이다. 이 통제라는 개념에 대한 국민들의 불편함에 따른 부정적인 이미지와 과잉통제에 따른 거부감, 위화감, 거리감 등이 아직까지 경호에 대한 부정적 이미지가 남아있는 이유라 생각한다.

경호의 개념을 설명함에 있어서 다음의 "Buffer Model"[7)]을 가지고 개

6) 미국과 한국의 대표적 경호 실패 사례로서 경호적 교훈이 충분한 사례로 현재도 꾸준히 연구되고 있다.

7) "Buffer Model"은 경호의 개념을 설명하기 위해 저자가 고안해 낸 모델.

념을 정립해 보고자 한다.

공경호든 사경호든 경호대상자를 안전하게 보호해야 한다는 경호의 목적은 동일하기 때문에 공경호 측면의 경호대상자를 중심으로 설명하기로 한다. 사경호 측면에서도 동일하게 적용될 수 있을 것이다.

○ 요인(principal): 경호대상자

○ 위해 행위(자): 경호대상자에게 영향을 주는 악 개념의 모든 위협 요소(테러 행위, 각종 위험, 곤경)

○ 국민(일반 군중): 경호대상자와 접촉하는 선 개념의 일반 대중

○ 경호 환경: 경호대상자 주변에 존재하는 선 개념인 국민과 악개념의 위해 행위(자)

○ 경호(Protection): 경호대상자와 선 개념의 국민 또는 악 개념의 위해 행위(자) 사이에 존재하는 하나의 완충벽

그림 2-1 Buffer Model

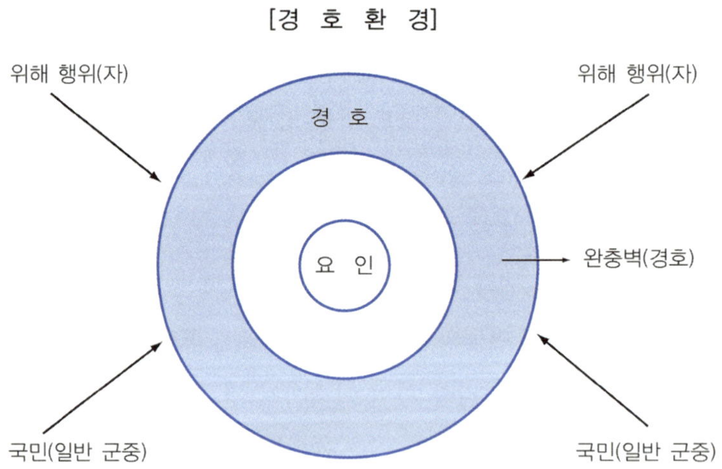

- 행정춘추(제13집), 연세대 행정대학원회, 1994, 42~48면.
- 양재열, 전게논문, 11~15면.

이러한 "Buffer Model"을 근거로 하여 경호의 개념을 정립하면 〈그림 2-1〉과 같은 개념으로 정립될 수 있을 것이다.

<Buffer Model>

민주사회의 실제적인 구조는 국민들과 그들이 선택한 리더와의 친밀한 관계 유지에 의해 영향을 받는다.

이러한 관계로 진보 또는 보수 등의 의견을 달리하는 집단이 그 리더에 대해 위해를 가함으로써 리더의 활동을 방해하여 대중과의 접촉을 고립시키려 한다.

어떤 리더는 위해 행위의 가능성이 있는 현장에 공적인 모습을 나타내는 것을 거절하는 경우도 있고 또 어떤 리더는 소요와 폭력 사태의 위협에도 불구하고 국민들과 용감하게 국민들과의 공적인 접촉 및 의사소통을 계속하

그림 2-2 경호(Protection) 개념의 이해[8)]

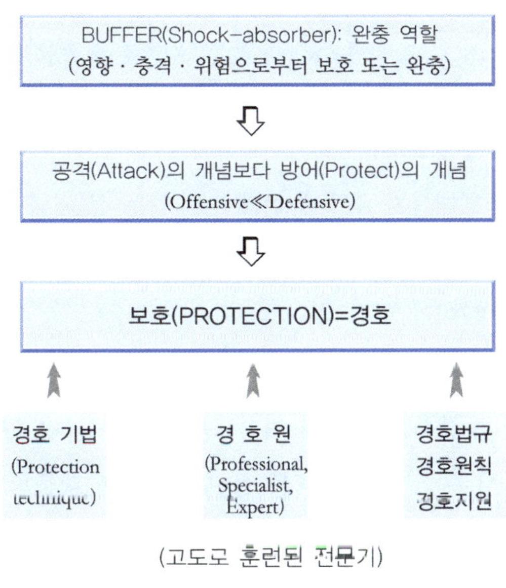

8) 양재열, 전게논문, 10면.

고 있다. 경호 임무에 종사하는 관련자들은 이러한 리더들의 권한이 침해당하지 않고 자유롭고 안전하게 국민들과 의사소통을 할 수 있는 모든 기회를 보장해주기 위하여 필요한 조치를 취하지 않으면 안 된다.

이러한 조치를 취함에 있어 경호의 근본 개념을 이해하고 모든 경호 조치를 수행할 때 국민으로부터 신뢰받는 보다 더 효과적인 경호 활동이 된다는 것이다. Buffer Model을 이용해 경호의 개념을 살펴볼 때 경호대상자는 행정 수반(대통령, 국왕, 수상) 및 주요 요인을 의미하며 이들의 근본적 속성은 바로 '정치인'이라는 것이다.

정치인으로서 경호대상자는 국민이 있는 곳에 가야만 하고 국민의 눈에 보이는 곳에 모습을 보여야 하는 것이 국민과 대통령 간의 필수불가결한 커뮤니케이션의 방법이다. 왜냐하면 정치인은 끊임없이 국민의 관심의 대상이 되어야 하며 국민의 관심이 멀어지면 정치인의 생명도 없어지기 때문이다.[9)]

대통령은 국내외의 정치 사회적 여건 때문에 항상 대중 앞에 노출되어 그들과 대화를 해야 하므로 국민과의 접근 과정에서 선 개념인 선량한 국민만 있다면 문제가 없지만 이와 반대로 악 개념인 위해 행위(자)도 존재하기 때문에 항상 불의의 사고 내지 각종 테러의 위험이 우려된다.

이와 같이 경호대상자 주변에 존재하고 있는 선 개념인 선량한 국민(일반 군중)과 악 개념인 위해 행위와 정치, 사회, 문화, 경제적 상황 등을 총망라하여 경호 환경[10)]이라 말할 수 있다.

그러므로 대통령경호는 대통령의 공개적 노출과 국민의 대통령에 대한 접근의 극대화를 보장하고 동시에 위험도는 최소화할 수 있는 서로 상반된 만족도를 충족시킬 수 있도록 경호를 실시해야 하며 대통령과 국민 그 사이에 경호라는 "완충벽"이 존재하는 것이다.

---

9) Dennis V. N, McCarthy & Philip W. Smith, *protecting the president*, 1988, p. 4.
10) 경호환경(Protective Environment): 경호 활동에 영향을 줄 수 있는 국내외의 모든 정치적, 경제적, 사회적, 문화적 상황.

그림 2-3 경호의 완충벽

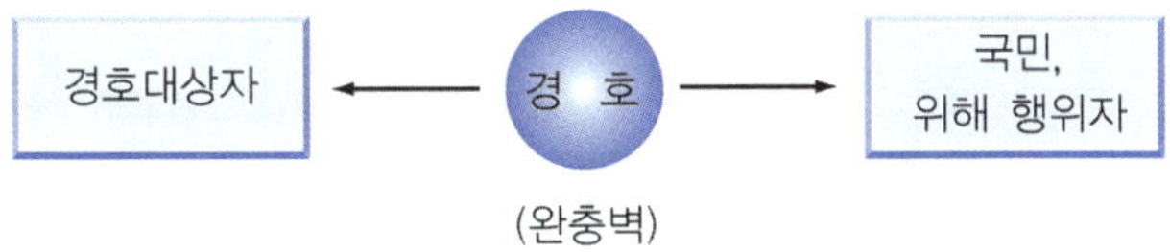

요인 경호 관리가 경호대상자 보호에만 치중하면 국민에게 필요 이상으로 불편함을 주게 되고 이와 반대로 국민의 불편 최소화를 중점적으로 생각한 나머지 경호대상자의 안전을 소홀히 한다면 이것 또한 효과적인 경호 관리라고 볼 수 없다. 경호대상자와 국민 사이에 어느 한쪽에 치우침이 없이 조화를 이루고 중도를 지킬 때 경호대상자와 국민 양쪽에서 신뢰받고 호응받는 경호 관리가 될 수 있다.

이와 같이 경호가 경호대상자와 국민 사이에 존재하는 하나의 완충벽이고 경호활동간 악 개념인 위해 행위가 발생했을 경우 경호대상자에게 향하는 충격을 최소한으로 줄인다는 의미에서 "BUFFER"라는 단어를 도출해 냈다.

BUFFER의 의미상으로 볼 때 경호의 개념은 최대한 자신의 몸을 은폐, 엄폐시켜 기도비닉을 유지한 채 기습적인 효과를 최대한 이용하여 소기의 목적을 달성하려는 군대 전술이나 테러 전술[11]과 같은 공격(attack)개념이 아니라 일단 상황이 발생한 후에(위해자의 첫 총성 또는 기타 공격 수단) 경호대상자의 보호 행동으로 들이기는 방어 및 보호(Protect)개념이라는 것이다. 이러한 보호라는 방어적 의미에서 경호(Protection)라는 단어를 도출해 낼 수 있으며 경호대상자를 효과적으로 보호하기 위해서는 간접적이고 부수적인

11) Dennis V. N McCarthy & W. Smith, *op. cit.*, p. 38.
美, CIA의 Terror에 대한 정의: 정치적 상징 효과를 얻기 위한 폭력의 사용(Use of Violence) 또는 그 위협(Threat)으로서 이는 직접적인 희생물보다 더욱 포괄적인 공격 목표 대상자들에게 심리적 충격을 가하는 것을 목적으로 하는 것.

수단으로 총기류나 무기류 등이 사용될 수 있으나 그 직접적인 수단은 몸(Body)이라는 것이다.

그 몸(Body)은 단순한 보디가드(Body Guard) 개념이 아닌 고도로 훈련된 몸이다. 정기적으로 교육을 받는 고도로 훈련된 몸(Body), 다시 말해서 전문가(Expert, Professional, Specialist)[12]에 의해서 시행된다는 것이다.

경호대상자를 보호하는 데 있어 고도로 훈련된 전문가의 몸을 수단으로 하여 경호 활동을 하는 데 있어서 필수적인 요소가 바로 고도의 경호 기법과 경호 법규, 경호 원칙, 경호 지원 요소 등이 요구된다.

경호 활동에 적용되는 기법은 경호대상자에게 제공되는 상황 및 여건에 따라 다르다. 한국에서 경호대상자를 경호하는 데 적용되는 기법은 미국에서 적용되는 그것과는 필연적으로 다를 것이다. 더욱이 경호 임무 수행시 취해지는 예방 조치의 정도는 당시의 국내외적 상황이나 위협 요소의 정도 및 기타 고려 사항들로 인하여 달라진다.[13]

각국의 경호전문기관에서 현재 시행되고 있는 경호기법은 상기와 같은 이유로 수시로 달라지고 변하기 때문에 세세히 열거하는 것은 큰 의미가 없으며 특히 기법 노출로 인한 경호 보안 노출 등의 제약성으로 인해 경호 기법에 대한 세부적 나열은 생략하기로 한다.

이와 같이 "Buffer Model"을 중심으로 살펴 본 경호 개념을 바탕으로 제반 활동이 이루어질 때 "경호대상자의 안전한 보호"라는 경호의 목적이 효과적으로 달성될 수 있고 경호대상자와 국민으로부터 신뢰 받는 경호 관리가 될 수 있을 것이다. 이러한 경호의 개념을 "Buffer Model"로 설명할 경우 경호에 대한 새로운 일반인들의 의식이 정립되리라 본다.

---

12) 최평길, "국가 원수 경호관리 개선방안," 1980년도 문교부 정책과제연구, 1981, 53면. 전문성이란 일정 이상의 학력 수준을 갖고 일생을 두고 경력을 쌓아 특정 직업에 종사함으로써 타인이 개입할 수 없는 성격의 업무를 수행하는 능력과 성격을 말한다.

13) Dennis V. N, McCarthy & Philip W. Smith, *op. cit.*, p. 39.

2. 경호의 정의

가. 형식적 의미의 정의

지구상의 거의 모든 국가가 요인의 신변을 보호하기 위하여 국가 차원에서 경호를 실시하고 있다. 그러나 각국의 요인 경호 제도 및 방법은 그 나라의 역사와 정치 제도 및 경호 환경에 따라 다르게 나타나고 있으며 경호 조직 또한 국가별로 상이하다. 내각책임제 국가에서는 주로 경찰이 경호를 담당하고 있으며, 군주제 국가 또는 정치적으로 안정되지 않은 후진국에서는 군이 경호를 담당하고 있으며, 대통령 중심제 국가에서는 군 또는 독립된 경호 조직이 경호 임무를 담당하기도 한다. 또한 일부 국가에서는 군과 경찰의 혼성 조직이 경호를 담당하기도 한다. 독립된 경호 조직을 운영하고 있는 국가는 우리나라와 미국, 러시아, 이스라엘이 대표적인 국가이며, 군·경 혼성 경호 조직으로는 프랑스, 필리핀 등을 들 수 있다.

여기서는 독립된 경호 조직을 운영하는 대통령중심제하의 한국과 미국 그리고 내각책임제 국가인 일본의 경호에 대한 정의를 살펴보기로 한다.

1) 한국, 대통령실경호처(Presidential Security Service)의 정의

대통령 등의 경호에 관한 법률 제2조에 따르면 「"경호"란 경호대상자의 생명과 재산을 보호하기 위하여 신체에 가하여지는 위해를 방지하거나 제거하고, 특정 지역을 경계·순찰 및 방비하는 등의 모든 안전 활동을 말한다」로 정의하고 있다.

우리나라 대통령실경호처는 부수적이거나 이중적인 임무 없이 오직 경호업무에만 전문적으로 담당하는 대통령 직속기관이며 세계적으로 이러한 경호 전문 조직은 러시아 연방 경호실과 일본의 황궁본부 등이 있다.

2) 미국, 비밀 경호대(Secret Service)의 정의

미국의 비밀 경호대는 창설 초기 재무부 산하 기관으로서 최초에는 국가 중요 정보 수집, 위조 지폐 및 유가 증권 위조 사범의 단속, 국보급 물품 관리 등의 정보, 수사기관으로 출발하였으나 정국을 불안정하게 만드는 대통령에 대한 암살 사례가 증가하자 이를 담당할 기관의 설립이 요구되어 경호 임무를 담당하게 되었다. 현재 수사업무[14]와 경호업무 2가지 업무를 수행하고 있으며 주로 경호업무 위주의 임무를 수행하고 있다.[15]

지난 2001년 9.11 테러 사건 이후 미국 내 테러 위협의 고조 및 안보에 대한 취약점을 보완하기 위해 연방 정부 산하 사법기관들 중 국가안보 기능을 수행하는 22개 연방기관을 각 기능별로 4개국으로 구분 통합하여 「국토안보부」[16]가 창설되었는데 비밀 경호대도 2003년 1월부로 재무부에서 국토안보부 직속으로 소속이 변경되었다.

미국 비밀 경호대의 경호에 대한 정의는 「경호는 실질적이고 주도면밀한 범행의 성공기회를 최소화하는 것이다(Protection is to minimize the chances of success of any real or contemplated attack)」[17]라고 규정하고 있다.

3) 일본, SP(Special Police)의 정의

일본에서 경호란 「신변에 위해가 있을 경우 국가와 공공의 안녕 및 질서에 영향을 줄 우려가 있는 자에 대하여 그 신변의 안전을 확보하기 위한

14) 미국과 외국 정부의 화폐 및 채권, 전자금융거래 사기죄, 상표 위조, 증명서 및 문서 위조, 연방 정부가 보장하는 재무 제도에 대한 위반, 사기 등 범죄 행위자에 대한 수사권과 체포 권한을 보유.

15) John, R. Simpson, *Moments in History*, U.S. Secret Service, 1994, p. 28.

16) 국토안보부(Department of Homeland Security): 美 9.11 테러사태 이후 미국 내 안보에 대한 취약점을 보호하기 위해 연방정부 산하 사법기관들 중 국토방어의 개념을 가진 22개 연방 기관을 각 기능별로 4개국(보안국, 과학기술국, 비상사태 대응국, 정보분석 및 기간산업 보호국)으로 통합한 조직으로 '03. 1. 24부로 출범(직원 17만 명, 연간 예산 380억 불로 운영되는 거대 기구로' 47년 국방부 창설 이후 처음으로 증설된 정부부처임).

17) U.S. CID, *Protective Service*, 1978, p. 20.

경찰 활동」이라고 정의하고 있다.[18]

일본에서는 국내외 요인의 신변 안전을 확보하는 경찰 활동을 경위라고 하였으나 1963년 이후 천황 및 황족에 대하여는 경위, 국내외 요인에 대하어는 경호라고 용어를 구분하여 사용했으나, 지금은 혼용되어 사용되는 경우가 많다.

경호대상이 되는 국내외 요인들의 경호 책임은 경시청이 담당하고 있지만 이들이 지방 출장이나 여행시에는 해당 관할 구역의 지방 경찰 본부에서 경호 및 경비를 담당한다. 각 지방 경찰 기구 중 경호업무는 경시청 경비부 경호과가, 지방 경찰 본부는 경비부 공안 2과가 각각 담당하고 있다.

나. 실질적 의미의 정의

요인경호에 대한 정의는 위에서 살펴본 바와 같이 정부 형태나 경호 조직의 형태에 따라 다소의 차이가 있을 수 있지만, 실질적 의미에서의 경호를 정의할 때 "경호대상자의 보호"라는 대전제만큼은 불변의 진리가 되어야 하며 이러한 의미에서 경호란 「모든 위험과 곤경으로부터 경호대상자를 안전하게 보호하기 위한 제반 활동」[19]이라고 정의할 수 있다.

다. 요인경호 개념의 새로운 접근

민주주의 사회에서의 경호 관리는 대통령과 국민사이에 있어 어느 한 쪽에 치우침이 없는 조화를 이루고 중도를 지킬 때 양쪽 모두에게 신뢰 받고 호응을 얻는 효과적인 경호 관리라고 할 수 있다. 특히 고도의 정치적 행위를 수행하는 대통령은 국민들에 의한 정치적·정책적인 지지를 얻기 위해 대중이 있는 곳에 가야 하고 대중에게 모습을 보여야 하기 때문에 국민과 함께하는 상호 작용은 필수 불가결한 것이다. 즉 대통령은 국내외의 정치,

18) 이병헌, "일본경호제도에 관한 연구," 공무원교육원 고위정책과정 연구논문, 1994, 12면.
19) 양재열, "대통령 경호 시스템의 변화와 개선방안 연구," 명지대학교 일반대학원 박사학위논문, 2005, 23면.

사회적인 여건 때문에 항상 대중 앞에 노출되어 그들과 대화를 하여야 하므로, 국민과의 접근 과정에서 항상 불의의 사고 내지 폭력 또는 테러의 위험에 노출되게 된다.

따라서 대통령 경호 관리는 대통령의 공개적 노출과 국민의 대통령에 대한 접근의 극대화를 보장하는 동시에 위험도는 최소화할 수 있는 서로 상반된 만족도를 충족시킬 수 있는 경호를 지향해야 하며, 이러한 상반된 목적을 효과적으로 달성하기 위해서는 〈그림 2-3〉에서 보듯이 경호는 완충벽(Buffer)의 역할을 수행하여야 할 것이다.

우리나라의 경우 공경호 임무를 수행하고 있는 경호원들이 가장 귀중한 생명을 담보로 경호 임무를 수행하면서도 국민들로부터 호응을 받지 못하고 긍정적인 측면보다는 부정적인 이미지가 남아있는 것은 바로 경호 임무 수행 간 불가피하게 일반 대중의 기본권을 일부 제약하는 "통제"라는 경호기법이 동반되어 국민 불편을 준다는 인식과 더불어, 과거 요인 위협 증가에 따라 경호 강화 조치에 따른 거부감, 위화감 등이 아직까지 일부 남아있기 때문이라고 할 수 있다.

제2절 경호의 목적 및 목표

1. 경호의 목적

경호대상자 중에서도 특히 국가 수반(대통령, 국왕, 수상 등)은 헌법상 국가를 보위하고 헌법을 수호하는 책임을 진다. 따라서 국가 원수에 대한 경호는 한 개인의 신변을 보호하는 것으로 그치는 것이 아니라 그것은 곧 국가와 민족을 보위하는 것과 직결된다고 볼 수 있다.

경호의 목적과 목표을 설명하기 위해 목적과 목표에 대한 의미부터 명확히 정립하는 것이 필요하다.

「목적(Goal)」이란 최종적으로 도달해야 할 장기적이고 광범위한 활동의 방향을 제시하는 것이고 「목표(Objective)」는 목적을 달성하기 위하여 각 단계에서 성취해야 할 단기간의 소 범위 활동이다. 목적은 목표보다 포괄적 개념이고 목표는 목적보다 하위 개념이라고 규정할 수 있다.[20]

이러한 개념하에서 경호의 목적은 "경호대상자 보호"라고 할 수 있다. 다시 말해서 경호대상자를 각종 음모나 사건 등 모든 위험과 곤경으로부터 안전하게 보호하는 것[21]이라고 말할 수 있다.

경호대상자를 안전하게 보호하는 경호의 목적을 달성하기 위하여 모든 경호활동은 실제적이고 주도면밀한 범행의 성공 기회를 최소화, 무력화시키는 행위라고 할 수 있다.

2. 경호의 목표

경호의 목적이 앞에서 설명된 바와 같이 "경호대상자 보호"라고 전제했듯이 이러한 경호대상자 보호라는 경호의 목적을 달성하기 위한 하위 개념으로서의 경호의 목표는 1차 목표, 2차 목표로 구분하여 설명할 수 있다.

가. 경호의 1차 목표

경호대상자 보호를 위한 경호의 목적을 달성하기 위하여 모든 경호 조치의 1차적 목표는 "사전 안전조치" 즉 예방경호[22]라고 할 수 있다.

사전 안전조치란 경호대상자의 안전한 보호를 위해 위험 요소를 제거하기나 최소한의 수준으로 감소시키고 또는 무력화 시켜 경호대상자에 대한

20) 이무근, 「교관능력 발전과정 교재, 공무원교육원,」 1994, 67면.
21) U.S. CID, *op. cit.*, p. 22.
22) 제2장 제3절 경호의 원칙에서 세부적으로 설명.

공격 또는 공격 의지를 사전 예방하는 조치이다.

사전 안전조치라는 경호의 1차적 목표를 달성하기 위하여 경호대상자가 "A"라는 행사장에 행차를 할 경우 경호요원들은 경호대상자보다 사전에 예정 행사장에 도착하여[23] 인적·물적 지리적 취약 요소 및 모든 위험 요소를 제거하게 된다.

나. 경호의 2차 목표

경호의 목적은 "경호대상자 보호"이며 이러한 경호의 목적을 달성하기 위해 각 단계에서 취해야 할 경호의 1차 목표는 "사전 안전조치(예방경호)"라고 설명하였다.

그러나 이제까지 요인들에 대한 위해 사례를 종합 분석해 볼 때 행사장에 대한 사전 안전조치에도 불구하고 요인에 대한 위해 사례는 오늘날까지 계속되고 있고 그 위해 행위는 언제, 어느 곳에서 일어날지 아무도 예측할 수 없다. 경호원의 입장에서는 범행이 일어나지 않도록 100%의 완벽한 경호조치를 위해 온 정열을 쏟고 있고 고민하고 있으나 1% 내지는 0.1%의 사각지점이나 허점 때문에 우발상황[24]이란 항상 일어날 수 있는 가능성을 가지고 있다.

그렇기 때문에 경호대상자 보호를 위한 경호 활동은 99%의 안전조치보다는 1%의 허점 또는 사각 지점에 더 신경을 써야 하고 주의력을 기울여야 하는 이유가 여기에 있다.

"경호대상자 보호"라는 경호의 목적을 달성하기 위해 1차적인 경호 목표가 "사전 안전조치"이고 완벽을 향한 안전조치에도 불구하고 1%의 오차나 허점 관계로 경호대상자가 임석한 행사장에서 우발상황이 발생하였을 경우

---

23) 선발경호원: 행사 지역에 사전 출동하여 모든 위해 요소에 대한 안전 조치를 강구하는 요원.

24) 우발상황이란 행사장에 어울리지 않는 어떤 일이 예기치 않게 우연히 일어나는 현상(제 4장 우발상황 이론에서 자세히 설명).

경호대상자 보호를 위한 2차 목표는 바로 “방호(Cover) 및 대피(Evacuate)”[25] 라고 할 수 있다.

경호는 공격이 아닌 방어 임무이며 공격을 가해온 적을 저지하는 것이 중요한 것이 아니라 그 위험 현장에서 경호대상자를 얼마나 신속하게 방호(cover)하고 안전한 지역으로 대피(Evacuate)시키느냐가 중요하며 공격자 퇴치 및 제압은 그 다음의 문제이다.

행사장에서 우발상황이 발생했을 경우 즉각적이고 신속한 “방호 및 대피” 행위가 대적 행위보다 우선 개념으로 두어야만이 경호대상자를 보다 더 효과적으로 보호할 수 있다.

우발상황 발생시 경호대상자에 대한 방호 및 대피보다 범인에 대한 대적 행위를 우선 개념으로 두고 행동할 경우 오히려 경호대상자에게 지명석 결과를 초래한 경우를 우리는 이제까지 발생한 위해 사례를 통해 많이 볼 수가 있다.

예를 들어 1974년 발생한 “8.15 문세광 사건”[26]에서는 단상에 위치한 경호대상자(대통령, 영부인)에 대한 신속한 방호 및 대피 조치보다는 범인 제압 및 검거에 치중하다보니 범인이 쏜 제 4 탄에 영부인이 시해를 당하는 결과를 초래하게 되었다.

이러한 사례를 통해 볼 때 우발상황 발생시 대적 개념보다는 경호대상자의 신속한 방호 및 대피 조치가 우선 개념으로 정립될 때 경호의 목적인 경호대상자 보호에 보다 효과적임을 알 수 있다.

이상과 같이 경호의 목적, 목표를 도식으로 〈그림 2-4〉와 같이 설명할 수 있을 것이다.

---

25) 방호 및 대피의 개념은 제 4 장 우발상황 이론에서 세부적으로 설명.

26) 1974년 8월 15일 장충동 국립극장에서 발생한 문세광 사건은 치욕적인 경호 실패의 교훈을 남겼으며 사건 당시 박정희 대통령은 신속히 방탄연대 뒤로 은폐하여 무사했지만 육영수 여사는 문세광이 쏜 제 4 탄이 우측 후두부에 맞아 절명한 사건.

그림 2-4 경호의 목적, 목표

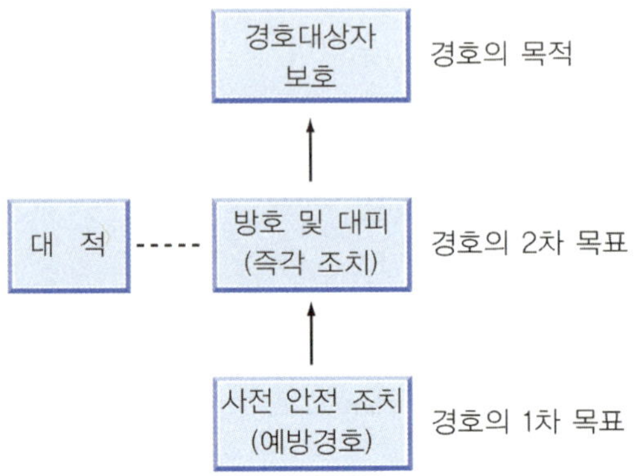

제3절 경호의 원칙

원칙(Principle)이라는 말은 "일반의 경우에 또는 많은 경우에 보편타당하게 적용되는 법칙"[27] 또는 "행동, 이론 등에 있어서 일관되게 지켜야 할 규범이나 규칙"[28]이라고 정의한다.

효과적인 요인 경호 관리를 위해서는 급변하는 경호 환경과 경호 위협 정도, 경호대상자의 성향 및 활동 범위에 따라 위해 기도자에 즉각 대응하기 위하여 상황에 맞는 경호 기법을 적용시켜야 한다. 그러나 경호 환경과 주변 상황은 광범위하고 복잡 다양하게 전개되고 있으므로 효과적으로 대응하기 위해서는 기본 원칙과 체계화된 경호 기법이 모색되어야 한다. 각 국의 경호 환경에 따라 다소의 차이는 있으나 일반적인 경호의 개념과 특성을 중심으로 요인 경호 관리의 보편타당한 기본 원칙을 살펴보면 다음과 같다.

27) 이희승, 「민중에센스 국어사전」, 민중서림, 2004, 1898면.
28) 국립국어연구원, 「뉴에이스 국어사전」, 삼성서관출판사, 2007, 1493면.

1. 중첩의 원칙: 3중 경호의 원리

모든 경호, 경비의 기본 계획은 3중 경호 원리에 입각하여 3중으로 안전구역, 경비구역, 경계구역으로 설정해놓고 단계별로 차등 경호 조치가 병행되어야 한다는 원칙이다.

다시 말해서 경호구역[29]을 중첩되게 3중으로 안전한 구역을 확보하여 어느 구역에서든 위해 기도자가 발각되거나 색출될 수 있도록 설정해야 한다는 원칙이다.

경호의 원칙 중 중첩의 원칙인 3중 경호 원리는 경호의 가장 기본적 경호 원리라고 할 수 있다.

각국별로 3중 경호 원리의 개념은 다소 차이가 있지만 공통적으로 경호의 기본 원리로 채택하는 목적은 무엇인가?

그것은 두말할 것도 없이 경호의 목적인 "경호대상자의 보호를 위한 안전구역을 확보"하기 위한 것이다. 안전 구역에 관한 정의에 관하여 미국 비밀 경호대 교범에는 「안전 구역이란 비극적 결과를 초래하지 않을 정도로 충격을 흡수할 수 있는 구역이다」[30]라고 정의하고 있다. 즉 행사장에서 비상사태가 발생할 경우 그 충격을 흡수하기 위해 또는 비극적 결과를 막기 위해 3중으로 안전한 구역을 설정하는 것이 3중 경호 원리의 근본 목적이라 할 수 있다.

경호 선진 국가 대부분은 국가 원수 경호 관리에 있어서 3중 경호 원리를 공통적으로 채택하고 있으며 3중 경호의 기본 원리는 경호대상자가 위치한 집무실이나 행사장을 기준으로 하여 ① 내부 ② 내곽 ③ 외곽으로 구분하여 경호 행동반경(안전구역)을 거리 개념으로 구분하고 있는 경호 원리이다.

---

29) 대통령 등의 경호에 관한 법률 제5조(경호구역의 지정 등): ① 처장은 경호업무의 수행에 필요하다고 판단되는 경우 실장의 승인을 받아 경호구역을 지정할 수 있다.

30) Philip Melanson, *The Politics of Protection*, Massachuettes University, 1988, p. 75.

즉 3중 경호는 국가 원수가 위치한 지역에서 가장 근거리부터 엄중한 경호를 취하는 순서로 따져 근접경호구역(Inner Ring), 중간경호구역(Center Ring), 외곽경호구역(Outer Ring)으로 나누고 이에 따른 경호원의 배치와 임무가 부여되어 있는 것이다.[31]

이러한 3중 경호의 원리를 거시적이고 철학적인 이론으로 정립한 경우는 영국 경시청 경호국이며, 이를 실제적인 이론으로 발전시켜 경호 기법으로 활용하고 있는 곳은 미국의 경호실인 비밀 경호대이다. 3중 경호 원리는 제3장에서 세부적으로 설명하기로 한다.

2. 예방경호의 원칙

사전적 의미에서 예방(prevention)이란 "무슨 일이나 탈이 있기 전에 미리 막는다"라는 의미이다. 따라서 예방경호란 "경호대상자의 신변에 어떤 위해 행위가 발생하기 전에 경호 활동을 통한 사전 안전조치를 강구하는 것을 의미한다. 즉 경호대상자가 임석하는 행사장에 임시로 편성된 선발경호팀이 행사 지역에 사전에 도착하여 제반 취약 요소에 대한 안전조치를 강구하고 가능한 전 경호요원을 효과적으로 운용하여 경호대상자의 신변 안전을 도모하는 원칙을 의미한다.

경호 활동이란 실제적이고 주도면밀한 범행의 성공 기회를 최소화, 무력화 시키는 활동이며 경호대상자의 안전한 보호를 위해 위험 요소를 사전에 제거하거나 최소한의 수준으로 감소시키고 또는 무력화 시켜 경호대상자에 대한 공격을 사전 예방하는 것이다.

이러한 예방경호 차원에서 경호대상자가 행사장에 도착하기 전에 사전 출동하여 사전 안전조치를 취하는 것을 선발경호라고 한다. 미국 비밀 경호대(Secret Service)의 선발경호에 대한 정의는 「경호대상자가 도착하기 전 현

31) 최평길, "국가 원수 경호관리 개선방안," 문교부 정책과제 연구논문, 1981, 36면.

장 답사를 실시하고 효과적인 경호 협조 및 준비를 하고 특히 경호 정보 수집에 역점을 둔다」[32]라고 설명하고 있고 선발경호는 백악관 수행 경호팀 요원 1~2명이 행사 지역 비밀 경호대 지부에 출장, 지부책임자 및 경찰의 협조로 예방경호의 제반 안선 조치가 이루어진다.

대한민국 대통령실 경호처의 선발경호에 대한 정의도 상기와 유사하다. 「선발경호란 임시 편성된 선발 경호팀이 행사지역에 사전 도착하여 제반 취약 요소에 대한 안전 조치를 강구하고 경호 인력을 운용하여 경호 대상자의 신변 안전을 도모하는 일련의 경호업무를 말한다」[33]라고 정의하고 있다.

이와 같은 모든 경호의 조치 및 활동은 예방경호라는 원칙하에 실시되어야 한다. 이러한 완전하고 효과적인 예방경호가 이루어지기 위해서는 일련의 경호 활동을 실시하여 위해 요인을 순차적으로 감소시킴으로써 궁극적으로 완벽한 경호 임무를 수행한다는 것이다.

첫째, 예견(Anticipation)의 단계이다. 경호에 영향을 주는 장애 요소는 현존하고 있거나, 예측할 수 없을 때 나타나기도 한다. 따라서 예견 단계에는 경호대상자에게 영향을 줄 수 있는 사람·물질적·지형적·자연적 취약 요소에 대하여 다양한 정·첩보를 수집하고 분석하여야 한다.

둘째, 인식(Recognition) 단계이다. 이 단계에서는 예견 단계에서 수집된 정·첩보 내용 중 위해 가능성이 있는지를 확인하고 판단하는 과정으로 제한된 자원을 가지고 실질적인 위해 요소에 대한 예방 방안을 찾아내는 매우 중요한 단계이다. 인식 단계는 정확하고 신속하며 종합적인 고도의 판단력을 요구한다.

셋째, 조사(Investigation) 단계이다. 이 단계에서는 인식 단계에서 위해 가능성이 있다고 판단되는 위해 요소를 추적하고 사실 여부를 확인하는 과

32) U.S. CID, *op. cit.*, p. 28.
33) 양재열, 전게논문(박사학위논문), 29면.

정이다. 이 과정은 위해 가능성을 직접 확인하여야 하고 그 결과에 따라 위해 요소에 대한 실제 안전 조치 여부를 판단해야 하므로 과학적이고 신중한 행동이 요구된다.

넷째, 무력화(Neutralization) 단계이다. 이 단계에서는 조사 단계에서 확인된 실제 위해 요인을 경호대상자 주변에 접근하지 못하도록 차단하거나 무력화 시키는 과정이다. 이과정은 예방경호 활동의 마지막 단계로써 각종 위해 요인이 경호대상자의 신변 안전에 영향을 미치지 못하도록 사전에 안전 조치를 가하는 것이다.

이상과 같은 예방경호 활동 4단계는 행사 성격, 행사장 특성, 정·첩보 등 경호 환경에 따라 융통성 있게 적용될 수 있으나 가능한 순차적인 단계를 적용함으로써 완벽한 예방경호를 할 수 있다. 단계별 모형도는 〈그림 2-5〉와 같다.

그림 2-5 단계별 예방경호 체계

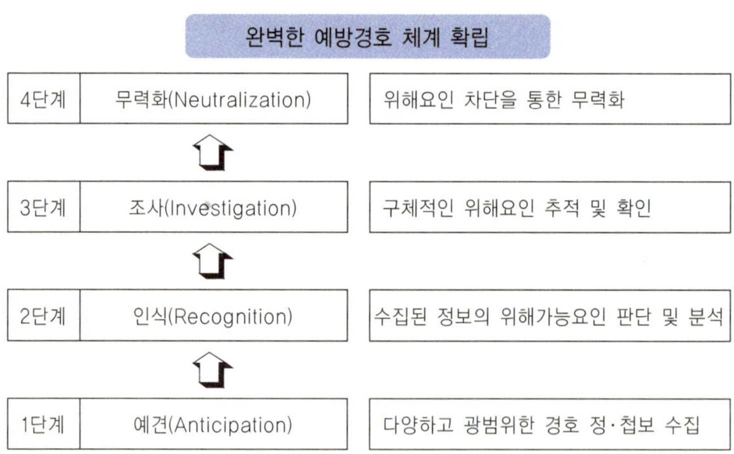

3. 방어 개념의 원칙

경호의 개념이 공격이 아닌 방어의 개념인 관계로 경호대상자가 임석한 행사장에서 우발상황이 발생할 경우 공격적인 행동보다는 방어 위주의 엄호 행동이 요구된다.

경호를 전문으로 하는 요원들의 존재 목적은 위기 상황시 자기 자신을 희생하여 경호대상자를 안전하게 보호하는 데 있다. 따라서 경호요원들의 평시 교육 훈련이나 모든 경호 조치 및 활동은 방어 개념에 입각하여 실시되어야 한다.

테러와 경호는 상호 밀접한 관계에 있지만 전술면, 기법면에서의 개념은 현격한 차이가 난다고 볼 수 있다. 테러가 불특정 다수 또는 특정인을 공격 목표로 하는 공격 개념인데 반해 경호는 경호대상자의 신변보호를 목표로 하는 방어 개념이라는 데서 상반되는 성격을 가지고 있는 것이다.

경호대상자를 보호함에 있어 공격 전술처럼 자신의 몸을 은폐, 엄폐시켜 기도비닉을 유지하여 기습적 공격을 가하는 개념을 가지고 경호 임무를 수행할 때 경호 실패로 끝나는 교훈을 우리는 각 국의 요인 위해 사례를 통하여 볼 수 있다.

경호 임무 수행자는 위급 상황 발생시 일반인처럼 숨거나 회피하는 것이 아니라 오히려 자신의 몸을 최대한 확장시켜 위협 요소(인적, 물적)로부터 경호대상자를 효과적으로 보호해야 하는데 이것이 경호에 있어서 방어 개념의 원칙인 것이다.[34] 경호의 개념이 공격이 아닌 방어의 개념인 관계로 경호대상자가 임석한 행사장에서 비상 상황이 발생할 경우 공격적인 행동보다는 방어 위주의 엄호 행동이 더욱 요구된다 하겠다.

경호요원들의 평소 교육 훈련에서도 방어개념에 입각한 반복 훈련을

34) 양재열, 전게논문(박사학위논문), 45면.

해야 하며 다음의 훈련 내용은 경호의 개념을 명확히 인식하고 방어 개념에 중점을 둔 사례라고 볼 수 있다.

사례 1 美, 비밀 경호원의 사격 훈련 자세[35]

레이건 대통령이 재임시 경호원들의 사격 훈련장을 방문했을 때 경호원들이 몸을 구부려 안전 자세를 취하지 않고 꼿꼿이 서서 사격 훈련하는 것을 목격하고 “그런 사격 자세는 적에게 좋은 표적거리가 되는 것이 아니냐?”고 묻자 사격교관은 “이 같은 사격 자세는 우리 몸으로 경호대상자의 몸을 보호하는 데 더 효과가 있다”고 답변했다.

평시 사격 훈련에서도 경호원들은 항상 대통령과 공격자 사이에 위치하여 가능한 큰 표적이 되기 위해 꼿꼿한 자세를 유지하도록 교육시키고 있으며 모든 교육 훈련을 경호 근무에 도움이 되고 연관되게 하고 있다.

이러한 반복적 교육 훈련의 성과로 인해 1981. 3. 30 레이건 대통령 저격 미수 사건 발생시 (범인: 힝클리) 대통령 근접에 있던 티모니 메카시[36] 경호원은 몸을 구부리거나 피하지 않고 범인 힝클리를 향해 가능한 한 최대로 자기 몸을 확장시켜 경호대상자를 보호하는 자세를 보여주었다.

자기의 몸으로 범인이 쏜 총알의 표적이 되었고 이 와중에서도 모든 경호원들은 범인을 향해 한발의 응사도 없었다. 범인을 제압하기 위한 대응 사격 등의 공격적 행동보다는 경호대상자를 위협 지역에서 신속히 대피(Evacuate)시켰던 것이다(레이건 대통령은 이 사건에서 범인이 쏜 6발 중 리무진에 튄 유탄 1발이 흉부에 맞았으나 수술 후 곧 회복되어 생명에는 이상이 없었다).

위의 사례에서 보는 것처럼 경호는 테러 전술이나 군 전투와 같은 공격 개념이 아니라 방어 개념이라는 것을 유념해야만 한다.

35) Dennis V. N, McCarthy & Philip W. Smith, *op. cit.*, p. 66.

36) 티모니 메카시: 사건 당시 복부에 총상을 입었고(당시 31세), 사건 종료 후 경호원 최고 영예인 용맹훈장을 받았으며 경호원으로 계속 임무 수행하다가 1993년 경호원직에서 은퇴하여 현재는 민간 보안 전문 회사 운영 중.

사례 2 태국, 아세안+3 정상회의시 반정부 시위로 회의 무산[37]

2009년 4월 10일~12일 태국 파타야에서 열린 아세안+3 정상회의가 국제 외교사상 전례를 찾기 힘든 황당한 사태가 벌어졌다.

태국 내 반정부 시위대의 회의장 난입으로 정상회의가 개막한 지 하루 만에 무산됐고 행사에 참석한 아세안 10개국과 한국, 중국, 일본은 물론 인도와 호주, 뉴질랜드 등 16개국 정상들과 관계 장관들, 반기문 유엔 사무총장 등이 참가하는 국제회의가 정상회의장인 태국 파타야의 '로얄 클리프 그랜드' 호텔에 11일 낮 반정부 시위대 1,000여 명이 난입했다.

이 때문에 '아세안+3 정상회의' '동아시아회의' '아세안+유엔회의'가 취소되고 한국의 이명박 대통령과 중국의 원자바오 총리, 일본의 아소다 총리 등 각국 정상들이 서둘러 귀국길에 올랐다.

(출처: 조선일보)

다자간 국가 정상회의시 경호 경비의 대표적 실패 사례로서 국가의 대외 신인도는 물론 태국 경호기관의 역량에 대한 신뢰도가 크게 훼손된 사례임.

당시 태국반정부시위대가 정상회의장 입구까지 진입한 상황과 사진이 〈그림 2-6〉과 같고 이러한 사태를 보고 저자가 경호원칙의 중요성에 대해 기고한 내용이 언론매체에 보도된 바 있다.

37) ASEAN(동남아시아연합)+3(한국, 중국, 일본) 정상회의는 동남아 지역의 공동안보 및 지역협력 가능성을 모색하기 위해 1967년 설립됐고, 창설 30주년을 계기로 1997년부터 한, 중, 일 정상을 초청하여 회의를 개최.
ASEAN 회원국은 태국, 베트남, 필리핀, 싱가포르, 말레이시아, 인도네시아, 브루나이, 캄보디아, 라오스, 미얀마 등 10개국이다.

그림 2-6 태국 반정부 시위[38]

◆반정부 시위대 "현 총리 물러나라"

'독재저항 민주주의 연합전선(UDD)'으로 불리는 반정부 시위대 수만 명은 지난달 26일부터 2주 넘게 방콕 중심가의 정부종합청사 단지를 포위한 채 점거 농성을 벌여왔다. 8일 밤에는 10만 명(경찰 추산)에 이르렀다.

특히 16개국 정상회담을 코앞에 둔 이번 주부터는 시위 양상이 격화됐다. 8일에는 총리가 탄 차량이 시위대의 습격을 당해 뒷유리창이 박살 났고, 9일에는 택시기사들이 가세하면서 방콕 시내 주요 도로 10곳이 완전히 마비됐다. 이어 11일 반정부 시위대가 16개국 정상들이 모인 파타야의 호텔에 난입하는 상황에 이른 것이다.

http://blog.naver.com/leekiza/10006518!

38) 출처: 연합 뉴스.

언론보도 태국 사태로 본 경호의 ABC[39)]

태국에서 열린 아세안+3 정상회의가 태국 내 반정부시위대의 회의장 난입으로 개막한 지 하루 만에 무산됐다. 일정은 무기한 연기됐으며 행사에 참가한 아시아 15개국 정상들은 이날 오후 전원 태국을 떠나는 경호경비의 실패사례가 발생했다. 국가의 대외신인도는 물론 태국 경호기관의 역량에 대한 신뢰도가 크게 훼손됐다.

경호안전이란 우리가 매일 섭취하는 물과 같고 공기 속 산소와 같아서 평소엔 그 필요성에 대해 잘 느끼지 못할 수 있다. 그러나 우발상황 발생 시 존재가치와 중요성은 아무리 강조해도 지나치지 않다.

경호란 철저한 준비와 순간의 싸움이다. 우발상황 시 어떻게 즉각 조치를 하느냐에 따라 경호의 성패가 달려있다. 이번 태국 사례와 같은 경호안전의 실패는 필자가 25년간 경호안전 분야에 몸담았던 경험으로 볼 때 계획준비단계부터 경호의 기본적 원칙을 간과하고 소홀히 한 데서 일어난 결과가 아닌가 생각한다.

첫째, 중첩의 원칙 미흡이다. 모든 경호경비의 기본계획은 3중 경호원리에 입각해 3중으로 안전, 경비, 경계구역으로 설정해 놓고 단계별로 차등 경호조치가 병행되어야 한다. 각국 정상들이 투숙한 호텔과 회의장은 최후 저지선 개념의 절대안전구역으로 설정해 강화된 통제대책이 선행되어야 함에도 언론보도에 나타난 것처럼 시위대가 회의장 현관문까지 진입할 수 있도록 허용한 것은 통제계획 및 대비책의 미비라 할 수 있다.

둘째, 예방경호의 원칙 소홀이다. 주최국 내 모든 경호 유관기관의 경호환경에 대한 정보・첩보수집을 분석해 위협요소인 시위대 진입, 정상 투숙 호텔 고립, 회의장 난입, 정상 기동로 차단 등을 최소화・무력화할 수 있는 사전 경호안전조치가 선행되어야 한다.

그럼에도 불구하고 완전 통제구역인 회의장 1층 로비 입구까지 시위대가 진입하고 정상들이 투숙한 호텔에서 고립됐다는 것은 납득할 수 없는 일이다.

셋째, 방어 개념의 원칙 미비다. 경호는 공격 개념이 아닌 방어 개념이다. 위해 기도자가 공격 주도권을 가지고 있으며 범인이 위해행동을 시작한 후 경호원들은 반응하게 된다.

대적 행위보다는 방호 및 대피 행위가 경호대상자 보호에 더 효과적이라는 것은 국내외 위해 사례 분석에 따른 결론이다.

시위대 진입 등 모든 위협요소를 예상해 회의장이나 정상 투숙 호텔에 충격을 완화하고 방호할 수 있는 차량 방벽, 시설물을 이용한 차단막 설치, 바리게이트 등 완충벽 설치와 최악의 경우 정상들이 신속히 대피할 수 있는 비상대피소, 비상통로 등 종합적 비상 및 안전대책 수립이 미흡하지 않았나 생각된다.

39) 태국사태를 보고 저자가 "경호 원칙의 중요성"에 대해 기고한 내용이 2009. 4. 15.자 매일경제 32면 [열린마당]에 게재됨.

우리는 몇 차례의 다자간 정상회의와 국제회의 경험을 통해 경호경비 경험이 풍부하고 그 노하우가 축적돼 있다. 1986년 아시안게임, 1988년 올림픽, 2000년 제3차 서울 ASEM 회의, 2002년 한·일 월드컵대회, 2005년 부산 APEC 회의 등 주최국으로서 모든 행사를 성공적으로 개최했다.

특히 2000년 ASEM 회의 때 경호 환경은 금번 태국사례와 유사했다. NGO의 활발한 활동으로 대부분 다자간 정상회의나 국제행사가 원만하게 진행되지 못하던 시기였지만 제3차 서울 ASEM이 대성공을 거두어 경호경비의 모범 사례가 되었다. 이러한 축적된 경험과 노하우로 이번 태국사태에서도 경호 대상자를 안전하게 귀국시킨 일사불란한 경호조치에 국민의 한 사람으로서 든든함과 신뢰를 갖게 된다.

향후 개최되는 2012년 여수 세계박람회 행사와 국내외 각종 행사도 철저히 준비하고 대처할 것으로 믿는다.

[양재열 명지대학교 객원교수前 대통령경호실 차장]

사례 3 서울 G20 정상회의시 경호 원칙에 입각한 안전구역 설정40)

① 상 황

2010. 11. 11~12 서울에서 개최된 G20 정상회의는 사전 완벽한 준비와 실시 단계에서의 경호 경비관의 노고와 전 국민의 협조 체제 구축으로 대성공을 거두며 세계 각국의 경호 경비 모범 사례로 평가받았음.

그동안 한국은 2000년 제3차 서울 ASEM 회의, 2002년 한·일 월드컵 행사, 2005년 부산 APEC 행사를 주최국으로서 성공적으로 치룬 노하우가 축적된 결과임.

② G20 정상회의 개요

G20이란 'G'는 그룹(Group)의 약자로 '주요 20개국 모임'으로 번역되는 G20은 기존 선진국의 G7에다 신흥국 12개국과 EU를 포함하여 1999년에 창설.

---

40) G20 정상회의 준비위원회 홈페이지 및 경호처 홈페이지(www.pss.go.kr).
경찰청 홈페이지(www.police.go.kr).
행사기간 중 언론보도 내용을 참조하여 재정리.

G20회원국

표 2-3 G20 회원국 현황

구 분	국 가
G7	미국, 영국, 일본, 프랑스, 독일, 캐나다, 이탈리아
아시아, 대양주	한국, 중국, 인도, 인도네시아, 사우디아라비아, 호주
라틴아메리카	아르헨티나, 브라질, 멕시코
유 럽	러시아, 터키, EU의장국
아프리카	남아프리카 공화국

③ G20 정상회의 서울개최 의의와 기대 효과

- 의의: 우리 외교사에 한 획을 긋는 일이자 세계 경제사적으로 위기 이후 새로운 국가 경제 질서 창출에 주도적 역할 담당-피츠버그 G20 정상회의(2009. 9. 25)에서 각국 정상들이 만장일치로 한국을 2010년 G20 정상회의 의장국 및 개최국으로 결정.
- 기대 효과: 의장국으로서 글로벌 리더십 발휘, 국격 향상 및 국가 브랜드이미지 제고, 국제 질서 주도 및 글로벌 네트워크 구축.

④ 'G20 경호안전 특별법[41]에 따라 경찰청 G20 종합치안 대책발표(출처: 2010. 10. 11 KBS 뉴스)

⑤ 서울 G20 정상회의 경호 원칙과 G20 정상회의 경호안전을 위한특별법에 의거한 회의장 주변 시위대 진입 방지를 위한 경호 안전 구역 설정 및 통제 대책[42]

41) G20 경호안전 특별법은 2010년 6월 8일 법률 제10362호로 제정되고 2010. 10. 12~11. 15까지 유효한 한시법으로 제정
이 법의 목적은 G20 정상회의를 개최함에 있어 효율적인 경호 안전업무의 수행을 위하여 필요한 사항을 규정함을 목적으로 제1조~제9조로 구성(경호 안전 통제단 설치, 관계기관 등에 대한 협조 요청, 경호 안전구역 지정, 경호안전구역에서의 안전 활동, 집회 및 시위의 제한, 국가중요시설 안전 관리 등을 명시).

42) 출처: 서울 G20 정상회의 경찰청 홈페이지 참조.

언론보도 G20 기간 코엑스 반경 2km서 집회 시위 금지

다음달 11~12일 서울에서 열리는 '주요20개국(G20) 정상회의' 기간에 행사장인 코엑스를 중심으로 반경 2km 내외가 경호 안전구역으로 설정돼 집회 시위가 전면 금지된다.

11일 경찰청이 발표한 G20 종합치안대책에 따르면 경찰은 코엑스 반경 2km 내외에 1, 2, 3선의 경호 안전구역을 설정하되 구체적인 범위는 이달 하순 공고하기로 했다. 해당 구역에서는 다음달 8일부터 12일까지 G20 정상회의 경호 안전을 위한 특별법에 따라 집회 시위가 제한된다.

또 다음달 10일부터 행사가 끝날 때까지 일반인의 코엑스 출입은 엄격히 제한된다. 행사 둘째날인 12일 오후 10시까지는 무역센터단지에도 일반인이 들어갈 수 없으며 반경 600m에서는 일반인이 출입할 때 검문 검색을 받는다.

그림 2-7 회의장 주변 경호 안전구역

그림 2-8 회의장 주변 교통 통제 요도

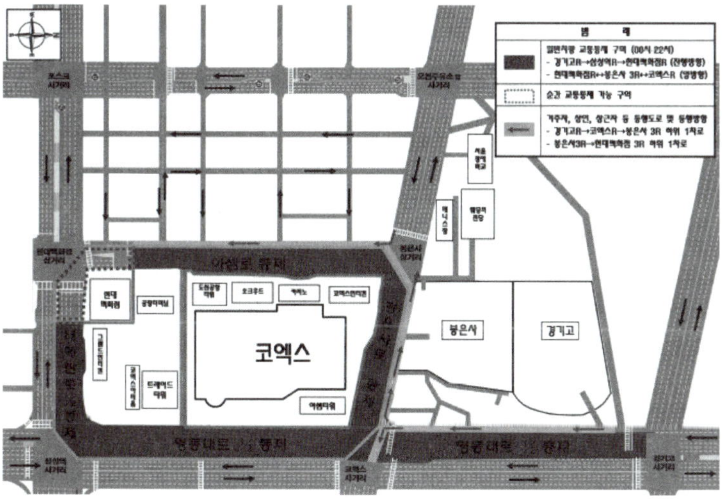

그림 2-9 회의장 주변 안전구역 설정

그림 2-10 G20 정상회의

(G20정상회의 장면, 2010. 11. 11~12, 코엑스, 출처: 머니투데이)

⑥ G20정상회의 관련 저자 언론 기고 및 보도 사례

언론보도 G20 경호도 소통이 성공열쇠[43)]

다음달 11일 한국에서 개최되는 G20 정상회의에는 회원국 정상 20명을 포함해 국가원수급만 30명 이상이 방한한다.

각국 정상수행원, 언론인, 경호인력 등을 포함하면 1만5000여 명이 한국을 찾는다. 이와 관련해 지난 11일 경찰청장은 G20 종합 치안대책을 발표했다. 'G20 경호안전을 위한 특별법'에 의해 코엑스 반경 2㎞를 집회·시위가 금지되는 경호안전구역으로 정하고 코엑스 건물외곽에 3중 경호벽을 적용하는 내용이다. 여기서 꼭 10년 전인 2000년 11월 서울로 25개국 정상이 몰렸던 '제3차 서울 아셈(ASEM)회의' 성공사례를 되돌아보게 된다. 다자간 정상회의 경험이 없던 당시 경호실·국정원·경찰·군 등 경호유관 기관들은 회의 1년 전부터 코엑스 아셈빌딩에 경호안전통제단을 구성했다. 그리고는 무수한 회의를 거듭하며 총력 경호태세를 확립해 나갔다.

43) G20 정상회의를 앞두고 서울에서 개최된 G20 정상회의의 성공으로 대한민국의 국격을 높여야 한다는 취지와 과거 다자간 정상회의에 직접 참여한 경험 요소를 바탕으로 G20행사 성공을 기원하는 칼럼이 2010. 10. 28자 매일경제[열린마당]에 게재됨.

당시 중점적인 경호경비 조치로는 우선 명확한 안전구역을 확보하고 통제선을 운용하는 것이었다. 고속도로공사 때 설치하는 적색중앙분리대(1m50㎝) 1500개를 한국도로공사에서 임차해 안전구역 통제선을 설정하고 코엑스 주변 봉은사로~영동대로~테헤란로~아셈로 1차로를 정상 모터게이트 전용 이동로로 운용했다. 기타 차로는 일반시민과 대중교통 수단이 자유롭게 왕래토록 허용했으며 코엑스몰과 현대백화점도 정상영업을 보장했다.

두 번째로는 NGO 시위대에게 적절한 의사표출 기회를 부여해 과격시위를 막았다. 안전·경비구역을 통제 위주로 설정하면 시위대와의 마찰은 피하기 어렵다. NGO 단체 대표와 끊임없이 대화하고 이들의 입장과 의사표출을 수용하는 차원에서 코엑스 안전구역 밖에서는 평화적 시위행진(종합운동장~탄천사거리 2.7㎞)을 할 수 있도록 허용했다.

세 번째로는 경호경비에 동원된 경호실, 국정원, 군, 경찰, 소방 등 경호 유관기관 사이에 총력 경호경비태세를 유지하고 시민의 적극적인 협조체제를 구축하는 일이었다. 당시 공안기관이나 정부 부처는 ASEM 행사 1년 전부터 행사장 현장에 경호안전지원본부를 구성해놓고 유기적인 협조체제를 유지했다. 기본적으로 통제행위가 가해지는 경호경비 행사는 일반시민의 협조가 없다면 성공을 기대하기 어렵다. 2000년 ASEM 회의 당시에는 현대백화점, 무역센터, 코엑스몰 입주업체 대표자회의를 정례적으로 개최해 경호안전 통제단의 통제계획을 설명했다. 또 입주 대표자들의 건의와 의견을 수렴해 통제 범위와 구역을 설정하는 데 적극 반영했다. 이를 통해 행사 진행을 위한 통제에 적극적인 협조를 이끌어낼 수 있었다. 당시 서울ASEM 회의는 대성공을 거뒀고 경호경비의 모범사례로 남았다.

2000년 ASEM 이후 꼭 10년 만에 개최되는 이번 G20 정상회의도 경호안전통제단의 세부적인 실천계획과 국민들의 자발적인 참여, 적극적인 협조로 성공적으로 마무리될 것이라 믿어 의심치 않는다. 성공적 행사 이후 대한민국의 국격은 한층 향상될 것이다.

[양재열 가엘 씨큐리티 대표 (전 대통령경호실 차장)]

* G20 성공으로 대한민국 국격 높여야[44)]

2010년은 대한민국이 세계사의 중심이 되고 국운과 국격이 상승하는 해라 볼 수 있다. 2010년도는 우리나라 역사적으로도 한일합방 100주년, 6.25 발발 60주년, 산업화 50주년이라는 10주기의 역사적 의미와 최근 캐나다 올림픽에서의 김연아선수의 금메달 획득, U-17 여자축구선수들의 세계 챔피언 소식 등은 경제환경의 어려움 속에서도 대한민국의 역동성과 잠재력, 성공 DNA를 짐작케 하는 낭보가 아닐 수 없다.

무엇보다도 오는 11월 한국에서 개최되는 G20 정상회의가 올해 대한민국의 가장 큰 이슈일 것이다. 회원국 정상 20명을 포함해 국가 원수급만 30명 이상이 방한을 하며 각국 정상수행원, 언론인, 경호인력 등 1만 5천여 명이 한국을 찾게 된다.

D 30일 전인 지난 10.11일 경찰청장도 G20 종합 치안대책을 직접 발표하였다. "G20 경호안전을 위한 특별법"에 의해 코엑스 반경 2km를 집회와 시위가 금지되는 경호 안전구역으로 선정하고 회의 기간 동안 코엑스 건물 외곽에 3중 경호 원리를 적용하여 담장형분리대, 녹색펜스, 2.2m의 콘크리트 방호벽을 설치하겠다고 밝혔다.

그 외에도 안전구역 내의 검문 검색 및 출입통제 강화, 일반인 출입제한구역 운용, 차량 2부제, 코엑스몰과 현대백화점, 무역센터 등 다중의 불특정 인원이 왕래하는 경비구역도 생업을 최소한 보장하는 방향으로 세부적인 통제 계획이 수립될 것으로 보인다.

여기서 꼭 10년 전인 2000년 11월 우리 한국에서 개최되었던 "제3차 서울 ASEM 회의"시 경호 환경과 행사 성공 사례를 잠시 기억해 보고자 한다(ASEM 회의: 아시아·유럽 정상회의로서 〈Asia-Europe Meeting〉 회원국이 약 40개국이며 2년마다 회의 개최).

2000년 ASEM 회의시 대한민국 건국 이후 최초로 25개국 정상이 한꺼번에 서울 코엑스로 몰렸다. 다자간 정상회의 경험도 없었고 당시 경호실, 국정원, 경찰, 군등 경호 유관기관이 1년 전부터 코엑스 아셈빌딩에 경호 안전 통제단을 구성하고 무수한 회의와 고뇌로 유기적 협조체제하에 총력 경호태세를 확립하였다.

또한 전세계적으로 다자간 정상회의(ASEM 회의, APEC회의, ASEAN+3 정상회의)가 NGO의 과격한 시위로 모든 국제 정상회의가 거의 실패로 끝났다.

정상들이 투숙호텔 내 감금 사례, 시위대들의 정상 이동로 차단, 회의장 점거 등

44) The people(월간지) 2010. 11월호, 32~33면 게재.

으로 경호 경비 실패 사례가 증대되는 시점에 우리 한국에서 "제3차 서울 ASEM 회의"가 개최되어 행사 성공 여부가 관건이었다.

그 당시 중점적 경호 경비 조치 사항으로는,

첫째, 명확한 안전구역확보 및 통제선 운용이다.

당시 한국도로공사와 협조하여 고속도로공사시 설치되는 적색중앙분리대(1m 50cm) 1,500개를 임차하여 안전구역 통제선을 설정하고 코엑스 주변 봉은사로-영동대로-테헤란로-아셈로 1차선을 정상 모터게이트 전용 이동로로 확보하여 운용하고 기타 차선은 일반시민과 대중 교통 수단이 자유롭게 왕래토록 허용하였다.

코엑스몰과 현대백화점도 정상 영업을 보장했으며 만약의 우발상황에 대비하여 유동순찰조, 비상대기조, 예비대, 화생방대기조 등의 비상 및 안전대책을 강구하여 생업은 보장하되 예상되는 각종 위해 기도 행위에 대해 다각도로 철저히 대비하였다. 경호 안전 확보와 국민 불편 최소화의 두가지 상반된 만족도를 어떻게 충족시키느냐가 경호의 성공 관건이라 할 수 있다.

둘째, NGO 시위대 의사표출 기회 부여로 과격 시위를 사전 차단

안전 및 경비구역을 통제 위주로 설정하면 시위대와 마찰은 필수적으로 일어날 수 밖에 없다. NGO 과격 단체 대표와 끊임없는 대화로 국제회의 한국 개최 성공을 위해 상호 노력하였고 NGO 단체들의 입장과 의사 표출을 수용하는 차원에서 COEX 안전구역을 벗어난 구역에서 평화적 시위 행진(종합운동장~탄천사거리 2.7km)을 허용하고 시위대 돌출 행동과 회의장 난입 방지를 위해 시위대 전면, 좌우 대열에 여경을 최대한 동원하여 차단 및 질서 유지조로 운용하여 COEX의 경호 안전구역 확보와 평화적 시위행진을 보장하여 NGO 단체들의 의사표출기회를 허용함으로써 상호 WIN-WIN 효과를 거둘 수 있었다.

셋째, 경호 경비에 동원된 작전 요소(경호실, 국정원, 군, 경찰, 소방, 경호 유관기관 등)간 총력 경호 경비 태세 유지 및 시민의 적극적 협조 체제 구축이다.

당시 경호 경비에 동원된 공안기관 및 정부부처는 ASEM 행사 1년 전 부터 행사장 현장에 경호 안전 지원 본부를 구성하여 정보 교환과 유기적 협조 체제를 유지하였고 사명감과 투철한 희생 정신이 성공적 행사에 바탕이 되었다(저자는 당시 대통령경호실 ASEM 담당관으로 보직을 부여받아 1년간 COEX에서 상주하며 행사를 준비하였다).

또한 일반 시민의 협조 없이는 기본적 통제행위가 가해지는 경호 경비 행사의 성공은 기대할 수 없다. 2000년 ASEM 회의 당시에는 현대백화점, 무역센터, 코엑스몰 입주업체 대표자회의를 정례적으로 개최하여 경호 안전 통제단의 통제계획을 설명하고 입주 대표자들의 건의 및 의견 등을 수렴하여 통제 범위와 구역을 설

정하는 데 적극 반영함으로써 행사시 통제 행위에 대해 거부감 없이 적극적 협조를 이끌어 낼 수 있었다.

ASEM 회의가 종료되는 폐막식날 당시 의장국 의장인 김대중 전 대통령께서 시위대와 근 마찰 없이 성공적으로 행사가 종료됨을 각국 정상들에게 공표하며 경호경비에 동원된 전 작전 요소를 치하 격려하고 일반 시민의 적극적 협조에 감사를 표시하였다.

제3차 서울 ASEM 회의가 대성공을 거두어 그동안 경호 경비 실패로만 끝났던 국제 정상회의가 성공으로 전환되는 계기가 되었고 경호 경비의 모범 사례가 되었다.

지난 2009. 4월 태국에서 개최된 아세안 +3 정상회의가 태국의 반정부 시위대의 회의장 난입으로 개막한 지 하루 만에 무산되었고 행사에 참석한 정상들은 전원 태국을 떠나는 경호 경비의 실패 사례가 발생하였다(2009. 4. 14일자 매일경제 [열린마당] 저자기고 - 태국사태로 본 경호의 ABC).

우리는 그동안 2000년 서울 ASEM 회의 행사 이후 2002년 한·일 월드컵 행사, 2005년 부산 APEC 행사 등 주최국으로서 모든 행사를 성공적으로 개최하였다. 몇차례의 다자간 정상회의와 각종 국제회의 경험을 통해 경호 경비 경험이 풍부하고 그 노하우가 축적되어 있고 무한한 성공 DNA가 잠재해 있다.

2000년 성공적 ASEM 행사 이후 꼭 10년 만에 개최되는 이번 G20정상회의가 경호 안전 통제단의 세부적 실천 계획과 전 국민들의 자발적 참여와 적극적 협조로 성공적으로 마무리 될것을 희망하며 성공적 행사 이후 대한민국의 국격이 한층 향상될 것으로 믿어 의심치 않는다.

(전, 대통령 경호실차장. 현, (주)가엘 씨큐리티 대표이사, 명지대 객원교수)

* G20 특별 생방송 출연[45)]

G20 경호 관련 – 양재열 가엘 씨큐리티 대표(전 대통령 경호실차장) 출연

프로그램명: mbn 뉴스광장

일　시: 2010년 11월 10일 수요일 오전 11시 25분 경(약 15분)

앵　커: 최중락 기자

P　D: 서미선 김유진 조병학

작　가: 노정원 김혜미

문 1) 오늘부터 G20 비즈니스 서밋이 시작되고 내일부터 G20 정상회의가 시작되는데요. 회원국 정상 20명을 포함해 국가 원수급만 30명 이상이 방한을 하게 됩니다. 역대 어느 회의보다 경호 대상은 가장 많은데요. 외국 국가 원수들에 대한 경호는 어떻게 하게 되죠? 각자 자국 경호 인력을 데려오지 않습니까? 그들과의 협조는 어떻게 하게 됩니까?

답) 국가간 경호관례에의해 방문국에서 경호 책임
따라서 금번 경호 책임은 한국에 있음

45) MBN 뉴스광장 특별 생방송 출연, 단독 대담 내용을 정리(2010. 11. 10).

자국경호인력과는 사전 경호 협조 회의를 통해 합동 근무
- 다자간 정상회의시 상대국 경호선발대가 미리 도착하여 합동 근무에 대한 범위를 사전 협조 및 조율

문 2) 각 나라 정상마다 받는 경호 수준도 등급이 매겨져 있다고 하던데요. 어떻습니까? 어떤 기준에 의해 등급이 매겨지는 거죠? 그리고 어떻게 등급이 매겨져 있습니까?

답) 일반적으로 경호 등급은 4단계로 구분
1등급~4등급: 1, 2등급은 행정수반(대통령, 총리, 수상, 국왕 등)
3, 4등급은 장관, 부통령, 부수상, 부총리급
* 1, 2등급은 대통령실경호처 주관
3, 4등급은 경찰 주관
* 등급에 따라 동원 경호 인력이 차등 적용
* 다자간 정상회의시는 경호안전 통제단 주관으로 각국별로 일률적 경호 제공

문 3) 10년 전인 2000년에는 25개국 정상이 서울로 모였던 서울 아셈회의가 열렸었는데요. 그때 경호를 맡으셨던 것으로 알고 있습니다. 그때의 경호는 경호 경비의 모범 사례로 남아 있습니다. 그 성공의 비법은 무엇이었습니까?

답) 경호는 경호대상자의 안전 확보와 국민 불편 최소화라는 상반된 만족도를 충족시켜야 하는 어려운 종합예술임.
2000년도에는 과잉 통제도 중요하지만 핵심 지역은 절대 안전구역으로 확보하고 그 외 지역은 생업 보장 및 불편 요소를 최소화 함으로써 국민들의 자발적 참여를 이끌어낸 게 성공요소라 할 수 있음.
또한 당시 경호환경은 NGO시위가 관건이었는데 평화적 시위 행진 구역을 설정하여 의사 표출 기회 부여로 경비 병력과 시위대 간의 큰 마찰 없이 성공적 행사가 됨.

문 4) 이번 G20 정상회의 경호 세계와 빙빈… 아셈회의 때와 달라진 점이 있습니까? 한국식 경호 경비 대책에 세계가 주목하고 있다고 하는데요. 한국식 경호 경비 대책은 구체적으로 어떤 것을 말하는 겁니까?

답) 경호 원칙과 원리는 전세계적으로 공통으로 적용되기 때문에 큰 문

제가 없지만 경호 체계와 방법, 경호 기법 등은 위해 세력이나 위해 기도자들에게는 역으로 이용할 소지가 있어 언급할 사안이 아님. 경호안전통제단에서 각국별 경호정·첩보사항을 분석하여 종합안전대책을 준비하여 완벽하게 시행할 것임.

문 5) 세계적으로 폭탄 테러 비상이 걸려 있습니다. 이런 폭탄 테러나 기타 테러에 대비해서는 어떤 대책이 필요합니까? 그리고 지금 충분한 대책이 세워져 있다고 보십니까?

답) 2000년 아셈회의, 2002년 월드컵, 2005년 부산 에이펙 행사 등 대규모 국제 정상회의는 보통 1년 전부터 준비함
장기적 관점에서 공항, 항만 등 외곽 지역에서부터 행사장 안전구역까지 경호 위해 행위가 예상되는 제반 문제점에 대해 리스트를 작성하여 세부적으로 대비함
최근 소포 폭탄 사례, 반정부 세력에 의한 위해 기도 언급, 알 카에다 등 세계 테러 집단에 의한 위협 등에 대해 공안 관계기관이 합동으로 잘대비하고 있을 것으로 판단함

문 6) 이런 세계적인 대규모 행사의 경호 경비에 있어서 가장 중요한 원칙은 무엇입니까?

답) 대규모 국제 행사시 기본적 중요 원칙은 세 가지임
중첩의 원칙(3중 경호 원리), 예방경호의 원칙, 방어경호의 원칙

참고) 2009년도 "태국사태로 본 경호의 ABC" - 저자 매일경제 기고문 참조.

문 7) 행사 기간 중 주변 시민들의 불편과 함께, 시위대와의 마찰도 우려스러운 부분인데요. 아셈회의 중에는 어떻게 대처했습니까?

답) 문 3)에 내용과 중복
아셈회의 폐막식시 당시 김대중 대통령이 각국 정상 앞에서 경호경비 성공 노고를 직접 치하

문 8) 일반 시민들의 협조가 없이는 이런 대규모 행사의 성공은 장담할 수 없는데요. 시민들은 어떻게 협조를 해야 할까요?

답) 행사장은 코엑스 주변이지만 통제에 의한 불편요소는 강남권 전역에 영향을 줄 수 있음

시민들이 대규모 국제 정상회의의 순기능과 경제적, 국격 향상 등의 긍정적 요소를 감안하여 행사기간 중 차량운행지양 자발적 참여, 코엑스 주변 통행 억제
전 국민의 정보 제공화 등을 통해 한국을 방문한 각국의 정상들에게 선진 시민으로서의 자세를 보여주어 우선적으로 안전이 보장된 상태에서 행사가 진행되어야 함
경호 안전 통제단의 적극적 대국민 홍보도 중요한 요소임
- 국민들이 코엑스 주변은 통제구역이라는 인식만 부각되어서는 안 됨

문 9) 대규모 국제회의시 전 공안기관 인력들이 정상회의 경호 경비에 치중하다 보니 민생 치안 등에 사각 지점이 발생할 소지가 많은데 향후 바람직한 방향제시 대안은?

답) 사실 전 경찰력이 행사에 집중되다보니 도난, 강도, 각종 시민범죄 등이 발생시 즉각 출동 태세가 지연되는 경우가 있을수 있음
앞으로 국제 정상회의시도 핵심 지역, 절대 안전 구역은 경찰력이나 공안기관이 담당하되 외곽 지역, 단순 임무 지역 등은 민간 경호전문업체에 아웃소싱되어도 임무 수행엔 이상없을 것임
핵심 지역만 경찰력이 담당하고 아웃소싱된 지역의 경찰력은 민생 치안에 주력해야 함
국민들의 자발적 참여를 이끌어내지 못하는 이유도 이 부분임
외국은 민간 씨큐리티업체를 많이 참여시킴
앞으로 우리도 이 방향으로 가야함

- 지금까지 양재열 가델 씨큐리티 대표 (선 대통령 경호실차장)였습니다.

제4절 경호의 3대 필수 기본기

위해 기도자의 일회적 행위는 치명적일 수 있다. 위해 행위는 단 한발의 총성, 단발마적 폭음으로 역사를 뒤바꾸어 놓거나 국가적 대혼란을 야기

시킨다.

경호란 오랜 시간 동안 총격전을 벌여 적을 격퇴 시키거나 적보다 아측의 사상자가 적다고 만족할 수 있는 집단적 개념의 전투와는 본질적으로 다르다. 앞에서 논의된 제반 경호의 개념 및 원칙을 근거로 공격 개념이 아닌 방어 개념에 입각하여 경호의 목적인 경호대상자 보호에 보다 효과적인 경호 기법(protective technique)이 연구되어야 한다.

경호에 적용되는 기법은 경호대상자에게 제공되는 상황 및 여건에 따라 다르다.

경호 임무 수행시 취해지는 예방 조치의 정도는 당시의 국내외적인 경호 환경과 위협 정도에 영향을 줄 수 있는 기타 고려 사항들로 인하여 달라질 것이다.

그러나 경호 기법상 다양한 방법이 고려된다 할지라도 경호의 근본 목적인 경호대상자를 보호한다는 대전제만큼은 불변의 진리가 되어야만 한다.

이러한 관점에서 경호 임무를 수행하는 경호요원으로서 기본적으로 터득해야 할 경호원의 3대 기본기[46]에 대해서 살펴보기로 한다.

1. 손을 감시하라

도수(맨손)의 행객은 대개 무해한 법이다. 그러나 무엇인가 들고 있다든가 또는 포켓에 들어 있는 손은 위험하다. 전문적 경호 조직이 많지 않았던 1900년대 이전에는 경호원은 "사주 경계시 얼굴, 눈, 손을 감시하라"고 교육받았다. 즉 대통령이 사람들과 악수를 교환할 때 경호원은 상대방의 얼굴, 눈, 손을 주시해야 한다는 것이다.

왜냐하면 눈은 곧 그 사람의 마음의 창이기 때문에 위해 기도자는 눈을 통하여 행동의 어색함이나 불안감을 경호원이 느낄 수 있고 알아챌 수 있

46) 양재열, 전게논문(석사학위논문), 27~38면.

다는 것이다.

인상에 초점을 두고 대통령 주변의 경계 대상자들을 경계했던 것이다.

그러나 1900년대 이전의 인상에 초점을 두고 얼굴, 눈, 손을 주시하라는 것은 이론적으로는 그럴듯하나 실제 경호 현장에서는 상당히 어렵고 불가능하다.

요인이 수많은 군중 속을 지나간다든지 선거 유세와 같은 많은 사람과 악수를 교환하는 상황은 정적이 아니라 유동적 상황이기 때문에 경호원이 경호대상자를 방호함과 동시에 이동하면서 경계 대상자들의 얼굴, 눈, 손을 본다는 것은 실제적으로 효과적이지 못하다.

이러한 "인상에 초점을 둔 얼굴, 눈, 손을 감시하라"는 이론은 1901년 9월 6일 미국의 제25대 윌리암 맥킨리 대통령이 암살 당함으로써 한계에 이르게 된다.

그 당시의 사건 개요는 〈표 2-4〉와 같다.

표 2-4 「맥킨리」미국 대통령 암살 사건 개요[47]

일 시	1901년 9월 6일 오후 4시
장 소	뉴욕 주 판파로시 아메리칸 박람회장
범 인	레오 촐골즈(28세)
범행내용	무정부주의자인 범인은 국민을 지배하는 권력을 부정하면서 "맥킨리" 대통령이 모든 권력을 혼자 쥐고 있는데 분만은 품고 암살을 결심 범인은 오른손에 권총을 숨기고 수건을 감아 부상을 위장, 행사장인 리셉션장에 도착하여 군중 속에 잠복하였다. 16시경에 군경 50여명의 경호를 받으며 대통령이 도착하여 환영 군중과 악수를 할 때, 접견 대열에 끼어 차례를 기다리던 "촐골즈"는 자기의 접견 차례가 되자 대통령 앞으로 다가서며 왼손으로 악수를 청하는 척하며, 오른손에 은닉하였던 권총으로 2발을 발사하였다. 대통령의 흉부와 복부에 명중시켜 중상을 입힌 촐골스는 현장에서 체포되고, 중상을 입은 맥킨리 대통령은 병원에서 긴급 치료를 받았으나 1주일 후에 사망하였다. 이 때 경호 경비원들은 촐골즈의 인상이 순진하게 보여 거들떠보지도 않았으며, 그의 앞뒤에 있던 털보와 거구의 흑인만을 감시하였다.

47) 양재열, 전게논문(석사학위논문), 29면.

이 사건에서 우리는 그 당시 경호근무자들이 인상에 초점을 두고 경계 대상자들을 감시했다는 것을 알 수 있다. 범인의 인상이 순진하게 보여 거들떠보지도 않았고 의심도 하지 않았으며 그의 앞뒤에 있던 거구의 흑인만을 감시했던 것이다. 범인의 인상이 순진하게 보였다고 감시 및 경계를 소홀히 한 결과였다.

범인 체포 후 심문시 경호책임자가 범인을 처음 보는 순간 "아니, 이렇게 순진한 사람이?"하고 놀랐다는 말은 인상에 의한 얼굴, 눈, 손을 감시하라는 기존의 이론에 수정을 가하는 계기가 되었다.

또한 여기서 우리는 좋은 교훈을 찾아낼 수 있다. 즉 "경호원의 편견"을 지양해야 된다는 것이다. 범인에 대한 편견, 악인의 이미지 등이 고정 관념에 쌓여 '악인은 험상궂다'라는 타성적 생각은 과감히 버려야 한다. 경호원은 보편적인 생각을 뛰어 넘어야 한다.

위해자의 모습은 다음과 같은 글에서 잘 설명되고 있다.[48]

첫째, 위해자의 모습은 당신이 만나는 첫 사람, 둘째, 셋째, 넷째 사람과 닮았다.

둘째, 자신도 모르는 사이 악인은 항상 험상궂어야 하는 것으로 몸에 배었기 때문이다. 경호원은 그러한 편견을 버려야 하며 냉철하여야 하고 일단 누구든 의심하고 보아야 한다.

셋째, 외모로 즉 인상으로 위해 기도자를 가려내기란 매우 어렵다. 행동이 부자연스러운 자를 살펴야 하고 주변 상황과 환경에 조화되지 않는 점들을 경호원들은 찾아내야 한다.

맥킨리 대통령의 암살 사건과 상기와 같은 교훈 관계로 사건 이후 현재까지 경호원은 경계시 인상에 초점을 둔 얼굴, 눈보다도 구체적으로 손을 더 강조한다.

왜냐하면 모든 위해 도구는 손을 이용하며, 무엇인가 들고 있다든가 또는

48) U.S. CID, *op. cit.*, p. 75.

그림 2-11 경호원의 근무 자세(손)[49]

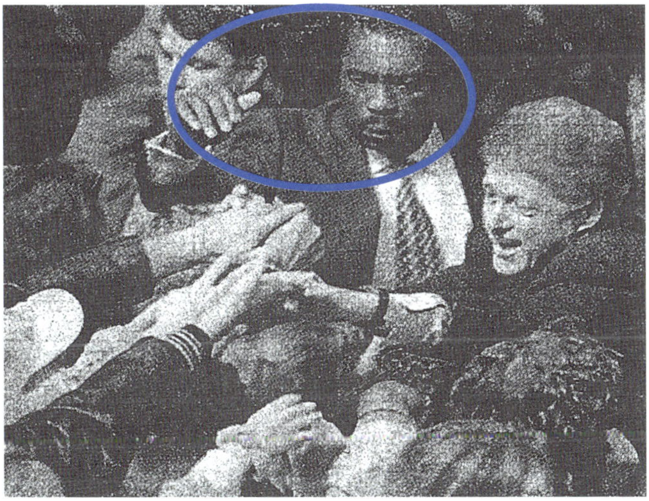

클린턴 유세 지원 빌 클린턴 美 대통령이 7일 미시간 州 플린트에서 민주당 후보들에 대한 지원 유세를 마친 후 몰려든 군중들과 악수를 나누고 있다. (플린트 AP聯合)

오바마 대통령 군중 악수시 경호원의 근무 자세(손을 감시)

포켓에 들어 있는 손은 위험하기 때문이다. 예를 들어 소지품, 손에 댄 판목이나 붕대, 어린이 인형, 지팡이 등을 경호원은 있는 그대로 보아서는 안 된다.

49) 중앙일보, 1994. 11. 8.자.

경호대상자와 많은 군중이 접촉하는 과정에서 경호원은 경호대상자를 효과적으로 보호하기 위해서는 경계 대상자들의 손을 감시해야 한다.

〈그림 2-11〉은 94년도 미국의 중간 선거시 클린턴 대통령이 유세 지원간 경호원의 근무 자세이다.

악수하는 많은 군중들의 얼굴, 눈을 보는 것이 아니라 구체적으로 악수하는 사람들의 손을 보고 있으며 혹시 있을지도 모를 위해 행위를 예상하여 경호원 자신의 손도 유사시 신속히 대처하기 유리한 위치에 있음을 알 수 있다.

오바마 대통령이 군중과 악수시에도 경호원은 군중들의 손을 주시하는 것을 볼 수 있다.

2. 무장의 해제

범인을 제압시에는 확실한 제압을 해야 하며 우선 범인의 무장을 해제시켜 제2의 공격이 없도록 해야 한다.

범인을 제압하는 과정에서 무장을 해제하지 않아 범인의 제2공격을 받아 경호대상자가 사망케 되는 대표적 사례를 1908년 발생한 「카를로스 1세」 포루투갈 국왕 및 왕자 암살 사건을 소개해 보기로 한다.

이 사건에서 많은 경호적 교훈을 얻을 수 있으나 가장 중요한 것은 범인들의 양동 작전에 기만 당했다는 것이다. 범인 중 1명이 서쪽에서 소란을 피워 경호원들을 유인하고, 다른 범인이 허점을 이용하여 반대편에서 공격을 하였다.

또한 근접 경호원들의 경호에 대한 이해 부족도 컸다. 행차 도중 위험에 봉착하였을 때, 근접 경호원들은 경호대상자를 중앙에 에워싸고 육탄으로 방어 태세를 취했어야 했으나 난입자에게 집중, 경호대상자를 방치함으로써 다른 범인이 마차에 뛰어오를 수 있게 하였다.

표 2-5 「카를로스 1세」 포루투갈 국왕 및 왕자 암살 사건 개요[50)]

일 시	1908년 2월 1일
장 소	리스본 연도
범 인	Manoel Buica, Alfredo Costa
범행수법	양동 작전
내 용	국왕 암살을 계획하고 국왕의 동정을 탐지해오던 우크라이나 민족주의 과격분자들은 1908년 2월 1일에 국왕과 왕자가 리스본에 개선한다는 정보를 입수하고 환영 군중이 운집한 연도상의 커브 길에서 거사하도록 준비하였다. 범인 중 1명은 서쪽 연도의 군중 속에 대기하다가 행차가 통과할 때 소란을 피워 경호원의 눈길을 돌리고, 다른 1명이 동쪽 연도에서 튀어나와 저격하도록 하였다. 범인들이 약정된 장소에서 잠복 대기 중 국왕이 왕자와 경호원 1명만을 마차에 동승시킨 채 환영하는 군중들에게 손을 흔들어 답례하면서 접근하였다. 국왕이 탄 마차가 커브 길을 완속으로 돌아가려는 순간, 서쪽 연도에서 뷔카가 경호원을 제치고 소리치며 뛰쳐나왔다. 이를 본 국왕 마차 주위의 경호원들이 소리난 곳으로 몰렸고, 동쪽 연도의 경호원들마저 서측 연도상의 난입자에게 몰려들었다. 이 때 동측면에 생긴 공백을 이용하여 동쪽에서 대기하던 코스타가 재빨리 국왕 마차에 뛰어 올라 국왕에게 권총을 쏴 2발을 목과 등에 명중시켜 사살하였다. 주위가 매우 혼란해지자 반대편에서 대기하던 뷔카가 카아빈 소총으로 왕자를 저격 2발을 명중시켜 왕자까지 사살하였다. 범인들은 경호원들에 의해 현장에서 체포되었다.

경호의 개념에서 전술한 바와 같이 우발상황이 발생했을 경우 우선 조치의 개념은 대피이지 대적이 아니다. 더우기 범인들의 양동 작전에 기만 당하다 보니 Buica이 확실한 무장의 해제를 하지 않아 범인의 제2공격으로 왕자까지 목숨을 잃는 비극을 초래했던 것이다.

사건 정황에 대한 이해를 돕기 위해 요도로 나타내면 〈그림 2-12〉와 같다.

50) 양재열, 전게논문(석사학위논문), 33면.

그림 2-12 포루투갈 국왕 및 왕자 암살 현장 요도

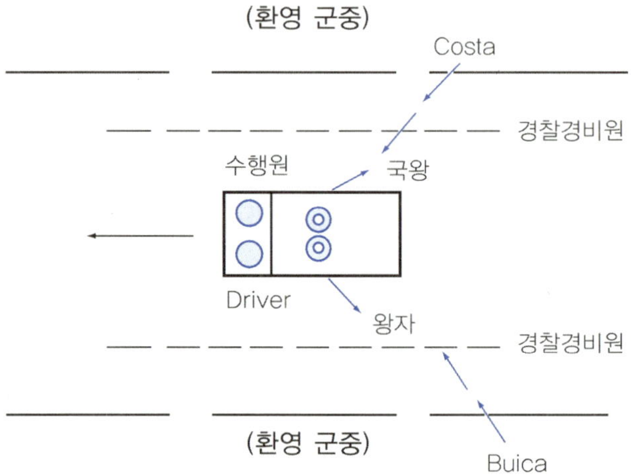

1차: Buica 공격 분위기 조성(경비병 주의 유도)
2차: Costa 공격(국왕)
3차: Buica 재공격(왕자)

3. 표적의 이동(경호대상자 대피)

이제까지의 위해 사례를 통해서 볼 때 위해 음모에는 대부분 공범이 있다. 따라서 우발상황 발생시 경호원은 범인들의 제 2 공격에 대비하여 즉시 표적이 되는 경호대상자를 신속히 위험 현장에서 안전 지역으로 이동시켜야 한다. 위험 현장에 경호대상자가 방치되어 있다는 것은 결코 있을 수 없다. 1972년 미국에서 발생한 "조지 월레스" 주지사 암살 기도 사건에서 우리는 표적 이동의 중요성을 찾을 수 있다.

1972년 4월부터 범인 「아더 브래머」[51]는 자기도 위대해질 수 있다는 망상에 사로잡혀 38구경 권총을 입수하고, 대통령 입후보자를 암살할 기회

51) 아더 브래머: 당시 21세, 초급 대학생, 월레스 주지사의 경쟁 후보자인 험프리 지지자.

를 노리고 있었다. 1972년 5월 15일 오후에 월레스의 선거 유세가 메릴랜드 주 동부 교외 약 50Km 떨어진 로렐의 한 쇼핑센터에서 있음을 알게 된 범인은 신거 유세장 군중 속에 미리 잠입하여 대기하였다.

범인은 저격의 기회를 노리고 있다가 유세가 끝나고 많은 군중들과 악수를 나누고 있는 월레스를 향하여 월레스 지지자인 것처럼 "월레스, 월레스!"하고 외치며 접근한 후 권총 5발을 발사하였다. 월레스는 4발의 총탄을 맞고 쓰러졌으나, 병원에서 치료를 받고 회복되었으며, 범인은 현장에서 경찰관들에 의해 체포되었다.

그 당시의 현장 요도는 〈그림 2-13〉과 같다.

그림 2-13 美, 알리바마 주지사 "조지 월레스" 암살기도 사건 요도

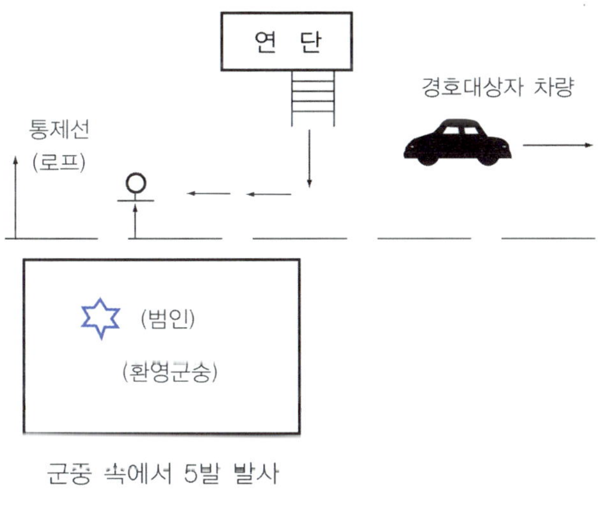

이 사건은 사건 발생 후 경호원들의 행동에서 문제점을 찾을 수 있다. 사건의 내용을 video 화면으로 볼 때 범인의 저격 후 모든 경호원들은 주지사를 아스팔트 위에 방치한 채 범인에게만 몰려 있는 것을 볼 수 있다. 월레

스 주지사가 저격 당한 후 경호요원들이 범인 브래머를 덮쳐 진압하는 동안 월레스는 보도 위에 완전히 방치되어 있고 부인만 월레스를 감싸고 울고 있는 장면을 볼 수 있다.

위해 음모에는 대부분 공범이 있다고 예상할 때 또 다른 공범이 있어 방치되어 있는 월레스를 향해 제2공격이 있었다면 현장에서 사망할 수도 있는 것이다.

경호의 목적은 경호대상자 보호이며 그 목적을 달성하기 위해 우발상황이 발생할 경우 우선적으로 조치해야 할 개념은 대적이 아니라 대피라는 것은 이미 논의된 상황이다.

경호원이 임무를 수행하기 전에 경호 이론에 입각한 상기 3대 필수 기본기는 반드시 터득한 후 경호 활동에 임할 때 경호대상자 보호에 보다 효과적이라 할 수 있다.

Chapter 3

경호의 기본 원리론

Chapter 3

Introdoctory · Security · Service

경호의 기본 원리론

제1절 3중 경호의 원리

모든 국가의 요인 경호에 있어서 3중 경호 원리를 공통적으로 채택하고 있으며 3중 경호의 기본구조는 경호대상자가 위치한 집무실이나 행사장을 기준으로 하여 내부·내곽·외곽으로 구분하여 3중으로 안전구역을 나타낸 것이다.

3중 경호 원리의 이해를 돕기 위해서 영국·미국·한국에 있어서의 개념을 비교해보기로 한다.

1. 영국의 3중 경호 원리[1)]

3중 경호는 국가 원수가 위치한 지역에서 가장 근거리부터 엄중한 경호를 취하는 순서로 따져 근접경호구역(Inner Ring), 중간경호구역(Center Ring), 외곽경호구역(Outer Ring)으로 나누고 이에 따른 경호요원의 배치와 임무가 부여되어 있는 것이다.

근접경호, 중간경호, 외곽경호를 거시적이고 철학적인 이론으로 정립한 경우는 영국 경시청 경호국이며 이를 실제 적용면에서 기법으로 요약한 경호기관은 백악관 경호실이다.

영국의 근접경호는 수상의 신변 보호 및 관저 경비이며 중간경호는 정복 경관의 일상적인 경찰활동, 교통 질서 정리, 순찰, 통신 등의 활동을 통해 수상의 경호를 담당하고, 외곽경호는 정보 분석, 공·항만 관리, 인적·물적 위해요소의 관리, 위해 발생 소지의 사전 제거 등을 통한 수상 경호 지원 근무를 의미한다.

그러나 3중 경호에 있어 경찰은 일반적으로 동일한 비중을 두고 있으며 오히려 외곽경호에 더욱 많은 비중을 두어 영국 수상 경호에 있어 가장 중요한 요소를 정보 분석으로 보고 이러한 정보 분석을 바탕으로 외곽경호에서 위험 요인을 사전에 차단하는 데에 초점을 두고 있다.

이러한 관점에서 볼 때 영국 수상 경호의 3중 경호의 원리는 경호 개념으로서 존재하는데 수상을 중심으로 하여 거리, 지역을 고려한 것이기는 하나 정보 분석적 차원에서는 단순한 거리 관념을 초월하여 경호의 철학적 개념으로 존재하고 있다.

즉 수상을 경호함에 있어 외곽경호는 수상이 집무실에 있을 때 러시아에서 일어나고 있는 올림픽에서의 영국 선수 활동, 이집트에 체류 중인 팔레비 왕의 동정 등도 전 세계적인 관점과 영국 시민의 입장에서 고려하여 수상

1) 최평길, “국가 원수 경호관리 개선 방안,” 문교부 정책과제 연구논문, 1981, 36~38면.

그림 3-1 영국의 3중 경호 원리의 구조

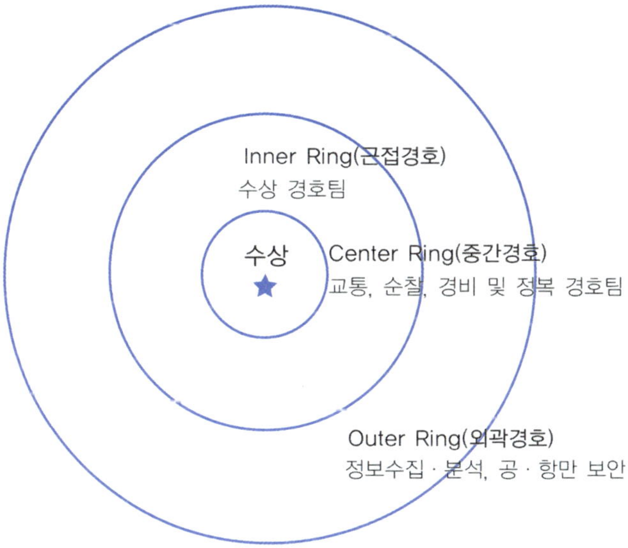

과 관련된 경호 상황을 분석하고 제기되는 위험 요인을 적절히 제거하는 조치 방책을 마련하는 것이다.

그러므로 영국 수상의 외곽경호는 모스크바에서도 진행된다는 다분히 정책적, 철학적인 개념으로 통용될 수 있는 것이다.

중간경호 개념 역시 모스크바나 이집트에서 발생된 위험 요인이 서서히 영국 수상 집무실로 접근한다고 고려될 때 이집트 공항이나 모스크바 공항, 또는 영국 히드루 공항이 중간 경호의 영역으로서 적절히 통제되는 개념일 수도 있는 것이다.

근접경호는 그러한 상황에서 직접적으로 수상 신변을 보호하는 경호인 것이다. 이런 상황에서 모든 경호는 원만히 이루어진다는 것이다.

영국의 3중 경호 원리는 거리를 고려하는 일반적 경호 원리이지만 정보분석적 차원에서는 외곽경호가 모스크바나 남아프리카까지 미치는 정책적, 철학적, 관념적 경호원리이다.

영국의 3중 경호 원리는 거리, 지역을 고려치 않고 동일한 비중을 두며 오히려 외곽경호에 더 큰 비중을 두었다고 할 수 있다.

영국의 3중 경호 원리를 도식으로 표시하면 〈그림 3-1〉과 같다.

2. 미국의 3중 경호 원리

미국의 비밀 경호대는 1865년 7월 5일 재무성 산하의 하나의 국으로 출발하였으며 최초에는 위조지폐를 단속하기 위해 창설되었다.[2)]

그러나 미국 대통령에 대한 위해 사례가 빈번해지자(1881년 제임스 가필드 대통령 암살, 1901년 윌리엄 맥킨리 대통령 암살) 의회에서는 대통령 경호의 필요성이 제기되었고 당시 미국에는 비밀 경호대(Secret Service)[3)]를 능가하는 수사기관이 없었으므로 경호 임무는 자연스럽게 1906년 의회의 공식 승인하에 비밀 경호대에 부과되었다.

미국에 있어서의 3중 경호 원리는 영국에서 그 개념을 도입한 관계로 개념은 영국과 동일하다.

그러나 영국의 경우 3중 경호의 개념을 거리, 지역을 고려하지 않고 동일한 비중을 두며 오히려 외곽경호에 더 많은 비중을 둔 데 비해 미국은 경호 행동반경을 거리의 개념으로 기술했다.

즉 근접경호란 사복 경호요원이 담당하는 반경을 나타내고 중간경호는 백악관 경호경찰 담당, 외곽경호는 백악관경호경찰 및 지방경찰에서 담당하는 반경을 나타냈다. 이는 지역의 개념으로 그 지역을 어느 부서가 책임을 지고 담당하느냐에 따라 근접경호, 중간경호, 외곽경호라는 3중 경호의 개념이 정립된 것이다.

---

2) John R. Simpson, *Moment in History*, U.S. Secret Service, 1994, p. 34.

3) 비밀 경호대 어원: 남북전쟁 중 북군의 첩보 부대로서 뛰어난 공적을 세우고 종전 후 폐지된 육군비밀정보부(Army Secret Service)를 기념하기 위해 비밀 경호대라는 명칭을 사용했다.

3. 한국의 3중 경호 원리

1963년 한국의 대통령경호실 창설 이후 세반 경호 기법은 미국 비밀 경호대(Secret Service)로부터 주로 전수받았으나 3중 경호 원리는 창설 초기 도입된 개념이 아니라 경호대상자의 위해 사례가 발생함에 따라 한국 경호 환경에 적합한 3중 경호 원리의 개념이 정립되었다.

한국에서 3중 경호 원리라는 용어가 경호 원리로 처음 등장하기 시작한 것은 1974년 8월 15일 문세광 사건 이후 경호활동 강화 조치 이후이다. 8. 15 문세광 사건[4]이후 영부인을 잃은 대통령경호실은 경호를 강화하기 위하여 3중 경호 원리에 의한 입체적인 경호를 실시하게 되었다.

그러나 이 시기의 3중 경호의 개념은 영국이나 미국의 경우처럼 근접, 중간, 외곽의 개념이 아니라 대통령이 위치한 지역에 대한 지하, 지상, 공중에 대한 입체적 3중 경호 작전을 의미하였으며, 이러한 개념이 지속적으로 발전하여 1983년 10월 9일 버마 아웅산 묘소 폭파 사건[5] 이후 군사 작전의 개념과 접목된 강력한 새로운 3중 경호의 원리가 도입되었다.

사건 이후 모든 경호 관리는 군사작전이라는 개념하에 공간의 확보와 점령에 주안점을 두었으며 3중 경호 원리의 개념도 지하, 지상, 공중의 개념에서 현재 사용되고 있는 1선, 2선, 3선의 개념으로 자리 잡았다. 1선은 안전구역으로 권총 및 수류탄 투척 거리를 고려하여 설정하고, 2선은 경비구역으로 소총 유효사거리를 고려하여 설정되고, 3선은 경계구역으로 소구경 곡사화기 유효사거리를 고려하여 경호 작전을 실시하는 지역을 의미한다. 한국에 있어서 3중 경호의 원리는 이와 같이 1선, 2선, 3선의 선의 개념으로

4) 1974년 8.15 기념식장인 장충동 국립극장에서 발생한 사건으로 경호실에 치욕적인 경호 실패의 교훈을 남겼음. 사건 당시 박정희 대통령은 신속히 방탄연대 뒤로 은폐하여 무사했으나 육영수 여사는 문세광이 쏜 제 4 탄에 우측 후두부에 맞아 절명함.

5) 북괴 공작원에 의해 자행된 버마 아웅산 묘소 폭파 사건은 당시 전두환 대통령은 무사했으나(아웅산 묘소 도착 전 폭파) 한국 수행원 및 미얀마측 인사 68명이 사망 및 부상당한 사건-사망 21명(한국 17명, 미얀마 4명), 부상 47명(한국 12명, 미얀마 35명).

그림 3-2 한국 3중 경호 원리의 구조

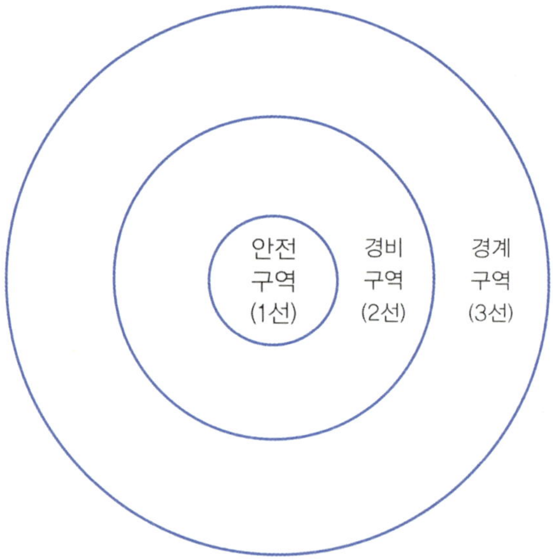

지금까지 경호의 기본원리로 채택되고 있다.

- ○ 안전구역(1선): 경호대상자의 신변안전에 결정적 위협을 줄 수 있는 지역으로 수류탄 투척 거리 및 권총 유효사거리를 고려하여 설정
- ○ 경비구역(2선): 옥내 행사장인 경우 경계책 내곽지역, 옥외 행사장인 경우 소총 유효사거리를 고려하여 설정
- ○ 경계구역(3선): 소구경 곡사화기 유효사거리를 고려하여 설정

경호 원리 중에서 3중 경호 원리는 가장 중요하고 기본적인 경호 원리라고 할 수 있다. 각국의 경호기관에서 무엇을 위해, 무엇 때문에 3중 경호 원리를 공통적으로 채택하고 있는가? 3중 경호 원리의 개념은 다소 차이가 있지만 공통적으로 채택하는 목적은 무엇인가?

그것은 두말할 것도 없이 경호의 목적인 "경호대상자의 보호"를 위한 안전 구역을 확보하기 위한 것이다. 안전 구역에 관한 정의에 대하여 미국

비밀 경호대 교범에는 「안전 구역이란 비극적 결과를 초래하지 않을 정도로 충격을 흡수할 수 있는 구역이다」[6]라고 정의하고 있다. 즉 행사장에서 비상사태가 발생할 경우 그 충격을 흡수하기 위해 또는 비극적 결과를 막기 위해 3중으로 안전한 구역을 설정하는 것이 3중 경호 원리의 근본 목적이라 할 수 있다.

대통령이 움직이거나 정지중이거나를 막론하고 그 주변을 360도 안전하게 방어한다면 어떠한 위협이 발생하더라도 이 구역은 갑작스런 공격을 저지 또는 무력화 시킬 수 있는 기회를 제공 받는 것이다. 그러나 경호 인력의 부족과 안전 구역의 확대에 따른 과잉 통제로 나타날 수 있는 시민의 기본권 제약이라는 문제점 때문에 안전 구역의 범위는 점자 축소되고 통제 또한 약화되고 있으나 국가 원수에 대한 경호의 기본 원리로 지속적으로 적용되어야 한다는 것은 재론의 여지가 없다.

중요한 것은 안전구역의 크기보다는 위협을 탐지하고 저지시킬 수 있는 경호원의 눈과 귀 그리고 즉각 반응 자세이다. 안전 구역은 단지 위협에 대처하는 시간상의 여유를 더 제공할 뿐이다. 경호원들은 경호대상자 주변 360°를 자기 시각의 한계에 따라 감시구역을 분리, 유지하고 있어 자신에게 할당된 테두리 안에서 일어나는 모든 사소한 움직임도 감시한다. 축구 경기에서 보듯이 지역 방어란 방어자의 실수가 없는 한 뚫기 힘든 것이다.

지금까지 설명한 영국, 미국, 한국의 3중 경호 원리에 대한 개념을 비교하면 〈표 3-1〉과 같다.

6) Philip Melanson, *The Politics of Protection*, Massachusetts University, 1988, p. 144.

표 3-1 3중 경호 원리의 비교[7)]

구 분	영 국	미 국	한 국
경 호 기 관	런던경시청 특수임무부 (1839년 창설)	국토안보부 비밀 경호대 (1906년 경호담당)	대통령실 경호처 (1963년 창설)
3중 경호 개념	거리, 지역을 고려치 않고 동일한 비중을 두며 오히려 외곽경호에 더 큰 비중을 둠	경호 행동 반경을 거리 개념으로 기술	군사 작전이라는 개념하에 공간의 확보와 점령
정 의	근접경호(Inner Ring) - 수상 신변 보호 및 관저 경비 중간경호(Center Ring) - 정복 경찰의 활동, 교통 통제, 안전 활동 외곽경호(Outer Ring) - 정보 수집 분석, 항만 관리, 위해요인 명부 작성	근접경호(Inner Ring) -사복 경호요원 담당 중간경호(Center Ring) - 백악관 경호경찰 및 경호요원 외곽경호(Outer Ring) - 백악관 경호경찰 및 지방경찰	안전구역(1선): 내부 - 완벽한 통제 경비구역(2선): 내곽 - 부분적 통제 경계구역(3선): 외곽 - 관찰 및 거부 작전

제2절 자연 방벽 효과의 원리

경호대상자는 국내외의 정치적, 사회적 문화적 여건 때문에 항상 대중 앞에 노출되어 그들과 대화를 해야 하므로 국민과의 접촉 과정에서 악 개념인 위해 행위가 존재하기 때문에 항상 불의의 사고 내지는 조직 폭력, 테러의 위험이 예상된다. 이러한 위해 요소를 예방하고 실제적이고 주도면밀한 범행의 성공 기회를 최소화, 무력화 시키기 위해 3중 경호 원리에 의한 안전구역 확보로 경호대상자 보호를 위한 사전 안전 조치가 강구되며 지금부터 논의될 「자연 방벽 효과의 원리, 대응 시간의 원리, 주의력 및 대응 효과의

7) 양재열, "경호의 기본적 이론에 관한 연구," 연세대학교 행정대학원 석사학위논문, 1995, 46면.

원리」[8]는 경호대상자가 임석했을 경우 그 때부터 근접 경호요원들에게 적용되고 수행되어지는 기본적 경호 원리라고 할 수 있다.

우선 자연 방벽 효과의 원리부터 살펴보기로 한다.

근접 경호요원들이 경호대상자를 중심으로 정지간 또는 이동 축선상에서 주변의 인적, 물적 취약 요소에 따라 다양한 형태의 인적 방벽을 형성하여 경호대상자를 최대한 방호하기 위한 근접 경호 활동의 원리로서 수평적 방벽 효과와 수직적 방벽 효과로 나누어 설명할 수 있다.

1. 수평적 방벽 효과

근접 경호요원들에 의해 제공되는 수평적 방벽 효과를 알아보기 위해 평균치로 계산된 한국인 성인 남자의 평균 체위 면적을 인용해 보기로 한다.

표 3-2 한국인 성인 남자의 평균 체위 면적

체 위	정(후)면	측 면	대 각 면
넓 이	50cm	20cm	30cm

* 자료: 스포츠과학연구원.
* 한국인 평균 신장 남: 174cm, 여: 160cm(자료, 2010, 지식경제부 기술표준원).

위해 기도자 입장에서 경호대상자를 위해할 수단은 여러 가지가 있겠으나 "총기"로 공격한다는 것을 가상해 볼 때 위해 기도자 입장에서는 경호대상자와 근접해 있는 경호원이나 수행원 등으로 '공격의 방해'를 받는다.

따라서 위해 기도자는 방해 요인을 피하여 공격할 것이므로 경호대상자 주변에 있는 근접 경호원은 서있는 자신의 신체(Body)로 자연적인 방벽 효과를 제공하게 된다.

예를 들어 경호대상자와 각각 1m와 2m의 거리를 유지한 근접 경호원

8) 스포츠과학연구원, 「Moter learning」의 이론 참조.

A와 B가 정면(후면)으로 위치할 시 위해 대상 거리 20m에서 얻을 수 있는 자연 방벽 범위는 〈그림 3-3〉과 같다.

그림 3-3 수평적 방벽 효과

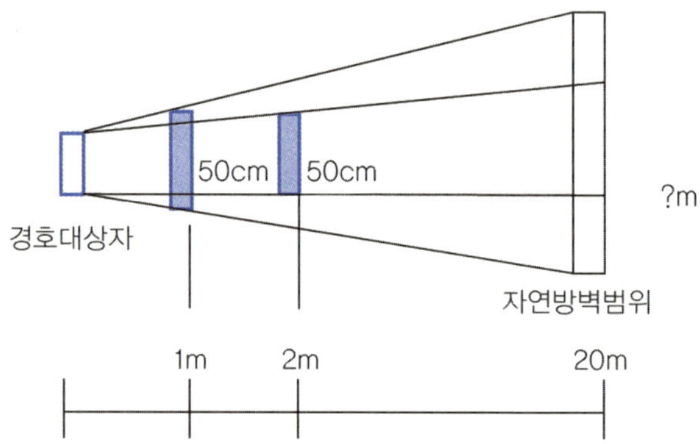

* 한국인 성인 남자의 평균 체위 면적
정(후)면: 50cm, 측면: 20cm, 대각면: 30cm

표 3-3 자연 방벽 넓이의 공식

○ 근무자 체위 넓이 : 자연 방벽 넓이=근무자 안전 거리 : 위해 대상 거리

○ 자연 방벽 넓이×근무자 안전 거리=근무자 체위 넓이×위해 대상 거리

○ 자연 방벽 넓이 = $\dfrac{\text{근무자 체위 넓이} \times \text{위해 대상 거리}}{\text{근무자 안전 거리}}$

○ 근무자 A의 자연 방벽 넓이 = $\dfrac{0.3(m) \times 20(m)}{1(m)} = 6(m)$

○ 근무자 B의 자연 방벽 넓이 = $\dfrac{0.3(m) \times 20(m)}{2(m)} = 3(m)$

상기에서 보는 바와 같이 경호대상자와 가까이 거리를 유지할수록 수평적 방벽 효과는 보다 크다는 것을 알 수 있다.

그러나 경호대상자에게 근접할수록 경호대상자의 행동의 자유를 보장할 수 있는 공간은 제공되어야 한다. 즉 경호가 경호대상자 행동의 자유를 불필요하게 침해하거나 불편하지 않도록 배려해야 한다.

이러한 방벽 효과의 원리를 근거로 하여 각국의 경호 전문기관에서는 도보 이동간 대형에서 다이아몬드 대형이 기본 대형으로 채택되고 있다.

2. 수직적 방벽 효과

경호대상자 주변에 있는 경호원의 체위에는 큰 차이가 없으나 신장은 각 개인에 따라 차이가 있다. 그 신장의 차이는 수평적 의미의 방벽 효과 보다 수직적 의미의 방벽 효과에 영향을 미친다.

즉, 경호 활동시 근접 경호와 방벽 효과 측면에서 볼 때 체격이 커야 하며, 신장도 큰 요원이 우발상황 발생시 경호대상자를 보호하는 데 보다 더 큰 방벽 효과를 제공하게 된다.

따라서 경호원은 우발상황 발생시 수직적 방벽 효과를 높이기 위해서는 절대로 무릎을 굽히거나 몸을 움츠리거나 은폐시켜서는 안 된다. 자신의 체위를 최대한 확장[9]하여 경호대상자에 대한 방벽 효과를 극대화하며 공격 방향으로 대응해야 한다.

이와 같은 수직적 방벽 효과의 이론에 입각하여 대통령실 경호처 특정직 공무원은 응시 자격[10]에 신장은 대한민국 평균 신장 이상인 자에 한하여 자격을 주고 있다.

9) 체위 확장의 원칙: 제 4 장에서 세부 설명.

10) 대통령실 경호처 홈페이지(www.pss.go.kr)채용 안내 참조.
응시 자격
① 국가공무원법 제33조의 결격사유가 없는 자
② 만 30세 이하인 자
③ 병역 필한 자(면제자 포함)
④ 신장 171cm 이상인 자(여성 159cm)
⑤ 나안시력 0.8 이상인 자
* 시험절차: 서류전형-필기시험-신체 및 인성검사-체력검정-면접시험-신원조사

그림 3-4 수직적 방벽 효과

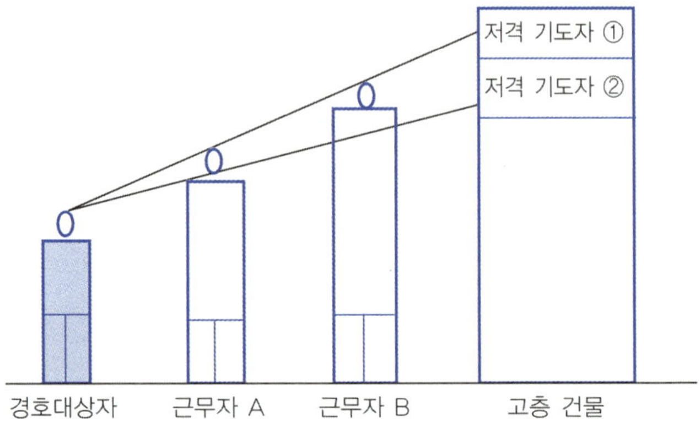

근무자 B: 저격 기도자 ①, ② 모두로부터 방호 가능
근무자 A: 저격 기도자, ②만을 방호 가능

〈그림 3-4〉와 같이 체격조건이 클수록 보다 큰 수직적 방벽 효과를 얻을 수 있다.

그러나 수평적 방벽 효과에서도 설명한 바와 같이 경호가 경호대상자의 행동의 자유를 불필요하게 침해하거나 불편하지 않도록 배려가 되어야 하며 경호대상자의 자유스런 행동도 보장하고 우발상황 발생시 경호원으로서 즉각적 방호 조치에 가장 이상적인 거리는 2m를 기준으로 하여 경호대상자와 경호원과의 안전 거리를 유지하는게 가장 바람직하다.

제3절 대응 시간의 원리

이 원리는 위해 기도자가 경호대상자를 향하여 총으로 위해를 시도할 경우 경호원의 입장에서 범행의 순간을 인지하고 경호원 자신의 총을 뽑아 대응하는 것이 경호대상자를 보호하는 데 효과적이냐, 아니면 경호원 몸(Body)으로 대응하는 것이 경호대상자를 보호하는 데 효과적이냐를 설명하는 이론이다.

결론부터 말하자면 위해 기도자가 총으로 위해를 가할 경우 경호원은 총으로 대응하는 것보다 몸으로 대응하는 것이 경호의 목적인 경호대상자 보호에 더 효과적이라는 것이다.

대응 시간의 원리를 설명하기 위하여 미국 비밀 경호대의 경호 교범에 명시된 신체 반응 시간, 사격 소요 시간, 대응 시간 등의 기본 이론을 인용해 보기로 한다.[11)]

아래에 나타난 시간은 스포츠과학연구원 및 미국 비밀 경호대 실습 및 실험을 통한 평균적인 수치임을 미리 밝혀둔다.

1. 우발상황 발생시 경호원의 대응 시간

인간이 외부의 자극에 대하여 위협을 인지하고 뇌의 판단과 명령을 통하여 신체적 반응을 개시할 때까지의 시간을 '신체 감응 시간'[12)]이라 하며, 일반성인의 평균 신체 감응 시간은 0.3초가 소요되는 것으로 알려져 있다. 이 시간은 개인차가 있어 짧게는 0.1초로부터 길게는 0.5초까지 소요된다.

또한 총을 뽑아서 거총 후 격발을 하여 실탄이 총구를 이탈할 때까지의 시간을 '사격 소요 시간'이라고 할 때, 이 때 소요되는 시간은 무조준 사격시 평균 0.4초, 조준 사격시 평균 2.2초[13)]가 소요된다. 한편 미국의 비밀 경호대 자료에 의하면 경호원이 표적을 인지하고, 총을 뽑아 조준사격을 하는 데 걸리는 시간은 평균 2.5초[14)]로 보고 있다. 그러므로 조준 시간은 평균 1.8초

11) Philip Melanson, *op. cit.*, p. 155.
12) 스포츠과학연구원 자료.
13) 스포츠과학연구원 자료.
14) Philip Melanson, *op. cit.*, p. 156.

[2.5-(0.3+0.4)]가 소요됨을 알 수 있다.

실탄이 7m를 비행하는 데 소요되는 시간은 0.025초이며 일반 성인 남자가 100m를 주행하는 데 소요되는 시간은 평균 14.02초[15)]로 알려져 있다.

이와 같은 데이터를 정리하면 〈표 3-4〉와 같다.

표 3-4 신체 감응 시간과 사격 소요 시간

구 분	내 용	비 고
신체 감응 시간	인간이 외부의 자극에 대하여 위협을 인지하고 뇌의 판단과 명령을 통하여 신체적 반응을 개시할 때까지의 시간	일반 성인 평균 0.3초
사격 소요 시간	총을 뽑아서 격발을 하여 실탄이 총구를 이탈할 때까지의 시간 * 조준사격 = 무조준 사격 시간(0.4초) + 조준 시간(1.8초)	· 무조준 사격시: 평균0.4초 · 조준 사격시: 평균 2.2초
대응 시간	경호원이 표적을 인지하고 총을 뽑아 조준 사격하는 데 걸리는 시간 신체 감응 시간(03초) + 조준 사격 시간(2.2초)	평균 2.5초
제압 시간	대응시간 + 탄두 속도/7m =2.5초 + 0.025초(280m/sec) =2.525초	평균 2.525초

2. 대응 시간

〈표 3-4〉에서 정리된 평균 데이터를 기준으로 하여 근접 경호원이 위해 기도자에 대응하는 데 소요되는 시간을 도표로 나타내면 〈그림 3-5〉와 같다.

15) 스포츠과학연구원 자료: 탄두 비행 속도 280m/sec, 7m 비행 속도: 0.025초.

그림 3-5 경호원의 대응 시간

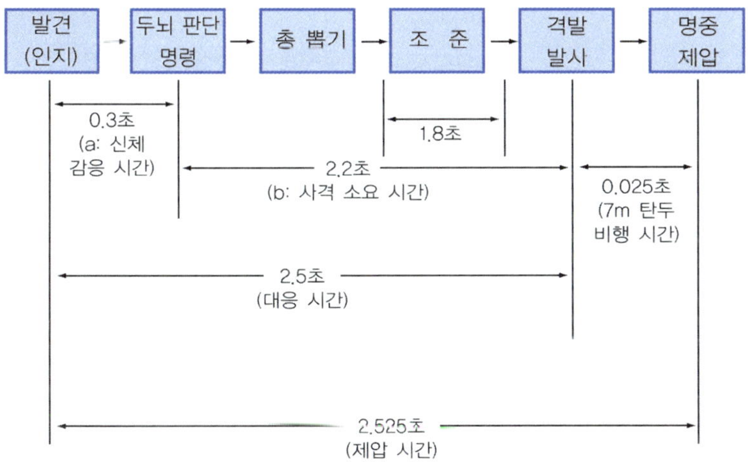

3. 위해 기도자의 범행 단계와 경호원의 대응 단계 비교

위해 기도자가 총을 사용하여 범행을 기도할시 경호원이 총과 몸(Body)을 사용한 이상적인 대응 관계를 비교해 보도록 한다.

이해를 돕기 위하여 다음과 같이 기호를 사용하여 설명해 보자.

- ㅇ신체 감응 시간 : $a = 0.3(\text{sec})$
- ㅇ사격 소요 시간 : $b = 2.2(\text{sec})$
- ㅇ질주 속도 : $V_a = \dfrac{100}{14.02} = 7.13(m/\text{sec})$
- ㅇ범인과 경호내상자와의 거리 : $y(m)$
- ㅇ탄알 비행 속도 : $V_b = \dfrac{7}{0.025}(m/\text{sec})$
- ㅇ경호원이 방벽 형성을 위해 이동할 거리 : $X(m)$

그림 3-6 위해 기도자의 범행 단계와 경호원의 대응 단계 비교

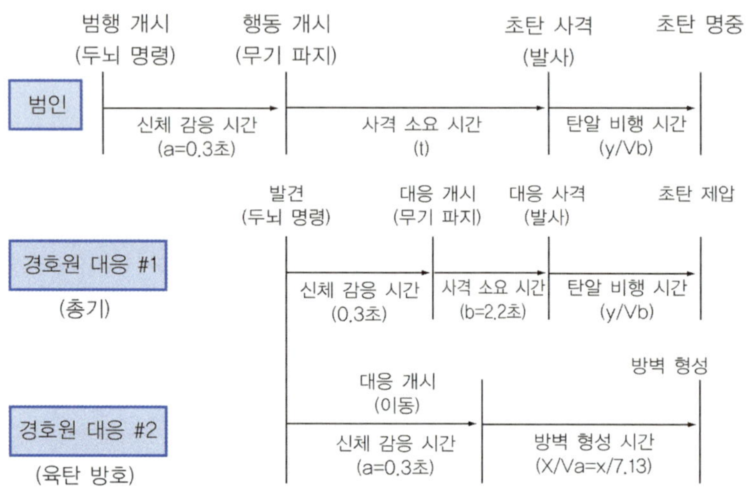

위해 기도자의 행동 단계에 따른 소요 시간을 그래프로 표시한 것과 경호원이 대응하는 데 필요한 소요 시간을 그래프로 표시한 것을 비교해 보았다. 경호원의 대응 개시는 범인의 행동 개시를 관측한 순간부터 즉각적인 대응을 하는 가장 이상적인 발견을 고려하여, 하나는 경호원이 범인을 발견한 위치에서 이동 없이 무기로써 대응하는 것을, 다른 하나는 경호원이 범인을 발견한 위치에서 경호대상자의 전면으로 X(m)만큼 질주하여 육탄 방벽을 형성하는 것을 비교해 보았다.

4. 방호 성공을 위한 시간적 조건

가. 경호원 대응 방법의 효과성을 검토하기 위해 〈표 3-5〉와 같은 조건을 살펴 보자.

표 3-5 방호 성공을 위한 조건

상 황	방호 성공을 위한 조건(=A>B)	
	A: 범행 행동 개시 후 소요 시간	B: 범행 인지 후 대응 소요 시간
대응#1(총기)	t + y/Vb	a + b + y/Vb = 2.5 + y/Vb
대응#2(육탄 방호)	t + y/Vb	a + X/Va = 0.3 + x/7.13

나. 방호 성공을 위한 소선인 A〉B를 만족하려면 다음과 같이 되어야 한다.

#1의 경우: $t+y/Vb > 2.5+y/Vb$

$$t > 2.5 \quad \cdots\cdots \text{(a)}$$

다. 이것은 경호원이 초탄으로 범인을 제압할 수 있으려면 범인의 초탄 발사 시간은 2.5초 이상이 소요되어야 한다는 것을 보여 준다.

라. 그러나 범인의 초탄 발사 시간이 2.5초 이내이고 범인이 초탄 표적을 명중시킨다면 경호원의 대응은 무의미하는 것을 의미한다.

#2의 경우: $t+y/Vb > 0.3+x/7.13$

$$t > 0.14x+0.3-y/Vb$$

여기서 $y/Vb=0$으로 보면

$$t > 0.14x+0.3 \quad \cdots\cdots \text{(b)}$$

마. 식(a)와 식(b)를 근거로 하여 그래프를 그리면 〈그림 3-7〉과 같다.

그림 3-7 경호원의 방벽 형성 이동 거리와 범인의 사격 소요 시간과의 관계

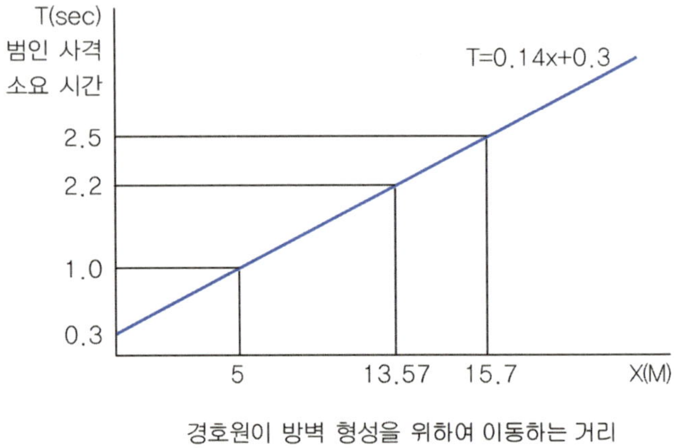

바. 이 그래프를 통하여 알 수 있는 것은 경호원이 5m를 이동하여 방벽을 형성할 수 있다면 위해 기도자가 사격하는 데 1초 이상이 소요되어야 방호가 성공할 수 있고, 역으로 위해 기도자가 사격 소요 시간이 2.2초라면 경호원은 경호대상자와 13.6m 이내에 있어야만 위해 기도를 인지한 직후 행동으로 옮겨 경호대상자를 방호할 수 있다.

사. 단 이것은 범인의 초탄 명중 실력과 경호원이 범인 조기 발견(범인의 범행 행동 시작시 발견)을 가정으로 한다.

미국 비밀 경호대의 훈련 교범에는 대응 시간의 원리에 대하여 부연 설명하고 있는데 그 내용을 인용해 보기로 한다.[16]

경호원의 신속한 반응이란 암살 기도자의 공격과 동시에 즉각적으로 총을 뽑아 대응 사격을 하는 것이 아니다. 전술한 바와 같이 경호원의 최우선 임무는 대통령을 보호하는 것이지 총을 뽑아 쏘는 것이 아니다.

16) Philip Melomson, *op. cit.*, p. 155.

비밀 경호대 훈련 교범은 이 점에 대해 그 이유를 다음과 같이 설명하고 있다. 경호원이 총을 뽑아 공격자를 대응 사격하는 시간은 암살범 입장에서 보면 그의 목적을 달성하기에 충분한 시간이다. 즉, 경호원이 사건 발생 시 즉각적인 대응으로 그의 총집에서 총을 뽑아 목표를 겨냥, 발사하는 시간은 평균 2.5초가 된다.

2.5초란 시간은 암살범이 75피트(약 25m)를 뛰어나갈 수 있는 거리이고, 만약 대통령이 탑승한 전용차가 시속 20마일로 암살범이 위치한 반대 방향으로 진행하고 있다면 약 73피드(약 24m)를 나아갈 수 있다.

그러므로 경호원이 총을 뽑아 사격할 수 있는 2.5초 이내에 암살범과 대통령 간의 거리는 최대 148피트는 (전용차 내 대통령이 위치한 서리 약 3m는 제외) 쉽게 막을 수 있다는 논리가 나온다.

경호대상자가 임석한 행사장에서 위해 기도자가 위해를 시도할시 경호원이 총기를 사용한다는 것은 경호대상자 보호에 성공적인 조건이 되지 못한다.

범행의 시기는 위해 기도자가 먼저 선택하며, 위해 기도자의 초탄 발사 후 경호원은 행동으로 옮기기 때문에 전술한 내용처럼 범인의 사격 소요 시간이 2.5초보다 더 적은 시간 내에 사격을 하여 범인을 제압한다는 것은 실제적으로 불가능하다고 볼 수 있다.

경호원이 사격을 하는 그 시간에 경호대상자에 대한 신속한 방호가 오히려 경호대상자 보호에 성공적 조건이 된다.

1981년 3월 30일 발생한 '레이건 저격 미수 사건' 때에도 경호원들은 범인 힝클리를 향해 총 한 방 쏘지 않고 신속하게 대통령 방호 및 대피에 주력했던 것이다.

제4절 주의력 효과와 대응 효과의 원리

이 원리는 경호대상자를 보다 효과적으로 보호하기 위해 인적 경호 대상인 군중과 경호원과의 적정 거리를 나타내는 이론이다. 경호대상자(특히 대통령)은 정치인인 관계로 국민과 끊임없이 접촉을 해야 하며 이것은 국민과 대통령 간의 필수불가결한 커뮤니케이션 방법이라고 경호의 개념에서 설명한 바 있다.

다수의 군중과 접촉하는 과정에서 위해 기도자가 위해를 목적으로 경호대상자에게 달려든다고 가정할 때 근접 경호원은 신속히 대응을 해야 한다.

그러나 대응하는 경호원은 위해 기도자를 볼 수 있는 주의력이나 대응 효과면에서 거리에 의해 많은 영향을 받는다는 것이다.

인간의 신체적 감응 시간은 0.3초라고 하였다. 이 시간은 일반 성인의 경우에 2.14m(0.3Va)를 질주할 수 있는 거리이다. 다시 말하면 훈련된 경호원의 경우에 있어서 위해 기도자가 2.14m 이내의 거리에서 근접 경호 대형을 향해 뛰어든다면 이에 대응하여 방호 체제를 구축할 수 없고, 위해 기도자가 근접 경호 대형의 원주를 통과한 후에야 경호원이 반응을 할 수밖에 없다는 귀결에 이른다.

1. 신체 감응 시간(0.3초) 내 질주 거리[17)]

$0.3초 \times 7.13(m/초) = 2.14m$

신체 감응 시간 0.3초 내 질주 거리가 2.14m 갈 수 있다는 것은 곧 달

17) 스포츠과학연구원 자료(질주 속도/초).
- 성인 남자의 100m 평균 질주 속도: 14.02초(1초에 평균 7.13m).

려 나오는 위해 기도자를 경호원이 감응 또는 포착하는 순간, 그 위해 기도자는 이미 경호대상자에게 2.14m를 더 접근할 수 있는 시간이다. 즉 2.14m 이하로 군중과 가까이 위치한 경호원은 범인을 서지할 수 없게 되므로 효과적인 경호대상자 보호를 위해서는 군중과 경호원의 거리는 2.14m 이상 이격되어야 한다는 논리가 나온다.

그러므로 군중과 경호원과의 거리는 약 2m 이상이 이격되어야 하며 경호원과 경호대상자 간의 거리를 2~3m로 유지한다는 것은 경호대상자와 군중과는 4~5m를 유지해야 한다는 것이 된다.

영국에서는 "수상이 군중 앞에 나타날 때에는 4m 이내로 접근할 수 없도록 경찰 배치보다는 바리케이트를 설치한다"[18]라고 강조하는 이유가 여기에 있다.

2. 주의력 효과와 대응 효과의 관계

건전한 시력을 가진 사람이라 해도 시선을 중심으로 상, 하, 좌, 우 30도 이외의 부분은 주의력이 잘 미치지 못하는 것으로 알려져 있다. 사람이 어느 현상에 대하여 주의력을 발휘하고자 할 때, 어느 일정한 지점에 집중하는 경우와 전방 전체에 주의를 기울이는 것은 주의력의 효과 면에서 차이가 있는바, 주의하고자 하는 대상이 크면 클수록 또는 멀리 떨어져 있게 되면 주의력은 떨어지게 된다.

상기 "1", "2"의 원리에 입각하여 판단해 볼 때 경호대상자가 일반 군중 속에 있을 경우에는 경호대상자를 중심으로 하여 필요한 수의 경호원을 배치, 경호원과 군중과의 간격은 2.14m 정도가 이상적이라는 결론에 이르게 된다.

왜냐하면 (1) 주의력 효과 면에서는 경호원과 군중과의 거리가 가까울

18) 최평길, 전게논문, 120면.

그림 3-8 경호원과 군중과의 적정 거리 관계

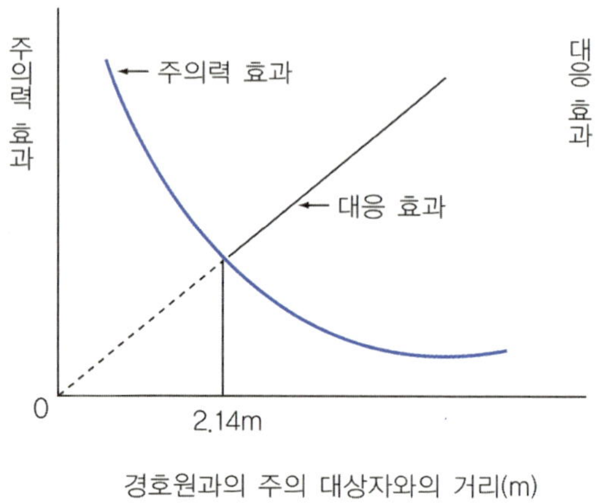

수록 유리하고, (2) 대응 효과 면에서는 경호원과 군중과의 거리가 2.14m 이상이어야 유리하다.

따라서 (1)항과 (2)항을 동시에 충족 시키는 것은 (1)항 ∩ (2)항 = 2.14m 가 된다. 이것을 도표로 나타내면 〈그림 3-8〉과 같다.

경호원의 주의력 효과 면에서는 군중과의 거리가 가까울수록 유리하고, 대응 효과 면에서는 군중과의 거리가 멀수록 유리하다. 따라서 경호원의 주의력 효과와 대응 효과를 극대화하기 위해서는 군중과의 거리는 도표에서 보는 바와 같이 공유점인 2.14m 이상 이격 되어야만 한다.

지금까지 2, 3장에서는 경호의 일반적 이론 및 원리에 대하여 중요한 위해 사례를 인용하여 이론을 정립해 보았다.

경호에 대한 일반적 논의로서 경호의 개념에 대한 일반론과 경호 임무를 수행하는 요원들이 경호 활동에 앞서 기본적으로 터득해야 할 경호원의 3대 기본기 및 실제 경호 활동 면에서 적용되는 경호의 4대 기본 원리를 설명하였다.

이러한 경호의 일반적 이론과 기본 원리를 바탕으로 실제 경호 활동 중 경호대상자에게 위협적인 상황인 우발상황이 발생할 경우 경호원으로서 어떻게 행동하고 조치를 하는 것이 경호대상자 보호라는 경호의 목적을 달성하는 데 보다 효과적인가를 제 4 장 우발상황 이론에서 상세히 설명하기로 한다.

Chapter 4

우발상황 이론

Chapter 4

Introdoctory · Security · Service

우발상황 이론

제1절 우발상황의 개념

1. 일반적 의미

우발(적)은 우연히 발생하는 것, 뜻밖에 일어나는 것, 어떤 일이 예기치 않게 우연히 일어나는 모양[1]이라고 정의한다. 따라서 우발사고는 우연히 일어난 사고이며, 영어로는 contingency라고 표현을 한다

상황은 일이 되어가는 형편이나 모양을 나타내며 사태란 일의 상태나 되어가는 형편이라고 뜻을 풀이하고 있는 것을 볼 때 상황이나 사태는 동일한 의미로 사용한다 해도 큰 무리는 없을 것 같다. 일반적 의미로서 우발상

1) 이희승, 「민중엣센스 국어사전」, 민중서림, 2006, 1870면.

황(우발 사태)는 "어떤 일이 예기치 않게 우연히 일어나는 상태"라고 정의할 수 있겠다.

2. 경호적 의미

경호적 의미로서의 우발상황(사태)이란 단어 자체의 뜻은 일반적 의미와 동일하다고 볼 수 있으나 경호 측면에서는 우연히 일어난 상태가 경호대상자에게 위해를 가할 수 있는 상황까지 발전할 수 있기 때문에, 경호적 의미의 우발상황이란 바로 비상사태를 염두에 두어야 한다.

비상사태란 경호대상자에게 심각한 위해 행위가 가해져서 즉각적인 경호 조치를 필요로 하는 아주 긴박한 위기 상황(In case of Emergency)을 말하며 이러한 상황에서는 경호원의 고도의 신속한 판단과 즉각적 경호 조치가 요구된다.

경호적 의미의 우발상황이란 경호대상자 주변에서 어떤 일이 예기치 않게 우연히 또는 계획적으로 일어나는 상황[2]이라고 정의하며 그 유형으로는 행사장에 소등이 된다든가, 전구가 파열된다든가, 비위협적인 진정서 투서 행위나 소란 행위, 위해 기도자의 제반 위해 행위 등이 모두 포함된다.

왜냐하면 행사 진행 중에 갑작스런 소등이나 전구가 수명이 다해 파열된다든가 소란 행위 등은 경호대상자에게 직접적인 위해 행위는 되지 않는다하더라도 경호원은 소등, 파열, 소란 행위 그 자체로 판단을 내려서는 절대 안 되며 위해 기도자가 '공격 여건을 조성하기 위한 술책'이라는 것도 예상하여 항상 비상사태를 염두에 두어야 한다.

따라서 경호적 의미의 우발상황이란 비상사태 개념으로 받아들여야 하고 즉각적인 경호 조치가 요구되는 상황이라고 할 수 있다.

---

2) 양재열, "경호의 기본적 이론에 관한 연구," 연세대학교 행정대학원 석사학위논문, 1995, 68면.

제2절 우발상황 발생시 행동 이론

그림 4-1 경호적 의미의 우발상황시 조치 요령

행사장과 어울리지 않는 상황	(소등, 정전, 유사 총성, 진정서, 소란, 위해 행위)
↓	
자체 판단 금물	(위해 기도자가 공격 여건을 조성하기 위한 술책임을 염두)
↓	
즉각적 경호 조치	SCE 원칙

1. SCE 원칙

경호란 순간을 위해 싸우는 활동이다. 그 순간이란 바로 경호활동 중 예기치 않게 우연히 일어나는 우발상황이 중요성을 나타내며 그 순간이 적절하고 신속한 경호 조치의 여부에 따라 경호의 존재 가치가 달려 있다고 해도 과언이 아니다.

"Only one time(오직 한 번, 오직 한 순간)" 이것이 경호를 전문으로 하는 요원들의 사생관이며 경호원의 존재 목적은 위기 상황시 자기 자신을 희생하여 경호대상자를 안전하게 보호하는 데 있다.

목숨을 바쳐 임무를 완수한다는 것은 최악의 상황을 가정한 것이므로 최선의 경호는 이러한 상황이 발생하지 않도록 하는 예방경호라 할 수 있다.

"A"라는 예상 행사장이 있을 경우 있을지도 모를 우발상황이 발생하지 않도록 사전 안전 조치를 강구해 놓은 안전구역에 또 다시 근접수행요원에 의해 이중 보호벽(완충벽)을 형성하는 것이 수행경호의 주임무라고 할 수 있다.

이러한 사전 안전조치에 의한 예방경호 활동 및 이중의 완충벽 형성에도 불구하고 1%의 사각 지점이나 허점 때문에 예기치 않은 우발상황이 발생할 경우 경호의 목적인 "경호대상자 보호"를 위해 어떻게 조치하고 행동하는 것이 효과적이냐를 설명해 주는것이 우발상황의 기본이론인 SCE 원칙[3]이다.

SCE 원칙은 우발상황 발생시 경호원의 행동 절차로서 경고(sound off), 방호(Cover), 대피(Evacuate)의 영문자 이니셜을 중심으로 SCE 원칙이라고 명명했다. 즉각적 경호 조치를 요구하는 우발상황은 경호원의 입장에서는 그 시기나 방법, 장소를 예측하기 매우 어렵고(위해 기도자가 시기, 방법, 장소 등을 선택하기 때문에) 일단 긴급 상황이 발생하면 경호대상자의 충격이나 피해를 예상해야 하며 행사장 자체에 혼란이 발생하게 된다.

이러한 상황 속에서 경호의 목적인 "경호대상자 보호"를 위해 경호원으로서 어떻게 행동하는 것이 효과적이냐를 나타내는 것이 SCE 원칙이다.

미국의 비밀 경호대 훈련교범에도 「경호의 성패는 위기 상황에서 즉각적이고 적절한 대응 조치에 있다」[4]고 강조하고 있다.

가. 경고(sound off)

경고란 육성이나 무전으로 전 경호요원에게 상황 내용을 간단명료하게 전파하는 것으로서(예: 총이다, 칼이다, 공중 물체, 정문 차량 강습 등) 우발상황이 발생할 경우 "경고"가 가장 중요하다. 왜냐하면 위해 기도자는 은밀하고

---

3) 양재열, 전게논문, 69면.

4) Philip Melanson, *The Polices of Protection*, Massachusetts University, 1988, p. 172.

신속히 취약한 부분으로 공격을 해오기 때문에 그러한 행위를 요소요소에 배치되어 있는 경호요원 전원이 알아채는 경우는 거의 없다.

따라서 처음 상황을 인지하거나 가장 먼저 위기를 포착한 요원이 "경고"를 함으로써 다른 경호요원 특히 경호대상자 주변에 있는 근접요원들이 신속히 "action"을 취할 수 있도록 하며 위해 기도자가 단독범이 아니고 공범이 있을 경우를 예상, 또 다른 방향에서의 제 2 공격을 대비하는 데 경고의 목적이 있다.

경호의 중요성에 대하여 1986년 세종문화회관 대강당에서 요인경호행사 중 발생한 조명등 파열 사고[5]를 사례로 들어 설명해 보기로 한다.

상기 사건 내용을 도표로 나타내면 다음과 같다.

표 4-1 세종문화회관 조명등 파열 사고

일 시	1986년 10월 21일 (화) 10시 20분경	
장 소	세종문화회관 대강당	
행사명	제41주년 경찰의 날 기념식	
내 용	요인이 연단에 등단하여 축사를 시작한지 약 5분이 경과되었을 때에 대강당 천정 제 2 실링 2번째 조명등 1개가 "펑"하는 소리와 함께 파열되어 축사가 잠시 중단된 사례 발생	
조명등 제원	제조국	벨기에 필립사
	용량 및 수명	220V, 2000W, 500시간
	교체일자	1985년 6월 24일
	조명등 명칭	할로겐 램프(객석 조명등)
	규격 및 단가	길이 6cm, 폭 3cm, 약 7만원
원 인	과열된 할로겐 가스가 팽창하여 파열된 것으로 추정	

5) 양재열, 전게논문, 71면.

그림 4-2 조명등 파열 사고 도면

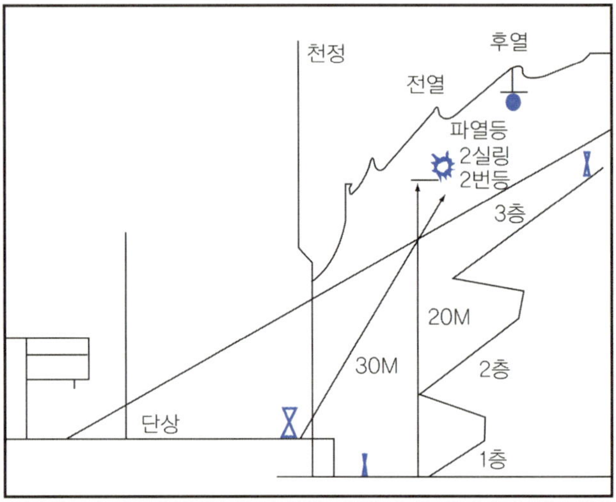

요인이 임석한 행사장에서 상기와 같은 조명등 파열 사고가 경호대상자에게 직접적인 위해 상황은 되지 않는다. 그러나 위와 같은 상황이 발생했을 경우 경호원의 입장에서는 고도의 상황 판단이 요구된다.

주변의 근무자가 상황을 인지하고 전등 파열음 소리인지 총성 소리인지를 순간적으로 정확히 판단하고 행동에 옮긴다는 것은 매우 어렵다. 이 당시 경호 작전 요소의 행동을 참고로 살펴보면, 대부분의 내부 근무자가 유사 총성으로 의심하고, 대적 자세 및 방호벽 형성을 위하여 이동 또는 기립, 사주 경계를 실시하였으나, 소극적인 조치에 그쳤다.

동일한 장소의 근무 위치에서도 전등 파열음 소리를 듣고 근무자 개인의 주의력이나 관심 집중, 근무 경력에 따라 판단하는 양상은 각기 다르다는 것을 다음의 통계표가 잘 나타내주고 있다.

표 4-2 파열음 청취 내용[6]

내용 \ 내부		단상	무대 상층	지하	1층	2층	3층	CP	계
청 취	총성으로 확신	4			4	1	1		10 (15%)
	최초 의심 후 총성 아님 확신	6	5		9	6	9		35 (53%)
	최초부터 총성 아님 확신	4	1		5	1	1		12 (18%)
미 청 취		1 (비상 통로)		3				6	9 (14%)

행사장에서 요인 위해를 위하여 범인이 선택할 수 있는 방법은 폭파, 폭발물 투척 또는 발사, 저격의 방법이 있다. 폭파는 단시간 내에 발생하는 커다란 폭음으로 인하여 누구나 인지할 수 있다.

폭발물 투척 또는 발사도 위해자의 준비 행동을 시각적으로 인지할 수 있고, 그 폭음 또한 크게 발생하므로 인지할 수가 있다. 그러나 저격시 소음총을 사용한다면 대단히 미미한 소리가 발생하므로 판단이 어렵다.

더구나 요인 위해 전술을 보면 요인의 지체가 단상에 노출되고, 카메라 플래시 소리, 박수 소리, 악대 소리 등으로 혼잡한 기회를 이용하여 요인 위해를 시도하므로 무성음 총성은 더욱 분간하기 어렵다.

총성은 그 특징이 있다. 발사시 충격파가 있고 탄착 지역에서 공기를 가르는 굉음과 실내를 울리는 메아리가 후속하여 발생한다. 소음총을 발사하였을 경우에도 발사시의 미미한 소리 이외에 탄착 지점이 고체 물체로 되어 있다면, "딱"하는 후속음이 발생한다. 경호원이 총성을 판단할 수 있는 능력을 구비한다는 것은 차후 행동에 다소 도움이 될 수도 있겠으나, 총성이 아니라고 확신하거나 속단하는 것은 절대 금물이다. 행사장에 어울리지 않

6) 행사 종료 후 근무자들의 당시 상황 판단을 설문을 통해 집계한 결과임.

는 소음이 발생하여 그 소음을 인지하였다면 경호원 스스로가 즉각 조치를 결행할 수 있어야 한다.

즉각 조치를 할 수 있는 신호가 바로 경고(sound off)이다. '총성이다, 아니다'를 판단하기에 앞서 상황을 처음으로 청취한 자가 간략 명확하게 무전이나 육성으로 상황을 전파해야 하며(예: 유사총성! 또는 전등파열!) 이 경고에 의해 모든 근무자는 대응 자세로 신속히 돌입해야 한다. 이러한 경고 절차가 없는 결과로 인해 경호요원이 즉각 조치를 하는 데 주저함이 있게 마련이고 소극적인 조치의 결과를 초래하게 된다.

"경고" 절차 이후 근접경호 요원은 최초 행동으로서 대적 자세를 위하여 무기를 사용하고자 하는 데 주안을 둘 것이 아니라 신속히 경호대상자 주변에 방호벽을 형성해야 하고, 사태 악화시 경호대상자를 대피 시키는 데에 중점을 두어야 한다. 우발상황 발생시 대적 개념보다는 대피 개념이 우선이라는 것은 누누이 설명된 바 있다.

이와 같이 경고의 목적 및 중요성은 첫째, 우발상황 발생시 주변 근무자들로 하여금 주저함이 없이 신속한 반응을 하게 하고 둘째, 위해 기도자가 단독범이 아니고 공범이 있을 경우를 예상하여 또 다른 방향에서의 제 2 공격에 대비하는 2가지 목적을 지니고 있기 때문에 우발상황 발생시 경고가 가장 중요한 요소라 할 수 있다.

나. 방호(Cover)

우발상황 발생시 상황을 처음으로 인지한 자나 목격한 자가 "경고"를 하게 되면 경호대상자 주변에 있는 근접요원은 경고와 동시에 신속히 경호대상자를 보호하기 위하여 방벽을 형성하는 것을 방호(Cover)라고 한다.

경호대상자나 대형 그 자체에 대하여 공격이 가해지는 사태가 발생하게 되면 가장 가까운 지점에 있던 경호원이 대응하고, 기타 경호원들은 대응하고 있는 경호원에 의해 발생된 공백을 메꾸기 위해 최초의 위치를 조정해야 한다는 점을 명심해야 한다. 경호원이 위협 요소에 대응을 할 때에나, 심지어 다른 경호원을 지원해 주려고 경호대상자를 보호되지 않은 채로 남겨두어서는 안 된다. 대응하는 경호원은 경찰관이나 다른 요원들에 의해 지원을 받는다. 경호대상자와 함께 남아있는 경호원들은 경호대상자가 위험스런 현장을 즉각 이탈할 수 있도록 보장해 주어야 한다.

방호에는 2가지 상황을 들 수 있다. 경호대상자가 연설 중이거나 회의 중일 때와 같은 정적인 상황에서 우발상황이 발생했을 경우의 방호 대형과 동적인 상황 즉 방호의 단계를 지나 대피에 용이한 방호 대형으로 구분할 수 있다.

1) 함몰형 대형(Cave in Formation)

경호대상자에 대한 공격 징후가 현저한 경우 방어적인 함몰형 대형이 필요하다. 이 대형은 경호원들이 자신들의 몸으로 경호대상자를 엄호하는 것이다. 경호대상자는 바로 이탈이 가능하도록 대형 내에서 약간 쪼그려 앉는 자세를 취한다(연설시, 회의시, 오찬, 만찬시, 리셉션시).

그림 4-3 함몰형 방호 대형

2) 방어적 원형 대형(Defensive Circle Formation)

누군가에 의해 경고 절차가 있게 되면 근접경호 요원(수행경호원)은 일단 함몰형 대형으로 최초의 공격으로부터 경호대상자를 방호한 후 대피를 위하여 경호대상자가 체위를 낮춘 채로 이동할 수 있는 공간만 제공하면서 사방에서 밀착 방호 대형을 형성하여 신속히 현장을 이탈한다. 방어적 원형 대형은 대피에 용이한 대형이라 할 수 있다.

그림 4-4 방어적 원형 대형

경호 행사시 방호(Cover)의 사례를 보기로 한다.

(1) 방호의 성공 사례

93년 11월 김영삼 대통령이 APEC 회의차 L.A를 방문하여 모 행사장에서 L.A 교민들과 리셉션 행사 도중 갑자기 소등이 된 사례가 발생하였다.

소등 자체도 경호적 측면에서는 행사장에 어울리지 않는 일이 일어났기 때문에 우발상황이라고 전술한바 있다. 소등 순간 한국의 경호원들은 주저 없이 신속하게 대통령이 위치한 연대 주변에 방호벽을 형성하고 소등 상태를 이용하여 있을지도 모를 위해 행위에 대비하였다. 잠시후 실내는 점등이 되었고 방호벽을 형성했던 근접요원들은 각자의 원래 위치로 돌아가 계속 임무 수행에 들어갔다.

이와 같은 한국의 경호원들의 주저 없는 신속한 행동은 당시 합동 근무에 임했던 미국 비밀 경호대 요원들에겐 좋은 귀감이 된 사례였다.

(2) 방호의 실패사례

제 2 장 경호원의 3대 기본기 중 표적의 이동에서 이미 사례로 살펴본 "조지 월레스 암살 사건"[7]을 들 수 있다.

월레스 주지사가 저격 당한 후 제 2 공격에 대비하여 신속한 방호 및 대피 조치가 이루어졌어야 함에도 불구하고 경호원들은 범인 진압에만 몰려 있었고 그 동안 월레스는 보도 위에 완전히 방치되어 있었다. 또 다른 공범이 있어 제 2 공격이 있었다면 월레스는 현장에서 사망하는 결과를 초래했을지도 모른다.

다. 대피(Evacuate)

위해 음모에는 대부분 공범이 있다. 우발상황 발생시 비상사태로 발전하여 경호원의 즉각 조치가 요구될 때 즉시 표적이 되는 경호대상자를 현장에서 이동시켜야 한다. 즉 대피란 위험지역에서 안전지역으로 신속히 표적이 되는 경호대상자를 이동시키는 행위라고 할 수 있다. 위험 상황하에서는 경호대상자의 대피가 가장 중요하다. 경호대상자가 현장에 남아있는 것은 결코 허용될 수 없다.[8]

경호적 의미의 대피란 영어로 표기할 시 Escape가 아니라 Evacuate이다. Escape는 자동사로서 위험이나 위해 등을 피해 스스로 달아나는 것이고

7) 제 2 장 제 4 절 "경호의 3대 필수 기본기" 중 「표적의 이동」에서 상세 설명.
8) U.S. CID, *Protective Services*, 1978, p. 44.

Evacuate는 타동사로서 피난시키다, 대피시키다 라는 개념이기 때문에 우발상황이 발생했을 경우 신속한 판단하에 경호요원은 경호대상자를 대피시켜야 한다. 경호대상자가 안전하든 부상을 당했든 위험 지역에서 신속히 공격의 역방향으로 비상차량이나 안전한 지역(부상시에는 병원)으로 이동시켜야 한다.

경호 행사시 대피 사례를 보기로 한다.

1) 대피의 성공 사례

표 4-3 미국 "레이건" 대통령 암살 기도 사건[9)]

일 시	1981. 3. 30. 14 : 30
장 소	워싱턴 D.C 힐튼 호텔 앞 노상
범 인	죤. W. 힝클리
내 용	레이건 대통령이 힐튼 호텔에서 미국노동연맹 산하 건설노조대회의 연설을 마치고 대통령 전용 출입구를 통하여 호텔 앞 노상으로 나와 환영하던 군중에게 답례하는 순간, 환영군중 속의 범인으로부터 6발의 권총사격이 발사되어 레이건의 왼쪽 폐에 명중되었으나, 생명에는 이상이 없었다(범인은 당일 기자석에 잠입 대기하다가 3m 거리에서 22권총으로 2초에 6발을 발사).

"레이건" 대통령이 전용 출입구로 나오자 3m 거리의 담벽에서 22권총으로 대통령을 향하여 6발을 2초 동안에 발사하였다. 총성이 나자 경호실장 "파르"는 대통령을 리무진에 밀어 넣고 대피시켰으며, 동시에 경호원 "메카시"는 사선 방향으로 몸을 벌려 레이건을 향하던 총탄을 가로막았다. 이 순간 다른 경호원들은 범인을 잡아 땅에 넘어뜨렸으며 승차중 입에서 피가 흐르는 것을 본 경호실장은 대통령이 폐를 부상당한 것으로 판단하여 즉시 "조지 워싱턴" 대학 응급실로 후송하여 의료진의 수술을 받게 하였다.

9) 양재열, 전게논문, 80면.

그림 4-5 레이건 대통령 저격 현장

그림 4-6 레이건 저격 당시 도보 대형(Walking Formation)

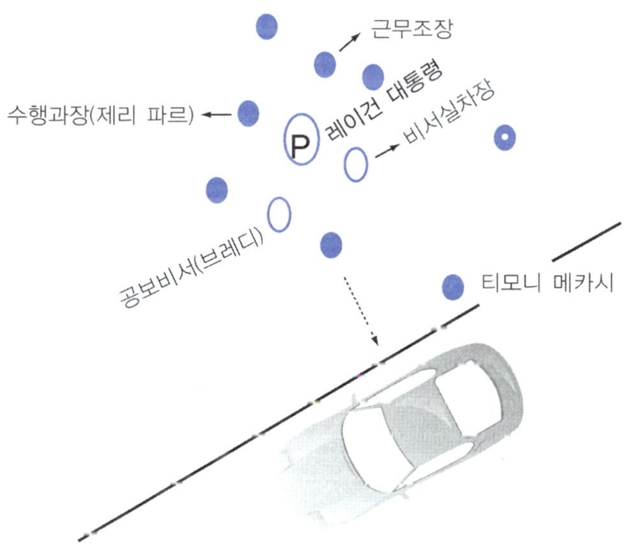

사건 당시 비밀 경호대 요원들은 1963년 케네디 대통령 암살 당시와는 대조적으로 민첩하게 대응하였는데 그 당시 경호원들의 즉각 조치 행동을

보면 다음과 같다.[10)]

① 총성과 동시에 제리 파르 수행과장은 대통령을 차량 뒷 자석으로 밀어 넣었으며 그 위를 자신의 몸으로 덮었다.

② 근무조장인 샤딕 경호원은 제리 파르와 대통령을 동시에 떠밀며 차 안으로 들어가 문을 닫고 기사에게 현장 이탈을 지시.

③ 동시에 티모니 메카시는 대통령을 보호하기 위해 총성이 나는 쪽으로 사지를 활짝 펼쳤다.

④ 대통령의 차량은 최초 저격 총성 이후 10초만에 현장을 이탈했고 3분만에 병원에 도착했다.

⑤ 현장에 남은 경호원들은 권총과 우지기관총을 꺼내 들고 제 2 의 공격에 대비하였다.

⑥ 이러한 와중에서도 경호원들과 경찰은 단 한발도 총을 쏘지 않았다.

⑦ 저격 전 힝클리가 총을 빼는 것을 미리 본 경호원은 없었다.

상기 내용은 사건 종료 후 비밀 경호대에서 자체 분석한 결과이다.

여기에서 우리는 이제까지 논의된 경호 개념, 목적, 목표 등 경호의 기본 개념과 우발상황 이론을 총체적으로 보여주는 행동이라고 생각한다.

레이건 저격 미수 사건시 미국 비밀 경호대 요원들이 보여준 상기와 같은 신속한 대피 조치는 각국의 경호기관에서 모범 사례로 인용되고 있다.

미국 비밀 경호대 요원들은 "상황 발생시 최대한 빨리 대통령을 차에 태워 그 곳을 빠져 나가라"고 훈련시키고 있다.

10) Philip Melanson, *op. cit.*, pp. 255~256.

2) 대피의 실패 사례

표 4-4 8.15 문세광 사건

일 시	1974. 8. 15 (목) 10 : 23
장 소	장충동 국립극장
범 인	문세광(1951년생, 재일교포 2세)
내 용	제29주년 광복절 기념식 행사 중 박대통령의 기념사 진행간 독립유공자 및 유가족석 뒷열(B열 214)에 앉아 있던 범인이 38리볼버 권총을 들고 단상으로 돌진하여 5발을 발사, 박대통령 저격은 실패하였으나 와중에 제 4 탄이 육영수 여사의 우측 두부를 관통하여 절명케한 사건으로 육영수 여사는 서울대 병원에서 5시간 40분 동안 수술을 했으나 19 : 00경 운명

이 사건은 한국 경호 역사상 가장 치욕적인 경호 실패의 교훈을 남겼으며 여러 가지 문제점이 많지만 본란에서는 우발상황 발생시 경호대상자에 대한 신속한 대피 조치가 없었다는 데에 초점을 맞추고자 한다.

사건 당시 경호요원들의 조치를 볼 때 가장 큰 문제점은 경호의 개념이 정립되지 않았다고 생각한다.

제 2 장 경호의 개념에서 설명한 바와 같이 경호의 목적은 경호대상자의 보호이다. 경호대상자 보호라는 경호의 목적을 달성하기 위해 범행의 성공 기회를 최소화, 무력화시키는 사전 안전조치 활동이 경호의 1차 목표이며 이러한 사전 예방 조치에도 불구하고 우발상황이 발생할 경우 경호대상자 보호를 위해서는 방호 및 대피가 대적(공격자의 제압, 범인 검거)보다 우선 개념이라고 주장했다. 그러나 8.15 사건 당시 상황이 발생하자 난상에 임석한 경호대상자에 대한 방호 및 대피보다 대적 즉 범인 제압 및 검거에 주력했던 것이다.

범인 제압 시간 동안 단상은 완전히 무방비 상태로 방치되어 있었고 또 다른 공범이 있어 단상을 향해 수류탄 투척, 사격 등 제 2 공격이 있었다면 더 큰 피해를 입을 수도 있었다.

그 때 당시 문세광은 초탄 오발을 포함하여 5발을 7.5초에 쏘았는데 그 중 4탄이 육영수 여사 우측 두부를 관통했던 것이다. 시간적으로 분석해 볼 때 신속한 방호 및 대피 조치가 있었다면 육여사도 보호할 수 있었다.

사건 종료 후 문세광이 재판 받을 시 본인의 진술 내용을 보더라도 신속한 대피가 있었다면 육영수 여사도 보호되었다는 것을 알 수 있다.

문세광은 육영수 여사를 쏘게 된 경위를 다음과 같이 진술하고 있다.

"2탄을 쏘고 난 후 단상에 있는 대통령의 표적이 없어지자(문세광의 2탄 총성 후 박 대통령은 방탄 연대 뒤로 은폐) 육여사를 쏘았다"[11]라는 진술 내용을 볼 때 표적의 이동 즉 대피의 중요성을 알 수 있다.

사건 당시 상황의 이해를 돕기 위하여 문세광의 저격 과정을 재판 기록을 토대로 하여 소개하기로 한다.

표 4-5 문세광의 저격 과정[12]

구 분	내 용
좌 석 착 석	문세광은 10분간 앉아있는 동안 연단에는 연설대 뒤에 서있는 대통령을 비롯 6명의 고관이 앉아있는 것을 본 뒤 결심을 하고 옆구리 밑에 둔 권총을 빼기 쉽게 배 밑으로 옮기는 순간 방아쇠를 잘못 건드려 1발을 오발
오발 후 제 1 탄	순간 놀라서 자리를 박차고 뛰어가면서 권총 사격 개시, 좌우측에 제지하는 사람은 전혀 없었음
제 2 탄, 3 탄	제 2 탄 연단 뒤에 서있는 대통령을 향해 뛰어가면서 사격, 제 3 탄은 불발
제 4 탄	문세광은 2, 3탄 발사 후 연단을 보니 대통령이 보이지 않기에 우측에 앉아 있는 영부인 쪽을 향해 발사 후 붙들려 연단 위에는 어떻게 되었는지 그 이후로는 잘 기억 못함
사격 당시 기억	마지막 5탄 발사시 누군가 발을 걸어 앞으로 넘어질 뻔했으며, 1~5탄까지 발사되는 동안 갑자기 일어난 일이기 때문에 모두 놀라서 어찌할 바를 몰라 제지하지 못한 것 같음. 뛰어가면서 2탄 발사했을 때 대통령이 보이는 듯 하였는데 갑자기 없어져 연단 밑으로 내려간 것을 알았음
붙들린 후	병원으로 이동, 오발로 인한 상처를 치료받고 남산에 와서 조사를 받음

11) 출처: 8.15 문세광 사건 재판 기록.
12) 출처: 8.15 문세광 사건 재판 기록.

〈그림 4-7〉은 사건 현장에서 시간별 저격 상황을 녹음 분석한 내용을 그림으로 나타낸 것이다.

그림 4-7 8.15 저격 현장 녹음 분석 내용[13)]

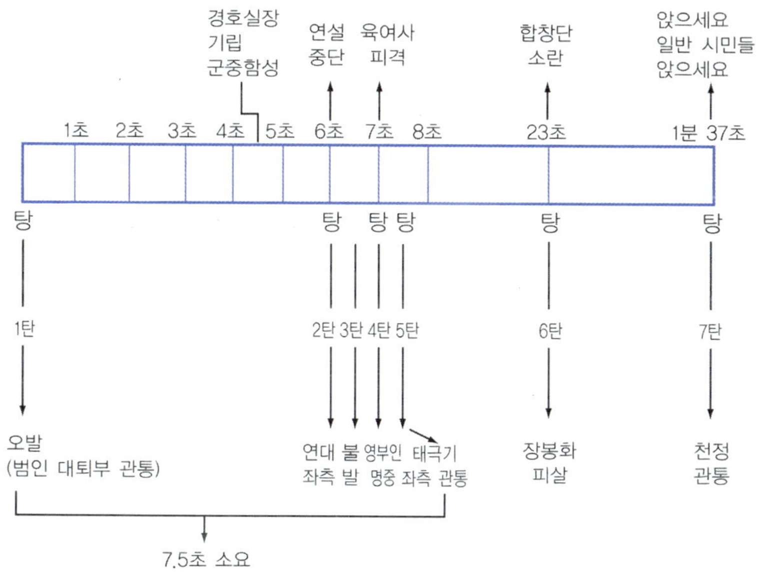

상기 도표에서 보는바와 같이 육여사가 맞은 제 4 탄은 범인의 초탄 발사 후부터 7초가 소요됐다. 순간을 위해 싸우는 경호원의 입장에서 7초란 상당히 긴 시간이다. 신속한 방호 및 대피 조치가 있었다면 육여사도 피격 당하지 않았다는 것이다. 상황이 발생한 현장에 경호대상자가 머무른다는 것은 있을 수 없다.

8.15 사건 당시 단상에 위치한 경호대상자의 즉각적 방호 및 대피 조치가 미비한 상황을 경호의 전문가도 아닌 언론인이 정확하게 지적한 기사를 하나 소개하기로 한다. 그는 경호원으로서의 경호실장(당시 박종규)의 태도에

13) 제29회 8.15 광복절 기념식 행사시 현장에서 MBC 문화방송국 녹음 내용(문세광 재판 당시 제출 자료임).

대해 지적했다.

첫째. 경호실장의 태도이다.

범인이 총을 들고 단상을 향해 저격할 당시 응수 사격 자세를 취할 것이 아니라 대통령을 우선 몸으로라도 막을 수 있는 자세(방호)를 취했어야 했다는 사실이다. 물론 경호실장이 총을 들고 단상 앞으로 나올 땐 대통령도 순간적으로 연대 뒤로 피했지만 경호실장은 당연히 대통령 앞으로 뛰어나왔어야 했다.[14)]

경호 현장에서 우발상황 발생시 경호대상자 보호라는 경호의 목적을 달성하기 위해서는 대적 개념보다 방호 및 대피가 우선 개념이다.

이 사건에서도 단상에 위치한 경호실장은 대적 자세를 취할 것이 아니라 당연히 경호대상자를 방호하고 대피하는 데 중점을 두었어야 했다.

대피에 관련된 또 하나의 사례를 들어보자.

1966. 10. 31~11. 2까지 미국의 존슨 대통령이 한국을 방문했을 때 숙소인 워커힐 호텔에서 한·미 양국 정상이 만찬 도중 잠시 정전된 사례가 발생하였다.

"미국 경호원들은 존슨 대통령을 에워싸고 신속히 옆방으로 안내하였고 다시 전기불이 켜졌을 때 우리 대통령은 아무 보호 없이 혼자 앉아 있었다."[15)]

정전도 경호적 측면에서는 우발상황이다. 정전 자체로 끝날 것인지 위해 기도자에 의해 공격 여건을 조성하기 위해 계획적으로 정전을 시켰는지 그것은 경호원 입장에서는 아무도 모른다. 그렇기 때문에 경호원은 여러 종류의 우발상황이 발생했을 시 경호의 목적인 경호대상자를 효과적으로 보호하기 위해서는 우발상황 이론인 SCE 원칙에 의해 경고-방호-대피 절차에 의해 행동하는 것이 보다 효과적으로 경호대상자를 보호할 수 있다는 것이다.

14) 언론인 이범용, 1989. 8. 20 일요신문 게재.
15) 1974. 8. 28. 내무위원회 회의록 참고.

제3절 우발상황 발생시 대응 이론

이제까지 발생한 위해 사례를 통해 볼 때 경호대상자에 대한 방호 및 대피보다 대적(공격자 제압) 개념에 치중하다 보니 경호대상자가 위해를 당하는 경우가 많았다.

우발상황이 발생할 경우 근접 요원들은 신속히 방호 및 대피 조치가 이루어져야 하지만 그 조치가 이루어지기 위해서는 근접 요원뿐만 아니라 경호대상자와 원거리에 위치한 전 작전 요소가 통합적으로 운용될 때 보다 효과적으로 달성될 수 있다. 즉 위해 기도자가 공격을 시도할 경우 경호원의 입장에서는 항상 공범이 있다는 것을 예상해야 한다.

양동 작전(Diversionary Tactics)에 유념해야 하고 위해 기도자들의 계략이나 공격 여건을 조성하기 위해 경호원의 주의를 다른 곳으로 전환하도록 유도하는 전술에 휘말려서는 안 된다.

Malcom-X가 암살 당할 시 연대에서 연설 중 저격 당할 때까지 암살범들이 경호원의 주의를 전환시키기 위해 청중 내 혼란을 야기 시켰던 것을 상기해야 한다. 따라서 경호원은 위해 기도자의 공격이 있을 경우 양동 작전이나 파상 공격 등의 제 2 공격에 대비하여 경호원 모두가 대응을 해서는 안 된다.

1. 촉수 거리의 원칙(Arms-reach principle)

위해 기도자가 범행 시도시 전 경호요원이 대응하는 것이 아니고 범인과 가장 가까이 위치하고 있는 경호원이 대응해야 한다는 원칙이다. 이것은 또 다른 공범에 의한 제 2 공격에 대비해야 된다는 데 가장 큰 목적이 있다.

그림 4-8 촉수 거리의 원칙

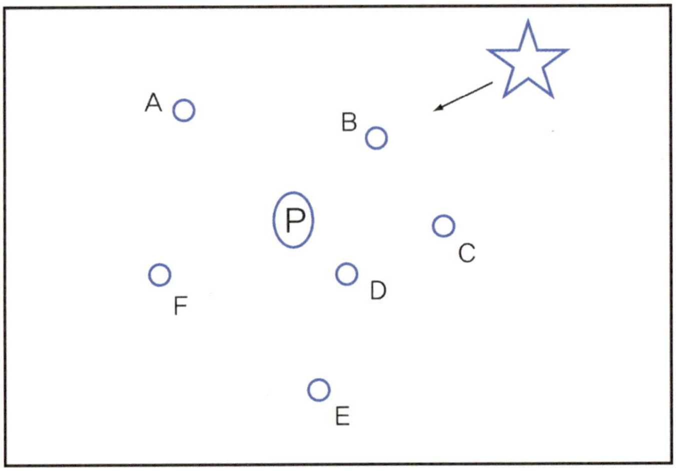

(P: 경호대상자, ○: 경호원, ☆: 위해기도자)

상기 도표는 경호대상자를 중심으로 6명의 경호원이 도보 이동간 대형을 유지하며 이동할 시 B근무자 우측 방향에서 위해 기도자가 위해를 목적으로 공격을 가해 온다고 가정해 보자. 촉수 거리의 원칙에 의해 공격자에 대해서는 B근무자가 경고를 하며 신속히 대응을 하고 기타 근무자는 방호 및 대피조치에 들어간다.

6명의 근접 경호 대형 근무자 외의 기타 원거리에 배치된 근무자는 제2공격에 대비하거나 대피 대형이 신속히 대피할 수 있도록 엄호 및 통로 개척, 현장 질서 유지 등의 임무를 수행한다.

공격자 방향으로 많은 근무자가 모이고 경호대상자가 무방비로 방치되다 보니 위해를 입는 경우를 이제까지 발생했던 위해 사례 등을(카를로스 국왕 및 왕자 암살 사건, 8.15 문세광 사건) 통해 논의되어 왔다.

제2공격에 대비하여 위해 기도자가 범행 시도시 범인과 가장 가까이 위치하고 있는 경호원이 대응해야만 한다.

2. 체위 확장의 원칙(Body-expand principle)

경호는 공격의 개념이 아니고 방어의 개념이다.

체위 확장의 원칙이란 우발상황 발생시 경호원 자신의 몸을 은폐, 엄폐가 아니라 최대한 확장 노출시켜 경호대상자에 대한 방호 효과를 극대화하면서 공격 방향으로 대응해야 한다는 것이다.

경호행사 중 위해 기도자의 총성이 나게 되면 대부분의 일반 사람들은 자기 보호 본능이 무의식적으로 나타나게 된다. 꿩은 총소리가 나면 머리를 땅 밑에 박고 꽁지를 하늘에 솟는 습성이 있다는 말은 자기 보호 본능을 설명하는 것이다.

그러나 경호원은 반사적인 자기 방어나 보호 본능은 절대 금물이다. 미국의 비밀 경호대 요원들은 경호대상자를 위해 자기 자신이 표적이 되라고 훈련 받고 있고, "경호원들은 항상 대통령과 공격자 사이에 위치하여 가능한

그림 4-9 체위 확장의 원칙

큰 표적이 되기 위해 꼿꼿한 자세를 유지하도록 교육하고 있다."[16]

따라서 경호원의 직업관은 호구지책으로 생각해서는 안 되며 언제 어디서라도 초개와 같이 목숨을 버릴 수 있다는 각오가 필요하며 생의 가장 귀한 목숨을 담보로 임무를 수행한다고 볼 수 있다.

제4절 우발상황시 경호원의 대응 요령

위해 기도자가 무기를 이용하여 범행을 시도할 때 근접 대형 내의 경호원이 적용할 행동을 결정하게 하는 일반적인 원칙을 촉수 거리의 원칙과 체위 확장의 원칙으로 설명하였다.

위해 기도자가 공격시 위해자와 가장 가까이 위치한 경호원이 대응하되 최대한 자신의 체위를 확장하여 경호대상자의 방호 효과를 극대화하며 대응해야만 한다.

무기를 소지한 위해자를 제압하는 데 있어 다음과 같은 요령을 알고 조치할 때 보다 효과적으로 대응하는 방법이라 할 수 있다.[17]

첫째, 무기를 소지한 위해자에 대응하는 경호원은 경호대상자를 등지고 자신의 몸을 경호대상자와 공격자 일직선상에 위치시켜야 한다.

일직선상에 위치시키는 이유는 위해자 입장에서는 총구의 방향이 경호대상자를 지향하고 있기 때문에 공격 방향을 차단함과 동시에 경호대상자를 보호하는 데 보다 효과적이라는 것이다. 다시 말해서 경호대상자를 위해 경호원 자신이 표적이 되라는 말과 일맥상통하는 것이다.

16) 미국 비밀 경호대 훈련교범 참고.
17) U.S. CID, *op. cit.*, pp. 45~46.

이것을 도표로 보면〈그림 4-10〉과 같다.

그림 4-10 대응 요령

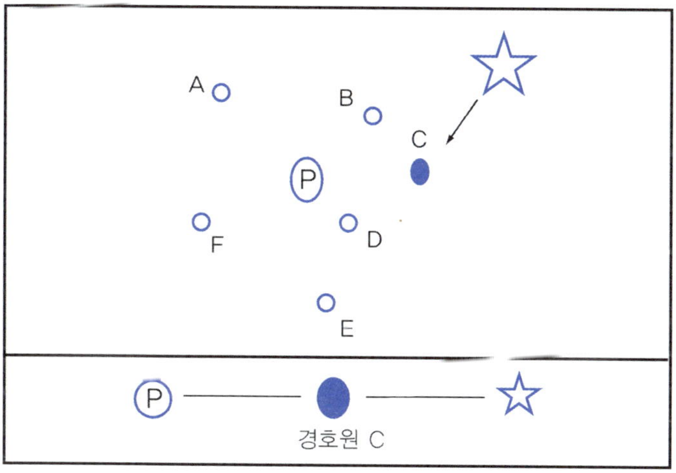

(P: 경호대상자, ●: 경호원, ☆: 위해 기도자)

대응 요령은 첫째, 위해 기도자와 가장 가까운 "C" 근무자가 체위를 확장하며 신속히 대응하되 경호대상자 "P"와 위해 기도자 ☆사이에 사선 방향을 차단하기 위해 자신의 몸을 일직선상에 위치시킨다.

둘째, 가능하다면 범인의 무기를 움켜잡고(권총인 경우) 아래 또는 옆으로 힘을 가해 경호대상자에게 지향된 총구의 방향을 바꾸도록 한다.

① 아래로 눌러야 하는 이유는?

- 위로 채는 것보다 아래로 누르는 것이 공격자에게 있어서는 근육의 저항력이 약하며
- 머리에 명중 시킬 수 있는 가능성을 최소화할 수 있고
- 경호요원이 공격자의 팔과 무기를 제어하기 훨씬 용이하기 때문이다.

② 옆으로 비껴야 하는 이유는?

- 치명적인 부위에 지향되는 것을 보다 빨리 피할 수 있으며
- 치명적인 부위에 있어서 가로가 세로보다 그 폭이 훨씬 좁기 때문이다.

상기와 같은 이유에서 아래나 옆으로 힘을 가해 총구의 방향을 바꾼 다음은 위해 기도자의 무장 해제가 중요하다. 경호원이 평소 훈련받은 무도의 술기가 발휘되어 위해자의 무기를 잡고 꺾고 돌리고 하는 것은 매우 위험하다.

왜냐하면 그 사이에 또 다른 총알이 발사되어 경호대상자에 대한 피해가 예상되기 때문에 우선은 경호대상자를 향한 총구의 방향을 바꾸는 것이 중요하다. 그 다음 무기를 빼앗아 무장해제 시켜 제 2 공격을 방지해야 한다.

위해 기도자의 총기를 옆으로 비껴야 하는 이유 중 가장 큰 것은 치명적 부위를 피할 수 있다는 것이다. 보통 사람들의 치명적 부위(Vital Target Area)[18]는 가로가 15인치(37.5cm), 세로가 31인치(77.5cm)이며 도표로 나타내면 〈그림 4-11〉과 같다.

그림 4-11 치명적 부위

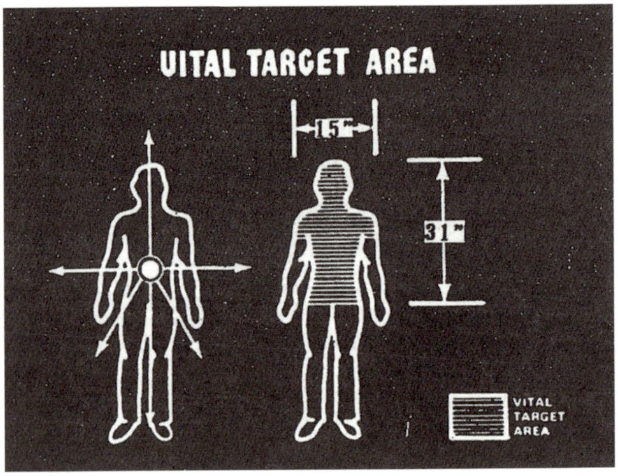

18) U.S. CID, *op. cit.*, p. 46.

셋째, 경호원은 권총의 실린더 부분을 꽉 움켜쥐어야 한다.

이것은 실린더가 돌아가는 것을 막아서 사격이 불가능하도록 할 수 있기 때문이다. 이러한 원칙은 반자동이 아닌 리볼버에 적용되는 것이지만 대부분의 위해 기도는 리볼버로 이루어졌다는 것을 유의해야 하며 리볼버는 실린더를 돌아가지 않도록 하는 것 이외에는 특별한 안전장치가 없기 때문이다.

경호원의 신속한 반응이란 위해 기도자의 공격과 동시에 총을 뽑아 대응 사격을 하는 것이 아니다. 경호원의 최우선 임무는 경호대상자를 보호하는 것이지 총을 뽑아 쏘는 것이 아니다. 대응 조치 중 최우선 과제는 공격이 아닌 방어이다. 불의의 피습시 만약 다른 방어대책이 있다면 통상적으로 무기를 사용해서는 안 된다.

경호는 '방어 개념이다' 라는 논리에 입각하여 위해 기도자가 공격을 가해 오는 우발상황이 발생했을 시 상기에서 논의된 바와 같이 촉수 거리의 원칙, 체위 확장의 원칙, 대응 요령을 염두에 두고 SCE 원칙(경고-방호-대피)에 의거하여 적극적이고 신속하게 행동할 때 경호대상자 보호라는 경호의 목적을 달성하는 데 보다 효과적이라 할 수 있다.

Chapter 5

각국의 경호제도와 특성

Chapter 5

Introdoctory · Security · Service

각국의 경호 제도와 특성

현대 국가에서 국가 원수에 대한 경호 관리는 정치 체제, 사회 제도, 관습 또는 경호 환경, 경제 및 국민 의식 수준 등에 따라 차이가 있다. 일반적으로 정치가 안정되고 선진화된 대통령중심제 국가에서의 경호 조직은 대부분 독립기관 형태로 운영되고 있으며, 정치 권력이 비교적 분산된 내각책임제 국가 또는 이원집정부제 국가에서는 경찰이 주로 경호 업무를 담당하고 있다. 또한 국가 정치 체제가 불안정하거나 쿠데타의 경험이 있는 후진국들과 군부의 영향력이 강한 사회주의 국가에서는 군에서 경호 업무를 담당하고 있다.

여기에서는 국가 정치 체계에 따라 대통령중심제 국가, 내각책임제 국가, 이원집정부제 국가 중에서 대표적인 국가를 선정하여, 해당 국가 경호 조직의 형태와 경호 관리의 특징을 분석하고 국가별 경호 관리의 장단점을 도출함으로써, 각국의 경호 환경에 적합한 바람직한 경호 관리의 개선 방안을 모색하고자 한다.

제1절 대통령중심제 국가의 경호 관리

1. 미국: 비밀 경호대(Secret Service)

가. 국가 정세 및 경호 환경

미국은 21세기 유일의 초강대국 유지를 목표로 하여 강력한 외교 군사력 우위하에 국익 우선 대외 정책을 견지하고 있으며, 자국 안보를 위협하는 적대국의 대량 살상 무기(WMD)[1] 제거와 국제 테러 조직 척결을 안보 현안으로 인식하고 있고, 이러한 인식에 따라 최근 정책 목표를 '대테러 전쟁, 북한 및 이란의 핵문제 해결, 중동의 민주화, 경제 회복' 등으로 설정하였다. 특히 이라크의 치안 안정화에 주력하면서 알 카에다 등 전 세계테러조직을 소탕하기 위한 대테러전과 WMD 비확산 정책을 효과적으로 수행하기 위하여 동맹국들과의 다자간 협력 방안을 모색하고 있다.

최근 테러와의 전쟁 등으로 인해 미국의 경호 환경은 날로 악화되어 가고 있으며, 특히 세계 안전의 파수꾼 역할을 담당하는 미국 대통령의 대외 행사가 급속히 증가한 가운데 국제 테러 조직에 의한 테러 위협 경보를 상향 조정하였다. 이에 따라 대통령 행사에 대한 보안을 강화하고 강력 경호 조치를 실시하고 있으며, 공항만 출입시 외국인의 생태 정보를 채취하는 등 출입국 관리를 강화하고 있다. 또한 뉴욕과 워싱턴 등의 주요 도시와 원전 시설·교량·공항 등의 주요 기간시설에 대한 경계를 강화하고 있을 정도로 경호 환경이 불안정하다.

---

1) WMD[Weapons of Mass Destruction] 우리말로는 대량 살상 무기·대량 파괴 무기로 번역된다. 생화학 무기·중장거리 미사일·핵무기 등과 같이 짧은 시간 안에 많은 인명을 살상함으로써 강한 파괴력을 가진 무기들을 통틀어 이르는 개념이다. 이러한 막대한 파괴력 때문에 핵확산금지조약(NPT)·생물무기금지협약(BWC)·화학무기금지조약(CWC) 등 여러 국제협약에서는 대량살상무기의 개발을 금지하고 있다.

이와 더불어 미국은 대외적으로는 파키스탄과 협력하여 아프간 접경지대 내에 알 카에다 소탕 작전을 지속적으로 수행하는 한편 동아시아 지역에 군사 고문관을 파견하여 대테러 활동을 지원하고 있으며, 효과적으로 국제 테러 조직을 근절하기 위하여 러시아·유럽 및 아시아 지역 국가들과 테러 자금을 차단하기 위한 협력을 강화하고 있다.

이러한 국내외 상황에 따라 미국의 경호 환경은 최근 가장 위험한 수준으로 인식되고 있으며, 국가 원수 경호를 담당하고 있는 비밀 경호대는 경호 관련 기관과의 협조와 지원을 바탕으로 강력한 통제 위주의 경호 관리를 수행하고 있다.

나. 경호기관의 임무 및 권한

미국 대통령 경호를 담당하는 국가기관은 비밀 경호대로 불리는 『The United State Secret Service』이다. 1865년 미국의 남북 전쟁 이후 사회 혼란을 틈타 위조지폐의 대량 유통[2)]은 국가 존립 위기로 대두되었으며, 이러한 국가적 위기를 극복하고자 링컨 대통령은 연방 수사기관으로서 재무성 산하에 위조지폐를 단속하는 SS(Secret Service)를 창설하였다. 발족 이후 1901년 윌리엄 멕켄리 대통령이 암살됨에 따라 미국 의회에서 SS(Secret Service)에 비공식적인 대통령 경호를 요구하였으며, 이후 1906년 『대통령경호법안』(Sundry Civil Expenses Act)이 통과됨으로써 대통령 경호기관으로 경호 업무를 공식적으로 시작하게 되었다.

국토안보부에 소속된 비밀 경호대의 경호 대상은 ① 대통령과 부통령 혹은 대통령직 차기 승계 예정 관료, ② 대통령 당선자 및 부통령 당선자, ③ 경호대상자의 직계 가족, ④ 전직 대통령 및 그들의 생존 기간 동안의 배우

2) 미국의 통화는 1863년 연방정부에 의하여 오늘날의 달러화인 "Green Backs"가 발행되기 전까지 독립성이 강한 주정부는 각각 자기주의 지폐를 약 1600여 개의 민간 은행을 통하여 발행함으로써 그 양식과 도안이 상이하였음은 물론 대량의 위폐가 등장하여 최고 절반 이상이 위폐로써 통용되면서 통화의 신용이 현저하게 저하되어 국가적 위기로 등장하게 되었다: The Secret Service, *Moments in History*, 1990, p. 4.

자,[3] ⑤ 국토안보부장관이나 혹은 비밀 경호대 지휘관이 위해 정보 또는 주변 상황을 고려하여 특별한 경호조치가 필요하다고 인정할 경우 비밀 경호대에 중요한 요인에 대한 한시적인 경호의 제공, ⑥ 16세 미만의 전직 대통령의 자녀는 10년을 초과하지 않는 범위 내 또는 16세가 도달되기 전까지 경호를 제공하고, 두 가지 요건 중 먼저 도달하는 한 가지를 우선하여 적용 받게 된다. ⑦ 미국을 방문하는 외국의 국가 원수 또는 행정수반과, ⑧ 기타 중요한 외국 국빈과 대통령이 경호를 제공하도록 지시하는 경우에 한하여 해외에서 특별한 임무를 수행하는 미국 대표단, ⑨ 주요 대통령 및 부통령 후보자[4]와 대통령 선거 120일 이내의 기간 동안의 그들의 배우자 등이 경호의 대상이다.

경호 임무 이외에도 미국과 외국 정부의 화폐 및 채권, 그리고 유가증권과 관련된 미국 모든 법률 위반 행위와 전자금융거래사기죄, 상표위조, 증명서 및 문서 위조, 연방 정부가 보장하는 재무 제도에 대한 위반 또는 불법적인 사기 등 범죄 행위자에 대한 수사[5]와 체포권한을 가지고 있다.

이와 더불어 구속영장의 집행과 미국 법률을 위반하는 현행범을 구속영장 없이 체포할 수 있고, 또한 현행범이 아니더라도 중범죄를 저지르거나 저질렀다고 믿을 만한 상당한 사유가 있는 경우 영장 없이 체포할 수 있으며, 비밀 경호대가 법률을 위반한 범죄자 또는 미수범의 체포에 기여한 정보의 제공자에게는 포상금이나 기타 보상을 할 수 있다.

국토안보부장관은 보안을 필요로 하는 예기치 않은 비상 사태가 발생

3) 2000년 개정 비밀 경호대 법규에 의하면, 97. 1. 1을 기준으로 이전 대통령은 평생, 이후 대통령은 퇴임 후 10년간(이후에는 경찰담당) 비밀 경호대에서 담당토록 규정. 단, 전직 대통령이 재혼, 이혼, 사망할 경우 배우자에 대한 경호는 중단되며, 현직에 있는 동안 대통령이 사망하였거나 혹은 퇴임 후 1년 이내에 대통령이 사망한 경우 배우자는 사망시점으로부터 1년 동안 경호를 제공 받을 수 있다(배우자 재혼시는 경호대상에서 제외).

4) "주요 대통령 및 부통령 후보자"라 함은 의회 하원의장, 하원의회 소수당 대표, 상원의회 다수당 및 소수당 대표와 자문위원회에서 지명하는 위원들로 구성되는 『경호대상자 자문위원회』와의 협의 후 국토안보부장관이 인정하는 후보자를 의미한다.

5) 단, 법무장관과 국토안보부장관이 협의한 대상 물품에 대한 수사권한을 제한 받으며, 그러한 법률과 연계된 또 다른 연방 사법기관의 권한에 영향을 미칠 수 없다.

할 경우 그에 대한 소요 경비를 지출할 수 있고, 그러한 경비의 지출은 장관의 독단적인 판단으로 가능하게 되어 있다. 또한 비밀 경호대가 위조지폐의 구입에 사용할 수 있는 자금은 예산을 통해 지급될 수 있으며, 그 위조지폐에 대한 변상이 이루어질 경우 비밀 경호대의 예산으로 충당할 수 있다.

이와 더불어 비밀 경호대 요원들은 총기를 휴대할 수 있으며, 경호 업무를 포함하는 비밀 경호대 요원들의 합법적 행위에 대해 고의적인 방해 및 물리적인 저항을 하는 경우에 $1,000 이하의 벌금이나 1년 이하의 징역에 처할 수 있도록 강제규정을 두고 있다,

다. 조직기구

앞에서 언급한 바와 같이 비밀 경호대는 창설 초기 재무성 산하의 법집행기구(Federal Law Enforcement Agency)로 출범하였으나, 지난 2001년 9. 11 테러 이후 발족된 국토안보부(03. 1. 24부 공식 출범)로 그 소속이 이관되었다. 재무성 소속 당시 인원은 약 4,600여 명으로 워싱턴 D.C에 위치한 본부 이외에 국내 62개 지부와 해외에 12개 연락사무소를 두고 있다. 비밀 경호대에는 차관보급인 실장과 차장 그리고 경호처를 포함한 7개 부서와 함께 백악관, 부통령 관저 경비, 워싱턴 지역 외교단 경호 경비 임무 및 경호 지원 업무(저격조, 폭발탐지, 금속탐지, 기동타격 여부 등)를 수행하는 별도의 정복 경호과[6])를 두고 있으며, 정복과는 비밀 경호대에 의해 직접적인 지휘감독을 받고 있는 부서이다.

각 조직기구별 담당 업무를 간략히 살펴보면, 경호처는 대통령 및 부통령에 대한 근접 경호 입무와 백악관, 부통령 공관에 대한 경비, 워싱턴 D.C 지역의 외국대사관 경비, 방미중인 외국 국빈에 대한 경호, 전식대통령 경호 등의 업무를, 안전저는 경호 정·첩보 수집 및 자료 존안 관리, 행사장 안전

6) 재무성에서 국토안보부로 소속이 변경됨에 따라 2003. 1. 22 개정된 법률에 따르면 정복경호대는 미국 비밀 경호대의 지휘감독하에 국토안보부 건물에 대한 경비 업무가 추가됨.

그림 5-1 미국 비밀 경호대 조직도[7]

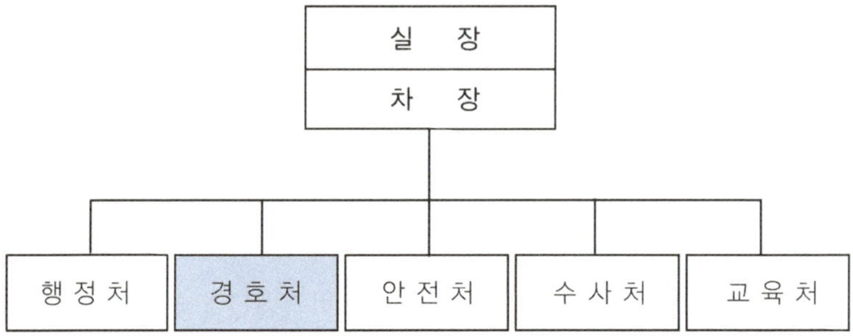

※ 2003. 1. 24부 재무성 ⇒ 국토안보부로 기능 이관.

검측 업무를 담당하고 있다.

수사처는 위조지폐의 단속, 수표어음, 증권, 채권 등 금융 관련 위조 사건의 수사 업무와 경호 범죄 관련 수사 업무 및 지문 분석, 과학실험, 연방건물의 보안성 검사 업무 등을 담당하고 있으며 법률 및 입법관련사항의 처리를 담당한다. 행정처는 인사관리 및 경리지원, 시설 관리 및 조달 업무를 담당하고 있으며, 교육처는 직원교육훈련을 담당하고 있다.

이와 더불어 비밀 경호대는 국내정보 및 사법기관으로부터 협조 차원에서 경호 관련 정보 및 기타 경호 임무 수행에 필요한 지원을 받고 있으며, 경호 유관기관으로는 ① 국제 테러 조직 및 적성국 동향에 대한 정보의 수집 및 외국 국빈 방문에 따른 국내 각급 정보기관의 조정을 통해 경호 정보를 제공해 주는 중앙정보부(CIA), ② 국내 테러 및 경호 관련 폭력, 납치 및 범죄조직에 대한 정·첩보수집 제공, 범죄의 예방 및 수사 업무를 지원하고 있는 연방 수사국(FBI), ③ 해외 불순인물의 출입국 동향 파악 및 통제 업무, 국내체류 중인 외국인 중 테러 및 위해 용의자에 대해 정보를 제공하여 주는 이민국(INS), ④ 공군기 및 해병 1호기의 지원 업무 및 의료·통신지원, 검측

7) 장기봉, "미국 대통령경호제도에 대한 고찰," 경호경비연구 제 4 호, 한국경호경비학회, 2001, 306면.

지원 및 경호 정보 제공 업무를 담당하고 있는 국방성, ⑤ 그리고 국내외 마약 조직에 대한 첩보수집 및 위해 동향을 분석하고 경호관련 정보를 제공하는 마약단속국(DEA) 등이 있다.

라. 인사 및 교육훈련[8)]

미 비밀 경호대 요원의 응시자격요건은 미국 시민권 보유자로 제한하고 있으며 연령은 시험일 기준 21세 이상 37세 미만으로 학사학위 소지자 또는 이와 동등 이상의 학력 소지자로 공안요원 시험합격 대상자 중 체력측정 및 신체검사와 각종 신원조회, 약물검사, 건강검진, 거짓말탐지기 시험 등을 통해 최종 선발하게 된다.

선발 이후 자질이나 학력요건에 따라 연방공무원 5급~9급의 보수를 받게 되며 공안요원 임무수당이 별도로 지급된다. 또한 낮은 비용으로 생명보험에 가입할 수 있으며, 연방 의료보험 대상자가 된다. 재직기간에 따라 연간 13일에서 16일까지 유급휴가가 보장되며 합격자 중 예비군이거나 국가수비대 요원은 예비군 제대 혹은 대기 병력으로 신분이 전환된다.

비밀 경호대의 계급 체계는 8단계로 구성되어 있으나 보수에 대한 기준이 되는 호봉 체계는 총 18개로 나누어져 있다. 비밀 경호대 직원들은 임용 초기 엄격한 훈련과 힘든 실무적응에 만족을 주기 위해 1년에 2직급씩 승진하는 호봉 체계를 두고 있으며, 정복경호과의 계급 체계는 일반 경찰과 동일하다.

신규 임용된 직원은 먼저 미국 내에 있는 각 지부에 배치되어 수사 업무에 종사하며 해외에 있는 연락사무소에도 배치될 수 있다. 그 후 본인의 능력과 적성에 따라 경호 업무에 전념할 수 있는 기회를 가지며 경호 업무에 3년 내지 6년간 근무 후 본인의 희망에 따라 보직을 조정 받을 수 있다.

---

8) 미 비밀 경호대 홈페이지(www.treas.gov/usss) 참고: '98년도 미 비밀 경호대는 기운영중인 홈페이지를 확대 개편, 기본 임무만을 소개하던 제한적 정보공개에서 탈피하여 비밀 경호대의 기능 및 조직의 변화사를 공개하였다.

표 5-1 미국 경호 유관기관

소 속	기 관 명	관련 업무	비 고
대통령 직속	CIA(Central Intelligence Agency)	·국제 테러 조직 및 적성국 정·첩보 수집, 분석, 전파	·1947년 창설
법무성	FBI(Federal Bureau of Investigation)	·국가 테러 예방·수사 및 수습 ·조직 범죄에 대한 첩보 수집 및 수사 ·신원 조사 Database 구축	·1908년 창설
	INS(Immigration Naturalization Service)	·해외 불순 인물 잠입 예방 ·불순 용의자 출입국 파악 및 정보 제공	·1864년 창설 (국무성 산하) 국토안보부 이관
	DEA(Drug Enforcement Administration)	·국내·외 마약 조직에 대한 첩보 수집 및 위해 동향 분석	·1973년 창설
재무성	IRS(Internal Revenue Service)	·대규모 행사시 경호 인력 지원	·1863년 창설
	Custom Service	·대규모 행사시 경호 인력 지원 ·공·항만 위험물 출입 관리	·1863년 창설 국토안보부 이관
	AT&F(Alcohol Tobacco and Firearms)	·대규모 행사시 경호 인력 지원 ·불법 무기 단속 및 위해 첩보 제공	·1863년 창설 법무부 이관 (03. 1. 24)
교통부	FAA(Federal Aviation Administration)	·하이재킹 방지 ·항공 안전에 관한 정보 수집 및 전파 ·비행금지구역 설정 (VIP 행사지역)	
	Coast Guard	·해상 경비, 테러 방지 및 수습	·1776년 창설 국토안보부 이관
우정국	Postal Service	·우편물 테러 방지	·1776년 창설
내무성	Park Police	·국립 공원 치안 유지 ·백악관 앞 라파옛 공원 관할 - 공원 내 시위자 통제	·1791년 창설
지방자치단체	Police	·경호 인력 지원 ·관할 지역 범죄 조직 감시 및 정보 제공	

표 5-2 미국 비밀 경호대 직책 및 직급 체계[9)]

<table>
<tr><th>승진 기준</th><th>직　　책</th><th>호봉(직급)</th><th>비　　고</th></tr>
<tr><td rowspan="5">13급 이상은 공석 발생시 승진 가능</td><td>Director</td><td>18급</td><td>경호실장</td></tr>
<tr><td>Deputy Director</td><td>17급</td><td>차　　장</td></tr>
<tr><td>Assistant Director</td><td>16급</td><td>처　　장</td></tr>
<tr><td>Special Agent in Charge</td><td>14급~15급</td><td>부장급(3급)</td></tr>
<tr><td>Assistant Special Agent in Charge</td><td>12급~13급</td><td>과장급(4급)</td></tr>
<tr><td rowspan="3">1년에 2직급씩 승진</td><td>Assistant to Special Agent in Charge</td><td>10급~11급</td><td>경호사무관(5급)</td></tr>
<tr><td rowspan="3">Special Agent</td><td>8급~9급</td><td>경호원(6급)</td></tr>
<tr><td>6급~7급</td><td rowspan="2">경호원(7급)</td></tr>
<tr><td>대졸자 선발</td><td>5급</td></tr>
<tr><td>고졸 선발</td><td>Assistant Agent</td><td>1급~4급</td><td>기능직</td></tr>
</table>

표 5-3 미국 비밀 경호대 신임직원 교육 내용

교육 구분	교육 내용	비　　고
수사업무 기본교육 (9주)	헌법, 형법, 윤리학, 수사실무, 조직범죄학, 미약개요, 증거법, 법원실무, 기소법, 수색 및 체포술, 감시술, 위장작전, 사격·체력단련	연방 사법요원 교육센터 (조지아 주 글린코)
경호업무 특수교육 (8주)	수사학: 위조지폐 연구, 위조필적, 심문, 체포 작전 증거제출용 사진, 지문채취, 기습 작전 등 경호학: 사격, 무도, 체력, 응급처치, 경호운전 정보 수집, 안전 관리, 검측술, 테러 전술 대테러 기법, 즉각조치 훈련 등	비밀 경호대 교육센터 (메릴랜드 주 벨츠빌)

9) 장기붕, 전게논문, 305면을 참고하여 재작성.

연방 공무원 인사규정에 의하면 공무원의 퇴직 연령은 60세이나 경호요원의 퇴직은 55세 또는 임용 20년 이상 경과 후 정년퇴직이 가능하고, 행정요원인 경우 일반 공무원과 동일한 60세로 규정되어 있다. 20년 이상 근무 후 정년퇴직시 연금액은 퇴직시 봉급액의 75% 수준으로 다소 많은 편이기 때문에 자발적인 퇴직으로 이어진다.

신규 임용된 비밀 경호대 요원은 조지아 주 "글린코"에 있는 연방 공안요원 교육센터에서 범죄수사훈련 프로그램 교육을 받으며, 9주간의 교육기간을 통해 수사 업무와 관련된 제반 기초교육을 이수하게 된다. 그 후 약 8주간 메릴랜드에 있는 "벨츠빌" 소재 비밀 경호대 교육원에서 특수훈련을 받게 되는데 주요 교과목은 〈표 5-3〉과 같다.

신임직원 교육 종료 후에도 비밀 경호대 요원들은 지속적인 교육을 받으며, 특히 수행경호팀에 배속된 요원은 특수훈련인 APO(Assault On Principal)라고 불리우는 가상 위기상황훈련을 통해 실제상황 대비 즉각적인 대응 능력을 향상시키고 있다. 또한 지부에 배치된 요원들은 범죄 수사분야와 관련된 전문지식을 지속적으로 습득할 수 있는 기회를 가지게 되며, 비밀 경호대 요원 대부분은 석사학위 이상 소지자로 구성되어 있다.

마. 경호 관리의 특성 및 운영 체계

미국의 경호 작전 체계는 대통령의 자유로운 행동을 보장하면서 각종 공격, 재난 및 테러 등에 대비하기 위한 노력의 일환으로 발전되어 왔으며, 경호 관리에 있어서 반드시 필요한 대민통제와 기타 국가기관과의 협조 등에 있어서 인권 침해와 법률을 벗어난 행위가 발생하지 않도록 경호 기법의 연구와 함께 경호행위를 규율하기 위한 법리적인 연구가 동시에 진행되었다.

비밀 경호대의 경호 활동은 첨단장비와 정확한 정보 수집을 통하여 법률에 근거한 합법적인 경호 활동을 실시하고 있으며, 과학적인 경호 기법을 발전시키고 있다. 또한 모든 위해 가능성에 철저히 대비하고, 비상 대책에 대한 주도면밀한 계획을 수립하여 경호 관리를 하고 있다.

특히 비밀 경호대는 합리적인 예방경호 활동도 대통령의 안전을 완벽히 보장할 수 없다는 것을 인식하고 보다 철저한 근접경호 우선 원칙을 발전시켰다. 비밀 경호대는 근접경호기법에서 공격자를 공격으로 퇴치하는 "Counter-Offensive"[10]의 반대개념인 "Cover and Evacuate"를 강조하는 경호낭철학(Protective Envelope Philosophy)을 강조하고 있다. 즉 미 비밀 경호대의 모든 경호 작전 운영은 근접 경호의 성공을 보장하기 위한 노력의 일환으로 시행된다고 볼 수 있으며 경호 작전의 운영 체계와 지휘 체계는 〈그림 5-2〉와 같다.

미 대통령의 행사시 비밀 경호대 경호 관리 체계를 살펴보면 경호 책임자인 Detail Leader는 대통령경호과(Presidential Protective Division)에서 선

그림 5-2 미국 비밀 경호대 경호 관리 체계[11]

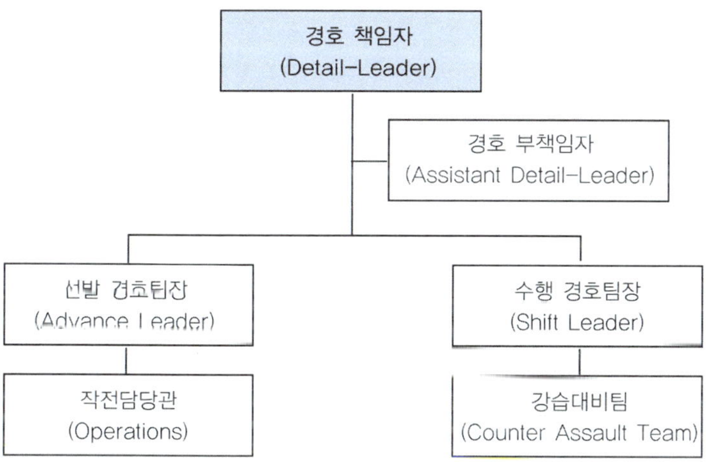

10) 미국 비밀 경호대의 경호작전 요소 중 Counter-Offensive 개념의 작전 요소는 대난히 공세적으로 특수무기로 중무장한 CAT(Counter Assault Team)가 있으며, 이들의 임무는 기동간 혹은 행사장에서 다중 테러 발생시 이를 제압, 차단하여 근접경호팀의 기본 임무 수행을 보장하도록 한다.

11) 장기붕, 전게논문, 307면 참고.

발되고, 경호 책임자는 소속요원들 중에서 선발 경호 업무를 책임지게 될 선발 경호팀장(Advance Leader)을 선임하며, 선발 팀장은 작전 요소를 관장하는 담당 부서에 인력지원을 요청하여 선발 경호팀을 편성하게 된다. 선발 경호팀은 대통령이 방문하게 될 행사 지역을 답사하여 지역 특성과 행사 성격 및 경호 환경에 부합되는 작전 요소별 적정 경호 인력을 산출하며, 필요한 장비의 동원과 최기병원의 선정, 비상 대피로의 선정, 화재 및 재난에 대비한 방재 및 구급·구조 계획 수립 등 세부 계획을 수립하여 지휘 계통에 보고한 후 시행한다. 또한 선발 경호팀장은 군, 연방 기구, 지역 경찰 및 지방자치단체에게 필요한 사항을 요청하며 국가 지휘 통신망이 가설된 경호작전 지휘소(Command Post)를 설치하여 운영하게 된다. 백악관을 출발하여 돌아올 때까지 근접경호를 담당하게 되는 수행 경호팀(Shift Team)은 통상 10명 내외로 편성된다. 경호 책임자는 고도의 집중력을 요하는 근접경호의 특성상 집중력 저하를 방지하기 위하여 외부 행사시 경호 부책임자와 교대로 근무하게 된다.

바. 미국 경호 관리의 장·단점 분석

미국의 대통령 경호 관리에 있어서 장점적인 요소를 분석해 보면, 먼저 2003년도 재무성에서 국토안보부로의 소속 변경에 따라 테러 위해 정보 등 다양한 분야의 경호 위해 정보 수집이 가능해짐은 물론 종합적이고 체계적인 총력 경호 체계 운용이 가능하게 되었다는 점을 들 수 있다. 이와 더불어 워싱턴 본부 이외의 국내 62개 지부(출장소 포함 132개) 및 파리·런던·로마 ·방콕 등 해외에 12개 연락 사무소를 운영하고 있어 선발 경호 활동 및 경호 정보 수집이 용이하다는 장점이 있다.

그리고 법률에 근거한 경호 임무 수행으로 경호 활동에 대한 국민 이해도가 높아 국민의 전폭적인 신뢰와 협조하에 경호 임무를 수행하고 있으며, 경호 업무 이외의 수사권을 보유하고 있어 위해 정·첩보 수집에 따른 위해

용의자에 대한 조사와 수사 업무를 담당하고 있으며, 단순 경호 업무 이외의 다양한 분야의 업무수행으로 본인 희망 및 적성을 고려한 인사 관리가 가능하고 지속적인 개인 능력 개발이 가능하다. 이와 더불어 대졸자 및 고졸자 분리 선발로 인사 관리가 원활하며, 임용 초기 엄격한 훈련과 실무적응에 만족을 주기 위해 우리나라 5급에 해당하는 12급까지는 1년에 2직급 승진(호봉승급) 체계를 갖추고 있어 직원들의 사기가 높다.

또한 법률상 임무에 대통령 및 부통령 후보자에 대한 경호 임무 명시로 대통령 당선 전 비밀 경호대에 대한 확고한 신뢰 확보가 가능하고, 법률상 임무에 해외에서 특별한 임무를 수행하는 미국대표단에 대한 경호 임무를 수행할 수 있는 근거를 가지고 있어 경호 전문 능력의 활용 가능성이 증대되며, 탄력적인 정년 제도 운영과 퇴직 이후 비교적 연금액이 많아 직원들이 경호 업무에 전념할 수 있는 여건이 보장되어 있다.

현행 미국 경호 관리의 단점으로는 경호 행사에 대규모 인력 및 장비 지원 등으로 예산 소요 및 조직 관리가 비효율적이며, 레이건 저격시 FBI가 현장 보존을 위해 비밀 경호대와 업무 마찰이 생긴 사례를 볼 때 FBI 등 타 연방 수사기관과의 업무 영역에 있어 일부 상충하는 분야가 있어 업무 수행시 분쟁 소지가 있을 수 있다. 또한 경호 분야 이외의 다양한 분야 업무 수행에 따른 경호 업무에 대한 전문성이 약화될 가능성이 있으며, 백악관 주변에 대한 경비 업무이 이원화로 백악관 안전 관리를 위한 경비 업무가 취약하다고 할 수 있다.

2. 러시아: 연방 경호실(Federalinaya Sluzba Oxraniye)

가. 국가 정세 및 경호 환경

푸틴 대통령이 2004년 5월 재선에 성공한 뒤 2005년 드미트리 메드베데프(1965년생)는 러시아 제1부총리가 되었으며 정치적 후원자인 푸틴으로부터 후계자로 지목되어 집권당인 통합 러시아당의 대통령 후보가 되어

2008년 실시된 대통령 선거에서 70%가 넘는 압도적 지지율로 공산당의 겐나디 주가노프를 제치고 러시아의 제 3 대 대통령으로 선출되어 5월 17일부터 임기가 시작됐다.

메드베데프 정권은 경제 위기 극복을 위해 국가 통제를 강화하고 있으나 그 효과는 미미하며 정권 지지율도 상당히 저하되고 있는 실정이다. 금융위기의 여파는 메드베데프 정권에서만 영향을 미치는 것이 아니고 결국 최고의 실세인 푸틴의 향후 정치적 기회에도 영향을 미칠 수 있는 이슈가 되고 있다. 러시아 국민들이 압도적으로 푸틴을 지지했을 때는 푸틴식의 효율적인 통치방식하에서 러시아가 연평균 7%대의 성장을 계속했고 그 결과 세계 10대 경제대국과 세계 3위의 외환 보유고 국가의 위상을 이뤄냈기 때문이었다. 그러나 현재 러시아의 경제 위기 탈출과 건전한 시장 경제의 건설은 많은 난제를 안고 있고 그 앞날이 결코 밝은 것은 아니다.[12)]

특히, 최근 체첸공화국의 독립을 목표로 무력 투쟁을 전개하고 있는 체첸 반군에 의한 무차별적 차량·항공기 폭탄테러 및 대규모 인질 사건이 발생하는 등 치안 상황이 불안하여 경호 환경은 최악의 상황으로 치닫고 있다. 최근 러시아에서 발생한 대표적인 테러 사건을 살펴보면 1999년 9월 아파트 2동에 대한 폭탄 테러로 203여 명이 사망하였으며, 2002년 체첸 반군의 모스크바 극장 인질 테러로 140여 명이 사망한 사건과 2003년 7월 록콘서트장 자살 폭탄 테러 및 크레믈린 인근 식당 폭발로 80여 명의 사상자가 난 것을 비롯하여, 2004년 들어서도 2월 모스크바 지하철 폭탄 테러로 40여 명이 사망한 사건과 5월 체첸 카디로프 대통령 피폭 암살 사건으로 대통령 사망을 비롯한 90여 명의 사상자가 발생하였다.

또한 2004년 8월 지하철역 자동차 폭탄 테러로 30여 명의 사상자가 발생한 사건[13)]과 체첸 반군에 의한 TU-154기와 TU-134기 폭탄 테러로 89명

---

12) 세금연구소, 2010년, 러시아 정세 전망.

13) 2004. 8. 31. 지하철역 입구에 세워둔 2대의 차량에서 연쇄적으로 폭탄이 폭발하여 8명이 숨지고 22명이 중경상(각 차량에 1kg 분량의 TNT에 금속 베어링, 나사못 등을 포함시킨

의 사망 사건,[14] 러시아 연방 북오세티야[15] 베슬란시 소재 제1학교에서 발생한 학생 및 학부모를 대상으로 한 인질극으로 1000여 명 이상의 사상자가 발생하기도 하였다.

2000년 이후 체첸 사태에 따른 각종 테러의 급증과 경제적 불평등에 의한 범죄 발생률의 증가로 인해 러시아 대통령에 대한 경호 관리는 강력한 통제 위주로 진행되고 있으며, 특히 대통령에 대부분의 국가 권력이 집중된 상황에서 대통령 경호 관리는 매우 중요한 국가 업무로 인식되고 있다.

나. 경호 조직 기능

구 소련 당시 경호 임무는 소련의 국가 권력 유시의 기반이있던 국가보안위원회(KGB: Committee for State Security)가 담당하였으며 당시 국가보안위원회는 공식적으로 정부기구로 되어 있으나, 당서기국과 직접 연결되어 있어 수백만 명의 협력자를 가진 거대 조직으로서 막대한 실권을 갖게 되었다.

당시 국가보안위원회는 고위간부 및 중요시설에 대한 경호 업무뿐만 아니라 그 예하에 10개 부서와 국경경비대를 관장하고, 첩보·방첩 활동을 비롯하여, 군대 내의 보안 활동 감시와 통제, 통신과 암호 해독, 경비 등 국가안보에 관련된 모든 분야를 취급했다. 그 후 1991년 8월 소련 연방이 붕괴되면서 연방 안전사무소(AFB)를 거쳐 1992년 1월 러시아안전부(MBR)로, 1993년 연방 방첩국(FSK)으로 격하 해체되었다.[16]

1993년 국가보안위원회 해체에 따라 대통령에 대한 경호는 새롭게 창

사제 폭발물 장착).

14) 2004. 8. 24. 발생한 사건으로 "러시아판 9.11 테러"로 불리는 러 여객기 연쇄추락 사건(범인은 러시아와의 전장에서 가족을 잃은 20대 중반의 여성테러범 4명으로 확인).

15) 2004. 9. 1. 10 : 00경 체첸 반군 40여 명의 무장괴한들이 침입, 학생, 교직원, 학부모 등을 인질로 잡고 대치하다가 9. 3. 13 : 00경 러시아군의 전격 진압 작전으로 사건 발생 52시간만에 종료(사망: 200여 명, 부상자: 900여 명) - 테러범 40여 명 중 사망 27명, 생포 3명, 일부는 도주.

16) Naver 백과사전 참고: http://100.naver.com.

설 된 대통령경호실에서 담당하였고 외빈 및 요인에 대한 경호 임무는 경호총국에서 담당하였으나, 경호 업무 분리에 따른 업무 효율성이 저하된다는 지적에 따라 1992년 7월 양 기관을 통합하여 대통령 직속 기관인 연방 경호실(FSO)을 설립하였다.

연방 경호실의 담당 업무는 대통령 및 외교관, 국빈 등 주요 경호대상에 대한 위협 요소를 사전 제거하는 임무와 연방 국가기관 건물에 대한 보호조치 및 경호 차원의 대통령 지휘 통신 업무 기능 및 경호 차원의 대테러 활동 업무를 수행하고 있으며, 경호 관련 범죄에 대한 수사 기능을 통해 위해요소의 예방과 사전 색출 및 저지 임무를 수행하고 있다.

다. 조직 편성

정보기관이었던 관계로 조직기구는 연방 경호실장 아래에 차장 3명과 국장 5명으로 편성되어 있으며 조직기구는 대통령경호국, 크레믈린경비국, 요인경호국, 통신국, 행정국으로 편성되어 있다. 대통령경호국은 실질적인 경호 업무를 수행하는 기구로 수행·선발경호팀을 운용하고 크레믈린궁 경비를 위해 크레믈린경비국을 두고 있다. 또한 경호 업무의 효율성을 제고하기 위해 상 페테르부르그 및 소치 등에 연방 경호실 지부가 설치되어 있으며, 경호 협조기관으로는 정보 지원 업무를 담당하고 있는 연방 보안부, 해외정보부 및 도로 및 외곽경비를 담당하고 있는 경찰이 있다. 3부 요인 및 외국 국빈 방문시는 요인경호국에서 전반적인 경호를 책임지고 제공하고 있다. 정보기관에서 분리 독립된 영향과 체첸 사태 등에 따른 불안정한 경호환경 등으로 인하여 러시아 연방 경호실에 대한 인원 및 조직 기구에 대해서는 일체 보안으로 간주하고 있는 관계로 구체적인 조직기구 및 경호 기법 등에 대해 파악하기는 곤란한 측면이 있었으나, 그동안 학술 논문과 경호 합동 행사를 계기로 파악된 조직 구성도는 〈그림 5-3〉과 같이 표시할 수 있다.

그림 5-3 러시아 경호 조직 기구도

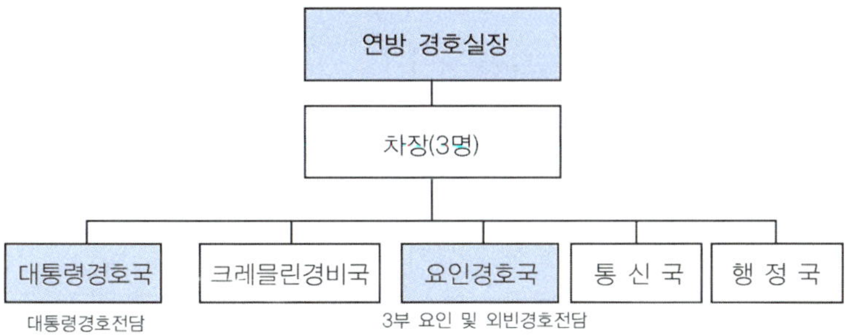

* 연방 경호실은 前 KGB(소련 연방 보안국)의 제9국으로부터 독립(1992. 12. 24 부)
* 경호 유관기관: FSB(연방 보안부), SVR(해외정보부), 내무부(경찰)

라. 인사 관리 및 교육 훈련

우리나라와 가장 유사한 독립기관 형태를 보이고 있는 러시아 연방 경호실의 경호요원 선발은 연방 보안부와 군 등에서 우수 자원을 비밀리에 수시로 특채하고 있으며, 선발된 인원에 대해서는 6개월간의 경호 전문 교육을 실시하고, 이들의 보수는 일반 공무원과 동일한 보수 외에 약간의 경호수당을 별도 지급하는 것으로 알려지고 있다. 또한 사회주의 국가의 특성상 정년 규정이 없어 장기간 근무할 수 있으며, 군이나 연방 보안부에서 특채된 인원들은 수시로 원소속 기관과 인사교류가 가능하다는 점이 특징이다.

마. 러시아 경호 관리의 장·단점

러시아 경호 관리의 장점으로는 먼저 경호 차원의 대테러 기능 및 경호 관련 범죄의 수사권과 기타 위해 요소에 대한 사전 예방 활동을 할 수 있는 권한이 있어 경호의 사전 예방 활동을 강화할 수 있다는 점과 대통령 이외의 요인 경호 업무 및 연방 국가기관 건물에 대한 안전 관리 업무 등 다양한 업무의 동시 수행에 따른 원활한 인사 관리가 가능하며, 주요 도시에 연방 경호실 지부 설립에 따른 선발 경호 활동 및 지역 정보 수집이 용이하고 연방 보안부와의 활발한 인사교류를 통해 경호 관련 정보의 공유가 이루어지고 있다는 점을 장점으로 들 수 있을 것이다.

또한 단일 조직 운영에 따른 보안성의 유지가 용이하고, 대통령 직속기관으로 운영되기 때문에 군 및 기타 정보기관의 지원 및 협조 체계의 구축이 원만히 이루어지고 있다는 점이 장점이다.

하지만 우리나라와 마찬가지로 조직 내의 경호 관련 정보 수집 기능의 제약에 따라 경호 정보를 지나치게 정보 관련기관에 의존하고 있다는 점과, 경호라는 단일 업무를 수행하고 있어 직원들의 자기 계발 제한과 함께 인사관리에 문제점을 내포하고 있다고 볼 수 있다.

외국 국빈 방문시 경호 관리는 최근 체첸 반군 및 소그룹 테러 단체들에 의한 위협 사례 증가로 인해 강력한 통제 위주의 경호 관리가 시행되고 있다. 테러 정보 관련하여 연방 보안부, 해외정보부와 유기적인 협조 체제를 유지하고 외빈 차량 이동시는 5~10분 전 전차선을 통제하고 있다.

외국 국빈이 체류하고 있는 호텔에 대한 경비 강화는 물론 수행원, 기자단 투숙 호텔까지 각종 테러 위협에 대비하여 경비를 제공하고 있고 취약장소에는 금속 탐지기를 운용하여 인원 및 물품을 철저히 검색하고 있다.

국빈 방문시 관례화되어 있는 무명 용사묘 헌화시는 주변 관광객 및 지하 상가 출입 인원까지 완전 통제하고 있다. 각 행사장마다 폭발에 대비 철저한 검측 활동을 실시하고 승하차 지점 주변은 저격조 배치 및 경호 인력을 다수 배치하여 우발상황에 대비하고 있다. 외국 국빈 방문시 위협 수준 정도에 따라 전담팀을 별도로 편성하여 책임 전담 경호 체제로 관리되고 있고 대통령 및 외국 국빈 방문시 전반적 경호 관리는 통제 위주의 강력 경호 관리가 시행되고 있다.

3. 한국: 대통령실 경호처(Presidential Security Service)

가. 국가 정세 및 경호 환경

우리나라와 같은 대통령중심제 국가에서 대통령에 대한 경호는 한 개인의 생명과 신체를 보호한다는 단순한 차원을 넘어, 정치 경제적인 안전성 유지와 국가 안보 차원의 중요성을 내포하고 있다. 특히 남북이 대치된 우리나라의 특수한 상황을 고려할 때 국군 통수권자인 대통령에 대한 안전 보장은 국가 안보적 차원에서 절대적 의미를 지닌다.

우리나라 대통령경호실은 1963년 창설 이후 50여 년이 지나는 동안 많은 변화와 격동기를 거치면서 경호 전문 조직으로 발전하여 왔다. 그동안 국내적으로도 역대 대통령이나 방한하는 외국 국빈이나 주요 요인들에 대한 위해 기도가 지속적으로 발생하였고, 북한의 변함없는 대남 적화 전략과 위장전술로 테러의 가능성은 항상 잠재해 왔다.

그리고 최근에는 국외적으로도 2001년 9.11 테러 사태에 따른 미국의 테러와의 전쟁과 이라크전 이후 「알 카에다」를 비롯한 이슬람 무장 테러 단체들의 자폭 테러 등 각종 테러가 지속적으로 증가하고 있는 가운데, 세계 각국에서 국가 원수를 비롯한 주요 인사에 대한 테러 위협이 그 어느 때보다 고조되고 있고, 국제적 환경 변화에 따른 APEC·ASEM 등 다자간 국가 정상회담이 증가되는 등의 새로운 상황이 전개되고 있다. 이러한 상황 또한 우리의 대통령 경호 환경에 직접적인 영향을 미치는 변수로 작용하고 있다. 따라서 현 시점에서 볼 때 우리의 대통령 경호 환경은 점점 악화되고 있는 실정이라고 할 수 있다.

그동안 대통령실 경호처는 대통령 직속기관으로서 남북이 대치된 특수한 경호 환경과 경호 위협 세력의 주체가 북한 공작원 및 대남 간첩들이었음을 감안하여 대통령의 안전 확보에 우선적으로 치중하였고 국민의 불편 최소화를 그다지 중요한 요소로 인식하지 못하고 경호 관리를 시행해 온 측면이 많았다. 특히 과거 정통성이 부족한 정부 시절 대통령의 안전을 위해서는 국민의 기본권을 고려하지 않았고 필요한 행정 절차를 무시한 부분도 있었다.

이제 정통성이 확고한 탈권위주의적 정부의 출현에 따른 경호 환경의 변화로 대통령 경호 관리는 대통령의 안전 확보와 국민의 불편 요소 최소화를 동일한 중요 요소로 인식하고 경호 관리를 시행하여야 할 시점이다.

나. 경호 조직 기능

1) 대통령 경호실

1963년 12월 17일 박정희 장군이 대통령에 취임함으로써 정식 출범한 제3공화국은 동년 12월 14일 법률 제1507호로 대통령경호실법과 동년 12월 16일 각령 제1679호로 대통령경호실법 시행령을 각각 제정 공포하여 익일인 12월 17일에 대통령 경호실이 창설되었으며, 대통령 경호실에는 별정직인 경호실장을 두고 그 직속으로 행정차장과 기획차장을 두되 그 하부조직에 대해서는 실장이 정하도록 하였다.

경호실의 임무는 창설 당시에는 대통령과 그 가족, 대통령으로 당선이 확정된 자 및 경호실장이 특히 필요하다고 인정하는 국, 내외 요인에 대한 경호와 대통령 관저의 경비에 관한 사항을 담당하도록 되어 있었으나 1981년 1월 29일 법률 제3353호로 대통령경호실법이 1차 개정되어 '전직 대통령과 그 배우자 및 자녀'를 경호 대상으로 추가되었고 1999년 12월 31일 법률 제6087호로 동법이 2차 개정되어 경호 공무원의 신분이 별정직에서 특정직으로 바뀌고 2005년 3월 10일 법률 제7388호로 일부 개정되었다.[17)]

2) 대통령실 경호처

2008년 이명박 정부가 출범하여 대통령 등 요인에 대하여 체계적이고

17) 김두현, 「경호학개론」, 엑스퍼트, 2010, 94면.

전문적인 경호를 제공한다는 명분하에 대통령실장하에 경호처를 설치하였고 경호처장을 정무직(차관급)으로 경호차장을 1급(경호 공무원 또는 별정직 국가 공무원)으로 보하도록 하였다.

따라서 「대통령경호실법」에서 「대통령 등의 경호에 관한 법률」로 법률 제명을 2008년 2월 29일로 변경 개정하였다.

임무, 인사, 제반 권한 등에 관하여서는 전 대통령경호실법상의 내용과 대동소이하다.

다. 경호대상 및 기구도

1) 경호대상

'대통령 등의 경호에 관한 법률'의 설치 목적은 이 법률 제1조(목적)[18]에 명시되어 있으며 제4조에 명시된 경호대상은 아래와 같다.

제4조(경호대상) ①항 경호처의 경호대상은 다음과 같다.

1. 대통령과 그 가족
2. 대통령 당선인과 그 가족
3. 본인의 의사에 반하지 아니하는 경우에 한정하여 퇴임 후 10년 이내의 전직 대통령과 그의 배우자 및 자녀. 다만 대통령이 임기 만료 전에 퇴임한 경우와 재직 중 또는 퇴임 후 사망한 경우의 경호 기간은 그로부터 5년으로 하고, 퇴임 후 사망한 경우의 경호 기간은 퇴임일부터 기산하여 10년을 넘지 아니하는 범위에서 사망 후 5년으로 한다
4. 대통령권한대행과 그 배우자
5. 대한민국을 방문하는 외국의 국가 원수 또는 행정수반과 그 배우자
6. 그 밖에 처장이 경호가 필요하다고 인정하는 국내외 요인

② 제1항 제1호 또는 제2호에 따른 가족의 범위는 대통령령으로 정한다.

[전문개정 2011. 4. 28]

18) 대통령 등의 경호에 관한 법률 제1조(목적): 이 법은 대통령 등에 대한 경호를 효율적으로 수행하기 위하여 경호의 조직, 직무범위와 그 밖에 필요한 사항을 규정함을 목적으로 한다 〈개정 08. 2. 29〉.

2) 기 구 도

그림 5-4 대통령실 경호처 조직 기구도[19)]

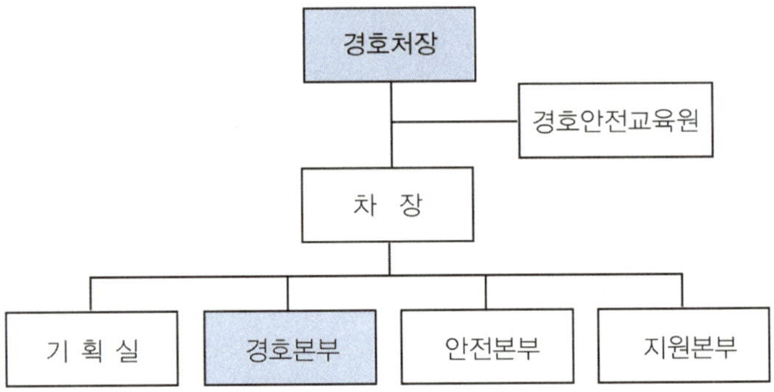

(기　　능)

경호처는 기획실, 경호본부, 안전본부, 지원본부로 편성되며 경호 전문 교육기관을 위한 소속기관으로 경호안전교육원을 두고 있다.

기 획 실	◦국회, 예산, 공보 등 대외 업무 ◦인사, 조직, 정원관리, 행정, 법무 업무 ◦국가지도 통신망 운용 및 청와대 정보 통신 업무
경 호 본 부	◦대통령 및 가족에 대한 경호 업무 ◦방한하는 외국 정상, 행정수반 등 요인에 대한 경호
안 전 본 부	◦국내외 경호 관련 정보 수집 및 보안 업무 ◦행사장 안전 대책 강구 및 청와대 주변 대테러 업무 및 전직 대통령에 대한 경호
지 원 본 부	◦행정 업무, 시설관리, 경호 차량 운용 등 경호 행사 지원 업무
경호안전교육원	◦경호 안전 관리와 관련된 학술 연구 및 장비 개발 ◦경호 안전 관련 단체에 종사하는 자에 대한 수탁 교육

19) 대통령실 경호처 홈페이지 참조(www.pss.go.kr).

라. 인사 관리 및 교육 훈련

대통령실 경호처 직원들의 인사 관리 및 교육 훈련은 국가공무원법의 적용 및 준용을 받으며 조직의 특수성을 감안하여 인사권은 독자성[20]을 유지하고 있다.

표 5-4 경호공무원의 계급별 직급의 명칭[21]

계 급	직급의 명칭
1급	관 리 관
2급	경호이사관
3급	경호부이사관
4급	경호서기관
5급	경호사무관
6급	경호주사
7급	경호주사보
8급	경호서기
9급	경호서기보

경호처 직원의 인사에 관한 정책 및 그 운용에 관한 중요사항을 심의하기 위하여 인사위원회 및 인사실무위원회를 대통령실에 두고 있다(개정 08. 2. 29).

경호처의 직원은 특정직 국가공무원인 1급 내지 9급의 경호공무원과 기능직 국가공무원으로 구성되며 필요시 경찰공무원의 정원 중 일부를 일반직 국가공무원 또는 별정직 국가공무원으로 보할 수 있다[22]고 명시되어

20) 대통령 등의 경호에 관한 법률 시행령 제7조(인사위원회 설치).
- 인사위원회와 인사실무위원회를 둔다.
21) 대통령 등의 경호에 관한 법률 시행령 제5조(직급).
22) 대통령 등의 경호에 관한 법률 제6조(직원).

있다.

또한 경호공무원의 계급별 직급의 명칭은 대통령령으로 정한다고 되어 있다.

표 5-5 경호공무원 채용 안내[23)]

구 분	특 정 직	기 능 직	별 정 직
채용직급	특정직 7급	기능 10급	별정직 해당직급
채용분야	경 호	시설, 관리, 운전, 정비, 사무 등	비서, 공보, 의무, 사범, 교관, 사진 등
채용시기	고정시기 없음 (채용전형 1개월 전 공고)	필 요 시	필 요 시
응시자격	- 만 30세 이하의 자 (제대군인의 경우 근무연한에 따라 응시연령 연장가능) - 병역 필한 자(면제자 포함) - 신장 171cm 이상 (여성 159cm 이상) 자 * 대한민국 평균 신장 이상자	- 만18세 이상 40세 이하인 자 - 채용예정직에 해당하는 자격증 소지자 (기능사, 영양사, 제1종 운전면허, 워드프로세서 2, 3급, 컴퓨터 활용능력 3급, 부기 2, 3급 등)	관련 전문 분야 경력 및 자격 보유자
시험절차	서류전형-필기시험-신체, 인성검사-체력검정-면접시험-신원조사	서류전형-필기시험-실기시험-신체, 인성검사-면접시험-신원조사	좌 동
필기시험	일반상식	해당분야(생략가능)	좌 동
실기평가	무도측정(필요시)	해당분야	

경호공무원의 신규채용 및 시험, 교육 훈련 등은 대통령 등의 경호에 관한 법률 시행령에 명시하고 조직의 특수성과 특정직 국가공무원임을 고려하여 신규채용 절차나 교육 훈련 등에 독립성과 독자성을 인정하고 있다.

마. 국가 원수 경호 관리의 특징

3, 4공화국의 박정희 대통령부터 현재에 이르기까지 각 정부별 경호 환

23) 대통령실 경호처 홈페이지 채용마당 참조(www.pss.go.kr).

경은 국내외적 정치, 경제, 사회, 문화 등 제반 여건의 변화에 따라 각 정부별 대통령 경호 관리에 많은 영향을 주었다. 또한 당시의 국내외적으로 발생한 국가 원수급 또는 요인에 대한 위해 사례도 대통령 경호 관리 수준을 판단하는 데 주요 요인으로 작용하였다.

경호 환경이 악화되면 될수록, 국가 원수에 대한 직, 간접적인 위해 사례가 증가하면 할수록 경호 관리의 수준이나 강도는 높아질 수밖에 없다.

즉 국민의 불편 요소나 편의성보다는 국가 원수의 안전 확보에 더 치중했음을 각 정부별 경호 관리 변화의 특징에서 볼 수 있다.

3, 4, 5공화국까지 국가 원수 경호 관리는 국민 불편 요소 최소화보다는 대통령 안전 확보에 더 치중했다고 볼 수 있고 6공화국부터 문민정부 전반부까지는 양호한 경호 환경과 위해 사례의 빈도수 감소 등으로 인해 국가 원수의 안전 확보도 중요하지만 국민 불편 최소화에도 비중을 두고 경호 기법이 발전되었다.

문민정부 후반기부터(96년) 북한 잠수함 침투 및 무장공비 소탕 작전과(96. 9. 18) 96년 10월 블라디보스토크 주재 아측 공관원 피살 사건, 판문점 공동경비구역 북한군의 협박성 언행, 서해북방지역 AN-2기 및 북한 대규모 군함 훈련, 사회 전반적으로 저격용 불법무기 유통 및 밀매조직 대규모 검거 등의 경호 환경 악화로 국가 원수 경호 관리는 강력 경호 관리로 전환되었다.

이후 국민의 정부 출범 후 참여정부에 이르기까지 국민의 정부와 참여정부에 부응하는 새로운 경호 관리의 개념 정립이 요구되었고 국민과 함께하는, 국민으로부터 신뢰 받는 경호 관리 환경이 시대적으로 요구되고 정착되어 왔다.

각 정부별 국가 원수 경호 관리에 가장 큰 영향을 주는 경호 환경과 경호 위협 정도를 〈표 5-6〉과 같이 요약할 수 있다.

표 5-6 각 정부별 경호 환경, 경호 위협 정도[24)]

구 분	3·4공화국	5공화국	6공화국	문민정부		국민의 정부 참여 정부
				전반기	후반기	
경호환경	악 화	악 화	양 호	보 통	악 화	보 통
경호위협 정도	고조↑	고조↑	저조↓	저조↓	고조↑	중 간 (국내: 양호) (국외: 고조)
비 고	·'68. 1. 21 청와대습격 사건 ·'74. 8. 15 문세광 사건 ·'79.10. 26 사건	·'83 버마 아웅산묘소 폭발사건	·동구권 붕괴 ·북방정책 ·중·러 국교 수립	·동서 냉전 체제의 종식 ·남북 관계 개선	·'96 북한 잠수함 침투, 서해대 규모 군사훈련	·남북 정상 회담으로 남북관계 개선

1) 3, 4공화국(박정희 대통령) 경호 관리의 특징

3·4공화국 당시의 국가 원수 경호 관리는 남북한의 극한 대립과 민주화요구 등 경호 환경의 악화와 위해 사례의 증가로 인해 강력 통제 개념의 경호 관리라 볼 수 있다. 과시적인 위력 경호 관리를 통하여 위해 기도를 사전에 차단하는 경호 관리 형태를 유지하였고 3중 경호 원리에 의한 입체적 경호 관리를 통하여 지상, 지하, 공중의 위해 접근 요소에 대한 적절한 봉쇄 조치가 강구되는 입체적 군사 작전의 강력한 경호 관리 개념이라 할 수 있다.

2) 5공화국(전두환 대통령) 경호 관리의 특징

5공화국 당시의 대통령 경호 관리는 1983년 버마 아웅산 묘소 폭발 사건을 계기로 대폭적인 조직 체제 정비와 3·4공화국보다 더 강화된 통제 위주의 강력 경호 관리가 시행되었다고 할 수 있다.

"대통령의 안전은 국가 안위와 직결된다"는 시대적 요구에 의한 사명의

24) 양재열, "대통령 경호시스템의 변화와 개선방안 연구," 명지대학교 일반대학원 박사학위 논문, 2004, 191면.

식이 팽배해졌고 예방경호, 총력경호의 경호 관리에 중점을 두었다.

폭발 사건을 계기로 사전 선발경호의 중요성이 증대되었고 특히 검측 활동의 비중이 대폭 증가되었으며, 철저한 행사 보안 유지가 강화되었고 경호 기법이 대폭 개선되고 보완된 강력한 통제 위주의 노출과시형 위력 경호 관리가 실시되었다.

3) 6공화국(노태우 대통령) 경호 관리의 특징

6공화국 당시의 대통령 경호 관리의 특징을 한마디로 요약하면, 직선제 대통령으로서의 대폭 완화된 경호 관리가 시행되었다. 3·4·5공화국 기간 동안 유지해 온 강력한 통제 위주의 경호 관리 개념의 일대 전환이 요구되었다.

6.29 선언과 북방 정책에 따른 사회 다변화와 경호 환경의 악화 수준 완화로 대통령 경호 관리의 개념은 군사 작전이 아니라 위해 기도자를 찾아내고 위해 기도 행위 발생시 즉각적 경호 조치로 국가 원수를 보호하는 개념으로 개선되었다.

국민의 편의와 불편 요소를 고려한 비노출 은밀 경호 관리 시행과 교통 통제 범위의 최소화, 군 병력의 행사 동원 제한 등 많은 변화를 추진하며 "국민 불편 최소화"에 우선 중점을 두는 대폭 완화된 민주적이고 합법성에 근거한 대통령 경호 관리가 시행되었다.

4) 문민정부(김영삼 대통령) 경호 관리의 특징

문민정부 전반기에는 민주화, 개방화(청와대 앞길 개방, 안가 폐쇄) 물결에 편승, 대국민 불편 요소를 고려하여 지속적 통제 범위 축소 및 감시 위주의 경호 관리로 전환되어 행사장에 대한 예방경호 관리를 위해 행사 보안 유지와 안전 활동을 강화하였고, 실질적인 비상 대책을 수립하여 차량 강습, 화재발생, 정전 등의 상황 발생시 즉각 조치 능력 배양 위주로 대통령 경호 관리가 시행되었다.

그러나 문민정부 후반기에는 구소련 및 동구권 붕괴에 따른 국민 안보 의식 결여와 불법 총기류, 마약밀매 급증, 소형화·고성능화된 신형 무기류 출현, 북한의 지속적인 대남적화 야욕의 증폭으로(강릉 북한 잠수함 침투 사건, 아측 공관원 피살 사건, 북한의 대규모 해상훈련 등) 5공화국 당시 적용된 강력 경호 관리 개념으로 전환되었다.

따라서 문민정부 후반기 경호 관리의 특징은 경호실 및 경찰·군 등 경호 유관기관의 경호 경비 인력을 최대로 동원하였고 사전 안전 활동 기간과 규모도 확대 운용하였다.

행사 성격을 고려하여 군 병력을 행사장 주변 취약 산악 거부 작전에 적극 투입하였으며 행사 참석자에 대한 검색 및 비표운용을 강화하는 등 제한적인 강력 경호 관리가 시행되었다.

5) 국민의 정부(김대중 대통령)~참여정부(노무현 대통령) 경호 관리의 특성

국민의 정부 출범 후 국민과 함께하는 합리적인 국가 원수 경호 관리가 요구되어 문민정부 후반기부터 적용된 강력 경호 관리의 개념이 남북 관계 개선과 남북 정상회담 등의 경호 환경 변화로 인해 대통령 경호 관리의 방향 전환 필요성이 대두되었다.

이 시대의 국가 원수 경호 관리 특징을 요약하면, 문민정부 후반기부터 적용된 국가 원수 경호 관리 개념이 양적, 외형적 개념에서 질적 내실화, 효율성 제고 개념으로 전환되었다.

경호 인력의 최대 동원, 최대 배치 개념이 주요 취약지 위주로 원거리 비노출 배치 및 비상대기 개념으로 전환되었고, 연도는 교통 요원만 배치하고 곡각지, 교량, 터널 등 연도 취약지에는 비상 대기 개념으로 승차 대기 시켰다. 사전 안전 활동 기간도 축소 조정되었고 행사장 주차 관리도 탐지견 등을 활용하여 사전 검측 후 본대 이동 및 진입로에 지장이 없는 한 주차를 허용하였다.

거부 작전을 위한 군병력 동원은 사전 안전 판단 및 거부 작전 난이도를 고려하여 투입을 결정하되 가급적 지역 내 주둔 군부대를 활용하였고 대규모 공식 행사시만 동원을 국한하였다. 또한 문민정부부터 참여정부까지 국가 원수 경호 관리의 특징을 요약해 보면 과학적, 합리적, 민주적 경호 관리라 할 수 있다. 이상과 같이 각 공화국별, 정부별 국가 원수 경호 관리의 특징을 토대로 하여 우리나라 역대 국가 원수 경호 관리의 개념 및 특징을 아래 〈표 5-7〉과 같이 요약할 수 있다.

표 5-7 역대 정부별 경호 관리 특징 요약

구 분	3·4공화국	5공화국	6공화국	문민정부		국민의 정부~참여정부
				전 반 기	후 반 기	
개념 및 특징	·강력 경호 관리	·강력 경호 관리 - 노출과시형 위력 경호 - 완전 통제 개념 - 군사 작전 개념의 강력한 통제	·비노출·은밀 경호 관리 - 국민 편의 고려 - 순간 통제 개념	·예방경호 관리 - 비노출 감시 위주 - 지속적 통제 범위 축소	·제한적 강력 경호 관리 - 경호 인력의 최대 동원, 최대 배치	·국민친화적 경호 관리 - 과학적, 합법적, 효율적 개념 - 비노출 감시 개념

제2절 내각책임제 국가의 경호 관리

내각책임제 국가에서 정부의 성립과 존립은 국회의 신임을 필수조건으로 하고 있으며 이는 대통령제와 함께 현대 입헌민주국가의 양대 정부형태를 이루고 있다. 내각책임제 국가에서 입법부와 행정부에 관한 한, 대통령제에서와 같은 엄격한 권력분립의 원리가 적용되지 않고 오히려 '권력의 융화'의 원리에서 국회가 내각을 조직·해산하는 권한을 가짐으로써 내각에 대한 국회의 법적 우위성을 인정하고 있다.

내각책임제의 장단점은 대통령제와의 비교에서 논의되는 것이 보통인데, 그 장점으로는 민선의원으로서 조직되는 국회의 신임하에 내각이 존속하므로 행정부에 민의 반영이 잘 이루어진다는 점과, 국회와 내각의 융화로 현대 복지국가의 '일하는 국가'라는 시대적 요청에 더 적합하다는 점 등이다. 단점으로는 군소정당이 난립하는 국가에서는 내각이 약체이고 정국이 불안정하다는 점, 국회를 중심으로 한 정쟁이 심하다는 점, 후진민주국가에서는 집권당의 압제 위험이 크다는 점 등이다.

국가 원수 경호 관리에 있어서 내각책임제 국가는 대통령 중심제 국가보다 권력의 집권성이 상대적으로 낮기 때문에 통상 경찰 임무의 한 분야로 인식하고 있으며, 시민의 불편을 최소화하여 민주성을 기초로 한 경호 관리가 이루어지고 있다.

하지만 내각책임제 국가이면서 경호 환경이 불안정한 이스라엘과 같은 국가에서는 상대적으로 수상의 집권성이 강하기 때문에, 독립기관 형태의 조직을 운영하고 있으며 강력한 통제 위주의 경호 관리를 하고 있다.

본 절에서는 내각책임제 국가 중 일본, 영국, 독일, 캐나다, 이스라엘 등의 경호 관리 실태를 소개하고자 한다.

1. 일본: 경찰청

가. 국가 정세 및 경호 환경

일본의 장기적인 경기 침체와 더불어 우리나라와 중국과의 역사 왜곡에 따른 마찰과 국토영유권 분쟁 등으로 인한 동아시아 지역에서의 반일 감정 확산 등에 따라 국가 정세는 과거보다 불안정한 상태로 볼 수 있다.

하지만 내부적으로 일본의 치안은 안정적이라 볼 수 있으며 과거 70년대 일본 테러를 주도하였던 적군파[25]는 일본에서 활동 무대를 중동 지역으로 옮겨갔기 때문에 경호대상자에 대한 국내적인 테러 위협은 완화된 상태이다.

그러나 국내적인 테러 위협의 감소에도 불구하고 우리나라와 마찬가지로 이라크에 병력을 파견한 일본은 테러와의 전쟁에 적극 참여하고 있어 국외적 요인에 의한 테러 발생 가능성은 어느 때보다 높아지고 있다고 볼 수 있다.

최근 2011년 3월 11일 일본 동북쪽에서 규모 9.0의 대지진과 쓰나미가 발생하여 사상자 및 실종자가 3만 명이 넘고 수많은 이재민과 국가적 대혼란이 초래되었다.

지진과 쓰니미에 추가적으로 원전까지 파괴되면서 방사능 오염 안전이 위협을 받고 있으며 피해 복구비만 300조 이상 소요될 것으로 예측하고 있다. 이러한 상황하에서도 일본인들은 인내성을 가지고 복구 정상화에 최선을 다하고 있고 국제적으로도 인도적 차원에서 많은 원조와 도움을 표시하며 일본의 정상화에 다함께 힘을 합치고 있다.

나. 경호 조직 기능

일본은 입헌군주제에 의한 내각책임제 정부형태를 갖추고 있고, 천황은 국가 통합의 상징적 존재이며 정치 권력은 내각의 수반인 수상이 장악하고 있다. 따라서 경호대상이 다양한 관계로 천황과 황태자 부처의 수행 경호 및 황족에 대한 경호 임무는 황궁경찰본부에서 담당하고 있으며, 수상 및 요인에 대한 경호는 경찰청 경비국에서 담당하고 있다.

한편 수상 및 국빈경호담당, 중·참 위원의장, 헌법재판소장, 국무대신과 외교사절단 및 내각 관방장관, 정당고위간부 및 기타 경찰청장관 지명자

25) 적군파(JAR: Japanese Red Army) 일본 제국주의에 반대하여 1969년에 2개의 극좌파가 연합하여 일본에 조직된 국제 테러 단체(일본 정부의 군주정치를 폐지하고 세계 혁명을 지향).

들에 대한 실질적 경호 책임은 동경 경시청 공안부 및 경비부에서 담당하고 있다.

일본 경호기관은 상대적으로 외국 경호기관에 비해 허술한 경호 관리 체계를 유지하였으나, 1975. 6. 16. 사토 전 수상의 국민장에 참석한 미키 수상이 일본 '무도관' 정문 현관에서 피습당한 사건과 동년 7. 17. 오키나와 해양박물관 개회식에 참석한 황태자 부부에 대한 화염병 투척 사건 발생 이후 강력 경호를 요구하는 분위기가 형성, 1975. 9. 13. 요인경호대(Special Police)를 창설하게 되었다.

한편, 일본 요인경호대는 1995. 3. 30. 第16대 일 경찰청장관 쿠니마츠 총격 사건[26] 발생 이후, 국가 요인 경호 체계 강화를 위해 한국 경호실을 비롯 미국 비밀 경호대 등 전문 경호기관 등의 요인 경호 실태에 대해 연구한 바 있으며, 일 경호당국이 해외 출장시 실시하고 있는 선발대·본대 인력의 별도 운용도 동시기에 도입된 개념이다.

일본 요인경호대의 경호대상은 황족과 총리뿐만 아니라 장관 및 정당 요인인 집권당 총재, 부총재, 간사장, 총무회장, 야당총재도 포함된다.

다. 조직 기구

황족에 대한 경호 임무는 수상 직속의 국가공안위원회 관리하에 있는 경찰청 지휘감독 아래 황궁경찰본부가 담당하고 있으며, 수상에 대한 경호 업무는 경찰청 경비국의 지휘감독하에 동경경시청 경호과장이 근접경호 임무를 담당하고 있다. 또한 공안조사청 및 내각 정보조사실 등이 경호 정보 지원, 위해 첩보 수집 전파 임무를 수행하고 있다. 즉 경찰청은 전반적인 경호계획 수립 및 경호 업무 조정, 통제 및 국내요인 해외 순방시와 국빈 방일시 외국경호기관과의 청구 역할을 담당하고 있으며, 실질적인 경호는 동경

26) 95. 3. 30. 08 : 30경 '쿠니마츠' 경찰청장관이 동경시내 소재 자택 아파트 현관을 나서던 중 근처에 대기중이던 한 좌익테러분자의 저격을 받아 복부에 중상을 입음.

그림 5-5 일본 경호 조직 기구도[27)]

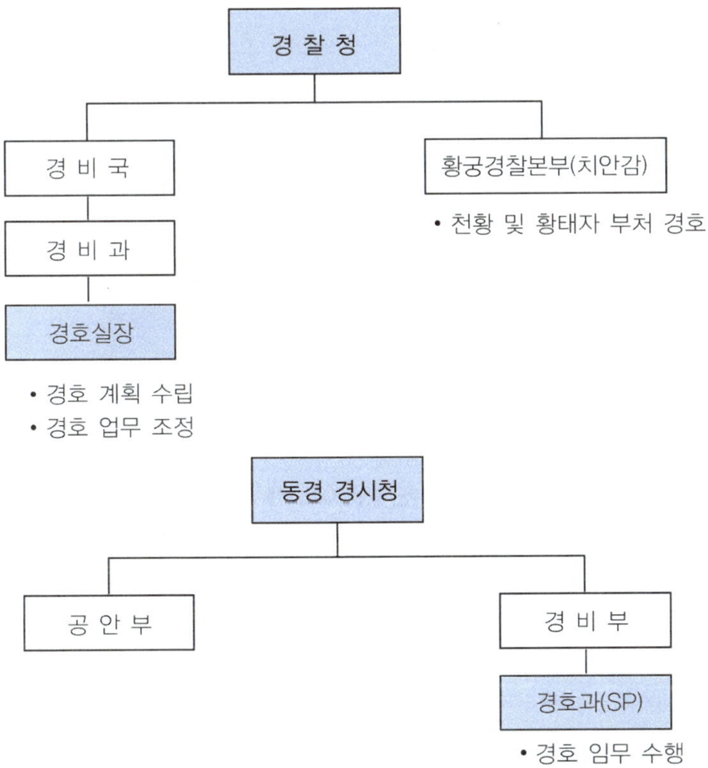

경시청에서 담당하고 있다. 황족의 경호 업무를 담당하고 있는 황궁경찰본부는 황족 사생활 및 기밀 유지를 위해 경찰청 산하 조직이지만, 일반 경찰 조직과 완전 별개의 조직으로 운영되며 사실상 경찰청장의 지휘 통제를 받지 않고 있다. 인사 관리 또한 일반 경찰과의 일체의 인사교류 없이 내부적인 인사 관리를 시행하고 있으며, 채용기준도 일반 경찰과 별도의 기준을 가지고 자체 인사 부서에서 별도로 채용하고 있다.

27) 정동활, "각국 경호제도 비교분석과 21세기형 선진경호제도 연구," 연세대학교 행정대학원 석사학위논문, 2004, 67면.

라. 인사 관리 및 교육 훈련[28)]

일본의 요인경호대 경호요원의 채용기준은 경찰(경사 이상) 중 25~35세 이하인 자 중에서 신장 175cm 이상으로 안경을 미착용한 자를 선발한다. 지원자격 기준은 유도 또는 검도 2단 이상 및 사격우수자를 대상으로 하여 책임감과 순발력, 순간적인 판단력 등이 우수한 경찰관 및 대학졸업자를 우대하여 선발하고 있다. 경호경찰은 SP(Special Police)로 지칭되며 경호 공적을 인정 받아 승진시 가점이 부여되어 직원들의 사기는 높은 편으로, 보수면에 있어서도 경찰 공무원은 일반 공무원보다 2호봉 높은 보수 체계를 유지하고 있다.

경찰 중에서 선발된 경호경찰은 통상 3개월간의 경호 전문 교육을 수료하게 되는데 훈련과목으로는 경호 기법, 기동간 경호 대형, 체포술, 검도, 유도, 및 의전 관련 교육이 주를 이루고 있다.

마. 일본 경호 관리의 장·단점

일본 수상에 대한 경호 관리는 국가 위상에 비해 전문성 및 프로 의식이 다소 낮은 것으로 평가되는 바, 이는 내각책임제로 인한 경호대상의 잦은 변화와 경호대상에 대한 희박한 권위 문제도 한 요인으로 작용한 것으로 분석되고 있다. 또한 경호원들의 수시 교체에 따른 경호요원으로서의 전문 의식이 부족하고 이에 따른 외국어 능력 등 전문 자질도 다소 부족한 것으로 평가되고 있다. 또한 국빈 등 외국 요인 방문시 외무성에서 경호 범위, 경호 수준, 제공 범위 등을 결정하여 경찰청에 협조 의뢰하여 진행되기 때문에 요인경호대의 경호 활동의 독립성에 한계가 있다.

하지만 인사 관리에 있어서는 일반 경찰 중에서 우수요원을 차출하여 운용하는 관계로 각 지부 현 단위까지 경호 활동 경험이 있는 요원들이 배치

---

28) 정동활, 전게논문, 65면.

되어 있으며, 요인경호대 출신 경찰요원의 수는 10,000명이나 되는 것으로 추산되고 있다.

황족 경호에 있어서는 '멸균 작전'이라는 경호 개념으로 안전 구역에서의 경호 활동 즉 선발 활동, 검측 활동이 철저하여 총리보다 강화된 경호 관리를 하고 있으며, 특히 경찰청 직속의 황궁경호대를 운영하여 철저한 신변에 관한 보안을 유지하고 있다. 황궁경호대는 경찰청 소속이지만 사실상 완전한 독립 조직으로 경찰청의 통제를 일절 받지 않고 있다.

또한 신성시되고 있는 황족에 대한 국민적 신뢰 및 일반경찰들의 전폭적인 지원을 바탕으로 총력 경호 체제를 구축하여 황족 사생활에 대한 철저한 보안 유지를 생명으로 여기고 있다. 독립된 기구로 운영되고 있는 가운데도 일반경찰과 동일한 정년(60세) 보장으로 직원들의 신분 안정성의 유지가 가능하나 독립된 기구 운영에 따른 인사 관리의 한계 및 직원 능력 개발의 제한 등이 단점으로 부각되고 있으며, 지나친 보안성 강조에 따른 조직 발전의 저해 및 정보 수집 기능이 미약하다.

2. 독일: 연방 범죄수사청(BKA: Bundes Kriminal Amt)

가. 조직 기능 및 권한

독일 연방 공화국은 연방 공화제에 의한 내각책임제를 채택하고 있고, 대통령은 상징적인 존재로서 국가 통합의 정신적 기능을 수행하고 있으며, 연방 하원에서 선출된 수상이 실실적으로 행정수반의 역할을 하고 있기 때문에 경호 제공 역시 수상경호에 중점을 두고 있다.

독일의 경호 업무는 연방 내무성 산하 연방 범죄수사청에서 대통령과 수상·각료·국회의원·외국 국빈·기타 헌법기관의 주요 인사에 대한 경호 업무를 담당하고 있으며, 연방 범죄수사청은 수사기관으로 경호 업무 이외에도 그 고유 업무인 마약·테러·위조지폐·국가보안사범 수사 및 국제경찰기구(Interpol)

와의 협조 임무를 담당하고 있다.[29)]

연방 범죄수사청은 대통령·수상·외상·국방상·내무상·법무상은 항상 수행경호를 실시하고, 기타 요인은 위해 정보 발생시만 한시적으로 경호한다. 외국 국빈에 대해서는 1. 2. 3 등급으로 구분하여 외빈경호과에서 경호임무를 수행하고 있으며, 대통령 및 수상집무실을 포함한 주요 연방기관의 시설 경비 업무와 경호 행사시 항공기 운영과 테러 분자들의 국경 출입 정보 및 행사시 외곽 경호 지원 임무는 연방 내무성 산하 연방 국경수비대(Bundes Grenzschutz: BGS)에서 담당하고 있다.

나. 조직 기구

1951년 창설된 연방 범죄수사청 산하 경호총국은 경호대상이 30여 명이 넘는 관계로 경호 업무 수행에 한계가 따르나 연방 국경수비대(BGS) 병력과 주립경찰을 지원 받아 경호 임무를 수행하고 있다.

조직 체계를 보면 주립 범죄수사청과 주립 경찰은 연방 범죄수사청과 협조하여 외곽경호·시설경비 및 치안유지업무를 담당하고, 연방 국경수비대 수상실, 대통령실 시설경비 및 국경 출입자 검색 및 밀입국 기도자 사전 차단과 경호 정보를 제공하며, 연방 헌법보호청은 경호 자료 수집 임무를 수행하고 있다.

연방 범죄수사청 경호요원은 행사의 규모에 따라 차이는 있지만 원칙적으로 시설 경비조, 대인 경호조, 행사장 경호조, 선발 경호조, 예비조 등 5개조로 구성되어 운영되고 있는바, 매년 평균 15회 이상의 외국 원수 방문행사를 무난히 주관, 방문 국가 원수의 적대국 집단 또는 테러 조직에 대해 사전 집중 감시와 철저한 내사 활동을 전개하여 위해 기도 사전 방지에 중점을 두고 경호 임무를 수행하고 있다.

---

29) 독일 헌법 제87조에 근거, 각주의 경찰업무를 감독하여 연방 정부 중앙 경찰기관으로서의 역할을 담당하고 있으며, '84년 이후 유럽 내 국경통제가 사라지면서 국가간 발생되고 있는 각종 국제 범죄 사건을 처리하고 있음.

그림 5-6 독일 경호조직 기구도[30]

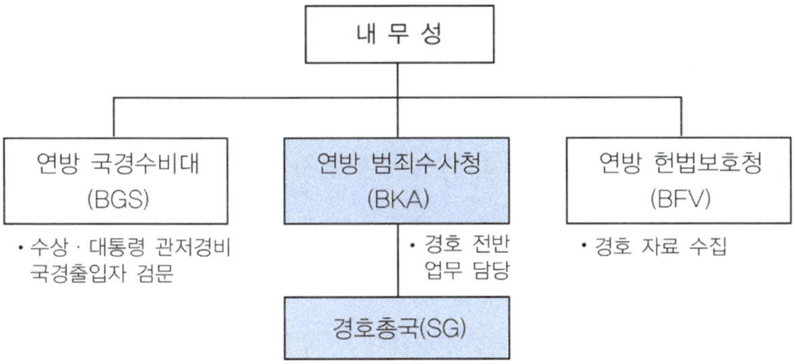

다. 인사 관리 및 교육 훈련

경호요원은 연방 범죄수사청의 수사관으로 통상 고등학교를 졸업한 19~20세의 건강한 남녀로 선발, 경찰전문대학에서 3년간의 기본수사과정을 이수한 후 임용되며 3년간의 시보 기간을 마치고 27세 이상이 되면 정식 공무원 신분을 얻게 된다. 경호요원의 선발은 일반적으로 경찰전문대학 과정을 이수한 우수자원들을 대상으로 하게 되는데 경쟁률이 높은 편이다. 경호요원의 연령은 30~40대로 경호 활동은 50세까지만 할 수 있다. 하지만 일반수사관들과 마찬가지로 60세까지 정년이 보장되며, 개인의 희망에 따라 수시로 보직을 변경할 수 있다.

고등학교 졸업성적이 80점 이상이거나 대학입학 자격시험 합격자 중 경찰전문대학생을 선발하게 되는데 3년간 전문대학에서 법규·수사학·수사실무·과학수사·사격 등의 전문과정을 이수하게 되며, 졸업 후 본인의 희망에 따라 경호 분야에 배치되는 인원은 별도로 4주에 걸쳐 호신술, 응급 처치, 대인 경호, 상황 조치 훈련, 경호운전, 수영, 사격 등의 경호 특별 교육을

30) APPS 자료: Association of Personal Protection Services(국제경호책임자협회), 2004.
- 국제경호책임자협회는 유럽국가를 중심으로 약 30여 국의 회원국으로 구성되어 있고 2년마다 회의를 개최(아시아 회원국은 한국, 중국, 홍콩 3개국이 가입).

주로 받게 된다.

라. 독일 경호 관리의 장·단점

독일 경호 관리의 장점을 살펴보면 먼저 개인 희망에 따라 수사 또는 경호 분야로의 수시 보직변경이 가능하여 인사관리가 원활하고, 경찰 중 경호업무 담당 경력을 30~40대 젊은층으로 수시 선발하여 운영함으로써 항시 체력 우수 자원의 확보가 가능하다는 점이다. 선발 경호 임무는 연방에서 경호 업무를 담당한 경험이 있는 해당지역 주경찰과 연방 국경수비대에서 담당하며, 연방 경찰 소속 기구로 편성되어 있어 마약, 무기밀매, 테러 관련 범죄 등 경호 관련 정보 수집이 용이하다는 장점이 있다. 또한 우리나라와 유사하게 수상 및 대통령 집무실 및 관저에 대한 단순 경비 업무는 내무성 산하 국경수비대에서 담당하고 있어, 우수한 연방 범죄수사청 인력이 효율적으로 운용된다는 점도 장점으로 볼 수 있을 것이다.

독일 경호 관리의 단점으로는 수시 인력 교체에 따른 경호 업무의 전문성이 취약하다는 점과 자체적인 대테러 및 검측 전문요원이 없이 군에 전적으로 의존함으로써 군과의 협조 관계에 많은 어려움이 있다는 것이다.

3. 영국: 경찰청 특수임무부(SB: Special Branch)

가. 경호 조직의 기능

영국은 입헌군주국으로 내각책임제를 채택하고 있으며, 국왕인 여왕은 국가 통합의 상징적 역할만을 하고 실질적 국정 수행은 수상이 이끄는 내각에서 담당하고 있다. 따라서 경호대상 역시 수상을 비롯한 주요 정부 인사에 치중하고 있지만, 국왕은 영국을 비롯한 18개 영 연방 국가들의 국가 원수로서 국민 통합의 상징적 구심점으로서의 역할을 수행하기 때문에 경호를 제공받고 있다.

국왕과 수상의 경호는 경찰에서 맡고 있는바, 영국 경찰 조직은 내무성 장관 밑에 경찰 총감이 있어 전국 경찰을 지휘하긴 하나 지방자치제에 따라 각 지방 경찰은 독자적인 임무를 수행하고 있다. 중앙경찰로서는 런던 경시청이 있는데 경시청장은 경찰총감이 겸임하며 전국 경찰을 지휘·조정하고 런던지역의 치안 업무, 왕실 및 수상 등 요인 경호 임무를 담당하고 있는데 실질적인 경호 실시는 경시청 특수임무부와 각 지방 경찰국 특수부에서 수행하고 있다. 런던 경시청 특수부 요원의 주요 임무는 요인경호, 외사 업무 수행, 대간첩 정보 수집과 적성 국가 국적보유자 및 요시찰 외국인 동향 파악 등이 있다.

나. 조직 편성

런던 경시청장은 경찰총감이 겸임하고, 경찰청 소속 외교단 왕실경호부 내의 왕실경호대는 국왕 및 4촌 이내 왕실 직계 가족 경호와 왕궁의 경비 및 런던 소재 외국 공관의 경비 및 외교관에 대한 경호 임무를 담당하고 있으며, 특수임무부(Special Branch)에서는 경호 전반에 관한 계획의 수립 및 수상, 장관 등에 대한 요인경호와 외국 국빈에 대한 경호 업무를 수행하고 있다. 또한 기동간 차량 경호 임무를 수행하는 특수호위대(Special Escort Group)를 별도로 두고 있다.

경호 지원기관으로는 국내 정보를 담당하고 있는 안전부(Security Service)와 국외 정보를 담당하고 있는 비밀정보부(Secret Intelligence Service),[31] 통신 정보를 수집하는 통신정보본부(The Government Communication Headquarters), 국방성 산하의 국방정보본부 등에서 경호 정보의 수집을 지원하고 있다.

안전부는 내무성 산하에 소속되어 대간첩 및 대전복 업무를 수행하고,

31) 비밀 경호대와 SIS는 1997년 명칭 변경 이전 MI-5 및 MI-6로 더 알려져 있으며, 각각 내무성·외무성 소속으로 편제되어 있음.

그림 5-7 영국 경호조직 기구도[32)]

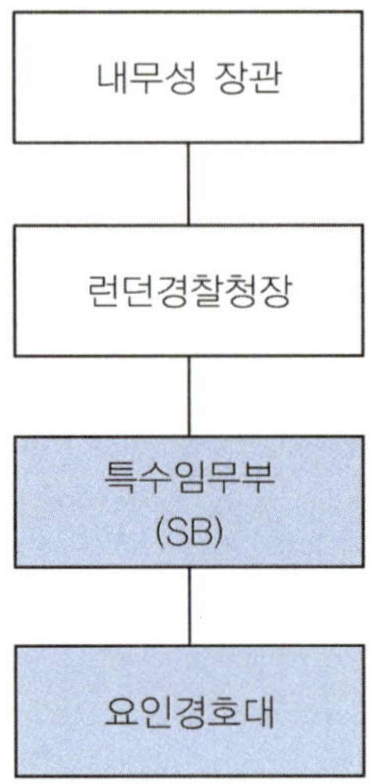

비밀정보부는 외무성 산하에 소속되어 국외정보를 수집 분석하며, 통신정보본부는 외무성 산하에 소속되어 러시아 및 동구권의 전파 탐지와 암호 해독을 담당하고 있는바, 경호 행사시에는 주로 비밀정보부와 안전부에서 경호정보를 수집하여 런던경시청 특수부에 제공하고 있다.

다. 인사 관리 및 교육 훈련

경호경찰은 경찰학교를 졸업하고 비간부 경찰로서 3년 이상 근무한 19세 이상의 경찰 중 정직하고 건전한 사고를 가진 자 중에서 선발하고 있다. 특히 근접경호요원의 경우에는 5차례 이상의 엄격한 면접을 거쳐 선발하고 있으며, 30대 이상의 경험이 풍부한 총경급을 팀장으로 하여 경정, 경감, 경위, 경사급에서 1명씩 차출해 3년간 근무하고 난 뒤 자신의 경력 관리를 위하여 타 경찰부서에 배치된다. 통상 수상 경호는 이들 5~6명의 근접경호팀이 직접 수행경호를 담당하고 있으나, 특수처 각부가 정보분석·훈련·경비·

32) 2004, APPS 자료 참조.

지원 업무를 동시에 수행하고 있으므로 특수임무부 전체가 사실상 경호 업무를 담당하고 있다고 볼 수 있다. 보수는 경찰 자체의 보수가 비교적 높은 편이기 때문에 특수부 경호경찰의 별도 수당이나 승진 등에 있어 특별한 혜택은 없다.

경호경찰은 전입시 3주의 집체 교육을 받아 임명되며, 교육담당부서에서는 상황 판단 및 즉각 조치 능력 함양을 위해 주기적으로 집체 교육을 실시하고 있다. 경호 훈련의 목적은 예리한 상황 판단력과 정보 분석력을 가진 우수한 경호요원으로의 육성에 있으므로, 경험 요소를 중시하여 토의 및 실습식 위주 훈련을 실시하고 있다.

라. 영국 경호 관리의 장·단점

영국 경호 관리의 장점으로는 선발경호 활동시 경호 업무를 담당한 경험이 있는 해당 지역 특수부 소속 경호경찰을 활용할 수 있어 사전 안전 조치가 비교적 용이하고, 특수임무부와 외교단, 왕실경호부가 분리되어 있어 책임한계 및 업무 분담이 명확하여 효율적 임무 수행이 가능하며, 일반 경찰 중 검증된 우수 자원을 선발하여 활용함으로써 희망에 따라 수시 보직 변경을 통한 인사관리가 용이하다는 점을 들 수 있다.

또한 왕실, 총리, 기타 각료 등 경호대상의 다양성에 따라 경호 업무 담당 경찰의 보직관리가 용이하다는 점과 경찰 중 단기간(3년) 경호 업무에 종사하게 한 후 경찰 현업 복귀로 경호 담당 인력이 항상 젊은층으로 유지 가능하다는 점, 그리고 제2장에서 기 설명된 바와 같이 정보분석에 중점을 둔 영국 고유의 포괄적 경호 기법인 3중 경호 원리의 적용으로 완벽한 임무 수행을 하고 있다.

영국 경호 관리의 단점으로는 비교적 단기간인 3년간 경호 업무에 종사한 후 타부서에 보직되는 관계로 경험에 바탕을 둔 경호 임무 수행에 제약을 받을 수 있으며, 경호 업무에 대한 별도의 전문적 교육 없이 단기간 (3주) 교육 수료 후 경호 업무를 담당함으로써 경호원들의 전문성과 업무 능력에 한계가 있을 수 있다는 점과 전원 경찰로 구성되어 있어 검측 및 테러 관련 업무 등 군 지원 요소가 필수적인 경호 업무에 있어 군으로부터의 지원 및 협조가 제한된다는 점을 들 수 있을 것이다.

4. 캐나다: 연방 경찰청(RCMP: Royal Canadian Mounted Police)

가. 조직 기능

캐나다는 영 연방 일원으로 내각책임제를 채택하고 있으며, 영국 국왕이 국가 원수이긴 하나 실제로 상, 하원에서 선출된 수상이 실질적인 권한을 갖고 있어 경호의 주대상도 수상이다. 캐나다 요인 및 국빈에 대한 경호 업무는 연방 경찰청에서 담당하고 있으며, 지방 경찰·국방성·외무성·교통성 등의 협조를 받아 연방 경찰청 치안·경호 부총감의 지휘하에 있는 경호국에서 경호 임무를 담당하고 있다. 경호대상은 수상·총독·내무장관·대법원장·국회의장 및 외교관과 외국 국빈 등이 있으며, 캐나다 연방 경찰 본부의 담당 업무는 경호 업무 이외에도 마약 단속, 경제 범죄 수사, 외사 업무 수행, 범죄 정보 수집, 신원 조사 업무, 법의학 연구 등의 업무를 수행하고 있다.

경호 지원기관으로는 경호 관련 정보 수집 업무를 담당하고 있는 국가보안정보부(Canadian Security Intelligence Service)와 군 내부 정보 및 보안 업무를 담당하고 있는 국방성 정보국 및 유무선 통신의 감청 업무를 담당하고 있는 통신정보부대 등이 있으며, 수상경호의 경우 수상이 위치하고 있는 지역의 경찰이 책임을 지고 그 지역의 특수한 사정을 고려하여 경호의 일차적인 책임은 지방경찰에 있다는 것이 특징이다.

나. 조직 편제

연방 경찰본부 산하에는 범죄수사 부총감·치안경호 부총감·행정 부총감·수사지원 부총감 등 4명의 부총감이 있으며, 이 중 치안·경호 부총감 소속으로 경호국과 안전기술국·보안국·경비국이 있다.

경호 업무를 조정하고 통제하는 업무를 담당하고 있는 경호국 내에는 캐나다 주재 외교관 및 그들의 가족들을 보호하는 업무를 담당하는 외교관 경호과와 수상 및 그 가족에 대한 직접적인 경호를 제공하고 있는 수상 경호과, 그리고 국빈 방문시 근접경호를 담당하고 있는 VIP 경호과를 두고 있으며, 각 지방 경찰서 소속 요인경호과에서는 해당 지역을 방문하는 VIP에 대한 근접경호 임무를 수행하고 있다. 이와 더불어 폭발물에 대한 안전 검측 업무를 담당하고 있는 안전기술국과 정보 및 보안업무를 담당하고 있는 보안국, 그리고 수상관저 및 외교관 숙소 등에 대한 경비 업무 등을 담당하고 있는 경비국을 두고 있다.

그림 5-8 캐나다 경호조직 기구도[33]

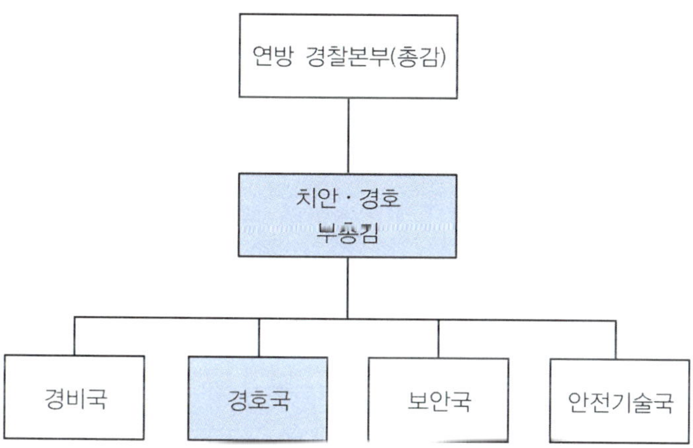

33) APPS: 국제경호책임자협회 자료, 2004.

다. 인사 관리 및 교육 훈련

캐나다 경호원의 임용 자격기준은 고졸 이상의 학력을 가진 19~29세까지의 경찰관 중 경찰근무 3년 이상인 신체 건장하고 운동에 재능이 있는 자를 선발하고 있다. 경찰관 채용시험 합격자는 통상 기본교육 6개월, 경찰실무훈련 6개월 후 경찰로서 직무를 수행하게 되는데, 경호경찰은 7주 이상의 별도의 경호 훈련을 실시한 후 경호 임무를 수행하게 된다.

경호경찰의 보수는 일반경찰과 동일하며 수상근접요원은 통상 10년 이상 경호근무자 중에서 선발하게 되는데, 경호경찰로 선발되면 최소 3년 이상의 의무 복무 후 본인의 희망에 따라 타부서로 전출할 수 있다.

라. 캐나다 경호 관리의 장·단점

캐나다 경호 관리의 장점으로는 경호 업무의 경험이 있는 우수한 자원이 지역 경찰서에 배치되어 있고 해당 지역의 특수성을 잘 알고 있는 지역경찰이 경호의 1차 책임을 지고 있어 경호 업무가 효율적으로 이루어지고 있으며, 경찰 중 검증된 젊고 우수한 자원 선발 활용이 가능하고 희망에 따라 수시 보직 변경이 가능하기 때문에 인사 관리가 용이하다는 점과 각 행사장별 책임자가 경호조치에 대한 모든 결정권을 행사하게 되어 있어 신속한 판단에 의한 경호조치를 취할 수 있다는 장점이 있다.

단점으로는 각국 단위별로 검측, 보안, 경호 정보를 담당하고 있는 부서가 분리되어 있어 총력 경호 체계의 확보가 곤란하다는 점과 3중 개념이 아닌 2중 개념에 의한 경호를 실시하고 있어 상대적으로 경호 안전 구역 확보가 취약하며, 해당 지역을 수개로 분리하여 각각 담당 경찰서에서 경호 업무를 책임지고 있기 때문에 일관된 경호 기법의 적용이 곤란해 지휘 체계 단일화의 부재로 인한 위기 상황 발생시 대응 능력이 약화될 수 있다. 또한 수시 보직 변경에 따른 경호 업무의 전문성이 취약하고, 경찰로만 구성되어 있어 군 조직과의 유기적인 협조 체계의 제약을 받을 수 있다.

5. 이스라엘(ISA: Israeli Security Agency)

가. 조직 기능

이스라엘 경호 업무를 담당하고 있는 경호 조직의 명칭은 본래 GSS(General Security Service)였으나, 라빈 수상 암살 사건[34] 이후 취임한 아미 아얄론 신임부장이 과거 통용되어 온 GSS가 유태인을 학살한 독일 SS와 같은 이미지를 준다며 개칭을 지시하여 공식명칭을 '98년도 9월부로 ISA(Israeli Security Agency) 즉 이스라엘 보안부로 전환하였다. 통상적으로 이스라엘 내에서는 "신베트" 또는 "사박(Shin Beth or Shabak)"으로 불려지는데 1948년 이스라엘 독립 직후 방첩 활동과 대전복 임무를 수행하기 위해 창설한 보안부대를 그 모체로 하고 있다. 오늘날 ISA와 쌍벽을 이루는 대외 정보 기구인 ISIS(Israeli Secret Intelligence Service: 일명 모사드)는 주로 해외 정보 공작 임무를 수행하며 국내 보안 정보 업무에는 관여하지 않고 있다. 중동 지역의 특수한 경호 환경으로 인해 ISA의 조직은 비밀에 싸여 그 존재가 알려지지 않았으나, 1979. 1. 이란의 미 대사관 점거 사건 당시 CIA가 작성한 문서가 공표되면서 알려지게 되었고, 특히 아얄론 신임 부장 취임 이후 경호 조직은 비밀 정보 보안 조직과는 달리 공명정대하고 투명성이 보장되어야 한다는 취지 아래 라빈 수상 암살의 경호 책임을 철저히 공개하여 부끄럽지만 용기 있게 잘못을 시인하고, 똑같은 실수가 반복되지 않도록 전면적인 경호 기법과 조직 개편을 단행한 바 있다.

ISA 소속 경호안전국이 담당하고 있는 임무는 수상 경호 및 주요 요인에 대한 경호, 정부시설물 보호, 선박항공기 등 국제 수송 안전 관리업무, 해외

34) 95. 11. 4. 22 : 10경 라빈 수상이 텔아비브 시청 앞 광장에서 개최된 중동 평화지지 집회 연설을 마치고 승용차에 오르는 순간, 이스라엘 극우단체 'EYAL' 소속 유태인 청년 '이갈 아미르'에 의한 권총 저격을 받고 병원 이동 중 사망.

공관 경호경비 및 해외 거주 유태인 보호, 경호 관련 정보 수집 등이 있다.

나. 조직 기구

중동 지역의 특수한 경호 환경으로 ISA는 다양한 업무를 수행하고 있는데 아랍권과 비아랍권을 대상으로 한 정보 수집 기능을 담당하고 있는 방첩국과 실질적인 경호 업무를 담당하고 있는 경호안전국, 그리고 이스라엘 내에서 보안 정보 활동을 하는 지역국과 행정 업무 지원을 담당하는 행정국으로 구분되어 있다.

그림 5-9 이스라엘 ISA 조직기구도[35)]

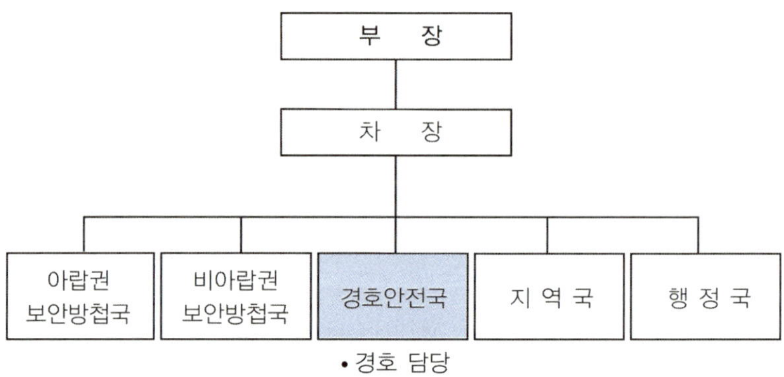

다. 인사 및 교육 훈련

경호요원의 선발은 전투경험이 있는 현역 군인 중 본인 희망과 부대장 추천으로 선발되는바, 대상은 장교 또는 사병으로서 군복무 중인 자 중 체력·사격우수자로서 평균 22~24세로 비교적 젊은층을 선호하고 있으며, 비공개의 모집절차로 선발된다. 선발 이후 약 8개월에 걸친 신임직원교육과 1년간의 현장 합동 근무 이후 독자적 업무 수행이 가능하며, 교육 저조자의

35) APPS: 국제경호책임자협회 자료, 2004.

경우에는 현직 복귀 또는 외곽 경비 업무를 수행하게 되기 때문에 교육에 대한 열의가 매우 높은 편이다. 보수면에서도 일반인 평균보다 2배 가량이나 되는 고소득이 보장되기 때문에 경호요원들의 사기가 비교적 높은 편이다.

라. 이스라엘 경호 관리의 장·단점

이스라엘 경호 조직의 장점으로는 먼저 국내 경호 업무 이외의 해외 대사관에 대한 경호 경비 업무를 수행함으로써 정보부서 기능의 강화를 통한 경호 정·첩보 수집이 용이하다는 점과 해외지부 운용을 통한 수상의 해외 행사시 원활한 예방경호 활동을 할 수 있으며, 하위직의 경우 전투 경험이 있는 군인들 중 검증된 자원들이 선발되기 때문에 조직 전반적으로 우수한 경호요원들로 구성되어 있다.

또한 경호 업무 이외의 다양한 분야의 업무 수행으로 본인 희망 및 적성을 고려한 인사관리 및 개인 능력 개발이 가능하며, 경호 업무에 대한 국민들의 전폭적인 지원 및 이해를 통한 국민적 신뢰와 협조를 바탕으로 경호 업무를 수행하고 있다. 그리고 보수면에서도 일반직 평균보다 약 2배에 해당하는 연봉액으로 경호요원들의 사기가 높고, 교육 저조자 및 근무성적 불량자에 대한 경비부서 배치로 원활하고 적절한 인사 관리가 가능하다는 점을 장점으로 들 수 있다.

이스라엘 경호 조직의 단점으로는 경호책임자의 국내외 정보 및 경호 업무 등 다양한 업무 영역으로 인한 경호 업무 집중도가 저하된다는 점과 군인과 일반직 경호원의 혼합 편성에 따른 조직내부적인 단결력이 약화될 수 있다는 점을 들 수 있다.

제3절 이원집정부제 국가의 경호 관리

이원집정부제 국가형태는 헌법상 대통령제와 의원내각제가 절충된 정부 형태로 볼 수 있다. 즉 행정부가 이분화되어 있는 것을 말하며, 이원적정부제(二元的政府制)라고도 한다. 그 대표적인 예로서는 바이마르헌법에서의 독일은 의원내각제를 채택하면서도 민선 대통령에게 상당한 실권을 부여하는 대통령제의 요소가 강하였다. 현재 프랑스에서는 민선 대통령에게 행정부의 수장으로서의 지위뿐 아니라 삼권위에서는 국정의 최고책임자 지위까지도 부여하고 있으면서, 행정부의 권한은 대통령과 총리 이하 정부에 분할하고, 하원(下院)의 총리 및 각료에 대한 불신임권을 인정함으로써 양제도를 혼용하고 있다. 이러한 이원집정부제 국가에서 경호 관리는 권력의 분산에 따라 내각책임제와 유사하게 운용되고 있다.

본 절에서는 이러한 이원집정부제의 대표적인 국가인 프랑스의 경호 관리 체계에 대하여 살펴본다.

1. 프랑스: SPHP(Service de Protection des Hautes Personnalites)

가. 조직 기능

프랑스는 대통령중심제와 의원내각제를 혼합한 이원집정부제의 정부형태로 권력이 양분되어 있으나 대통령에게 더 많은 권한을 부여하고 있다. 헌법상 국가 원수인 대통령에 대한 경호 임무를 담당하고 있는 기관인 요인경호실(Service de Protection des Hautes Personnalites)은 내무부 산하 국립경찰본부 소속으로 되어 있으며 주요 임무는 대통령, 수상, 장관과 전직 주요 요인에 대한 국내외 경호 업무 및 프랑스 방문 외빈에 대한 경호 임무와 기타 경호 활동을 위한 기획, 편성, 유관기관 협조 및 관련 정보 처리 업무를 담당하고 있다. 프랑스의 경호 체계는 1995년 이전까지는 내무성 경찰본부 산하 요인경호실과 국방성 산하 대통령 관저경호대에서 경호를 실시하며, 군과 경찰로 이원화된 경호 체계를 유지하였으나 1995년 시락 대통령이 이러한 이원화된 경호 체계를 요인경호실(경찰) 주관으로 통합하였다.

통합 이후에도 대통령 및 수상관저 등 건물에 대한 경비는 군 헌병대 소속의 공화국 경비단(Garde de la Republique)이 담당하고 있으며, 대통령에 대한 근접경호는 국립헌병특공대(GIGN)[36]에서 차출된 대통령 수행경호대에서 담당하고 있다. 군 헌병으로 구성된 공화국 경비단의 세부 임무를 살펴보면 경비대는 엘리제궁 및 영빈관 시설 출입자 통제와 내·외곽 경비 업무를 담당하고 있으며, 기마대는 국빈 영접 행사시 통상 180기의 말을 동원하여 의장대 업무를 수행하고, 기동대는 국빈 영접 행사시 모터사이클 에스코트 업무를 담당하고 있다.

나. 조직 기구

치안감급인 요인경호실장 아래에 차장과 국내 요인 경호국(경호1국)·외빈경호국(경호2국) 및 행정지원국으로 구성되어 있으며, 그 외 비서실·참모부·대통령 수행경호대 등을 두고 있다. 프랑스 요인경호실의 조직 구성은 〈그림 5-10〉에서와 같다.

요인경호실이 대통령 및 국빈에 대한 경호 업무를 총괄하며, 그 외의 파리경찰청 정보국과 국토감시국 및 해외안전총국 등은 경호 위해 첩보를 수집하여 요인경호실에 통보하는 체제를 유지한다. 그 외에도 경호 유관기관으로는 경찰총국장 직속 기관으로 되어 있는 내네너 소성통제실과 경찰특공대 등이 있다.

36) GIGN은 군 헌병대(Gendarmerie) 산하 대테러 특수부대.

그림 5-10 프랑스 요인경호실 조직도[37]

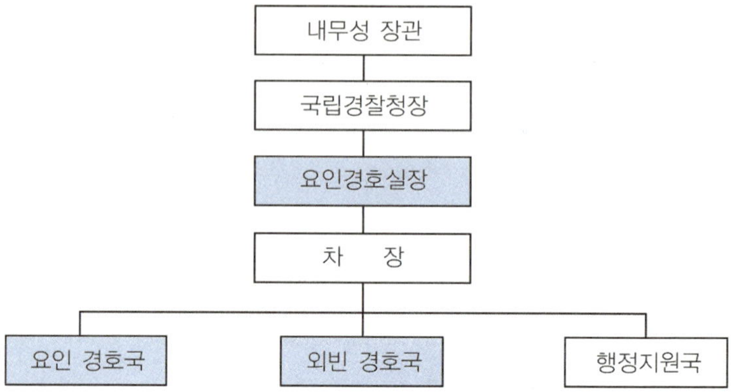

일반적으로 프랑스 경호기관은 다수 인원을 동원한 경호보다는 사전에 경호 위해 첩보 수집을 통한 경호 환경 분석에 중점을 두며, 경호요원을 대중에 노출시키지 않고 은밀 활동 위주의 경호임무를 수행하고 있다.

다. 인사 관리 및 교육 훈련

요인경호실의 인원 선발은 고졸 이상의 학력을 소지한 일반경찰 중에서 선발하고 있으며, 통상 경호요원은 경위 중 신장 171cm 이상인 자로서 25~37세인 자 중 신체적으로 우수한 자원을 선발한다. 선발시 외국어 능통자를 우대하고, 경호요원의 정년은 50세로 정년 이후 일반 경찰로 현업에 복귀하게 된다.

교육 훈련은 경위 임용 후 18개월간의 경찰학교과정을 수료한 후 경호요원 신규 임용시 경찰총국 산하 각종 전문교육기관에서 사격, 운전, 근접경호 요령 및 정찰 등 특수훈련을 받게 된다. 기존 경호요원은 무도, 사격술, 운전 등 기타 특수훈련을 수시로 받고 있으며, 외국 방문시나 국빈 방한 행사에 대비하여 원활한 업무 협조를 위해 해당 외국어 교육을 지속적으로

37) APPS: 국제경호책임자 협회자료, 2004.

실시하고 있다.

라. 프랑스 경호 관리의 장·단점

프랑스 요인경호실의 장점으로는 대통령, 수상, 장관 등 다양한 경호 대상에 따른 경호요원에 대한 보직 관리가 용이하고 개인 희망에 따라 수사 또는 경호 분야로의 수시 보직 변경이 가능하다. 또한 경찰 중 경호 업무 담당 경력을 25~37세 젊은층으로 수시 선발하여 운영함으로써 체력우수자원의 확보가 가능하고, 군과 경찰의 사실상 이원화된 체계를 유지하고 있어 비교적 단순 경비 업무는 공화국경비단(군 헌병)으로 구성되어 있기 때문에 경찰 우수 인력의 효율적인 인사 관리가 가능하다는 점을 들 수 있을 것이다.

단점으로는 자체적인 정보 수집 기능이 없어 경호 정보를 전적으로 경찰정보국과 국토감시국 및 해외 안전총국에 의존함으로서 경호와 관련한 효율적인 정보의 제공이 제한되고 있으며, 정보 기능의 다원화에 따른 정보 분석 업무 기능이 취약하다고 볼 수 있다. 또한 다양한 업무를 수행하는 경찰로 구성되어 있어 상대적으로 경호 전문성이 취약하고 경찰 및 군의 이원화된 조직구성으로 경찰이 군을 직접 통제하고 있어 경비 업무를 담당하고 있는 군에 대한 지휘통제권이 제한되고 있다는점을 단점으로 들 수 있다.

제4절 국가 원수 경호 관리 체계 비교

1. 국가별 경호 관리 체계 비교

지금까지 우리나라와 외국의 경호 관리 체계에 대하여 살펴본 것처럼 국가 원수에 대한 경호 관리는 정치 제제와 밀접한 관련이 있고 국가마다 고유한 경호 환경하에서 발전되어 오고 있다. 통상 우리나라와 미국·러시아 등 정치적으로 안정되어 있는 대통령중심제 국가와, 민주화되어 있으면서도 경호 환경이 불안정한 이스라엘 등에서의 국가 원수에 대한 경호는 독립된 경호전문 조직을 두고 대통령 경호 관리를 하고 있다.

그리고 통치 권력이 분산된 내각책임제 국가인 영국·독일·캐나다·일본·말레이시아 등의 경우, 국왕은 국가 통합의 상징적 존재이고 수상에게 권한이 집중되어 있어, 주된 경호대상은 수상이며 경찰 내의 경호 조직에서 경호 임무를 주로 담당하고 있다. 반면에 같은 입헌군주제이면서도 내각책임제 형태를 취하는 스페인과 태국은 정치적 상황에 의해 군과 경찰의 혼합 조직 내지는 군에 의한 국가 원수 경호 관리가 이루어진다. 스페인은 군이 경호를 담당하고 있으며, 태국은 국왕에 대한 경호는 경찰이 담당하고 수상에 대한 경호는 군에서 담당하고 있다.[38)]

또한 이원집정부제 국가인 프랑스와 헝가리의 경우에도 경찰과 군의 혼성 조직으로 편성되어 있으며, 북한과 중국 그리고 페루, 칠레, 브라질 등 군이 경호 관리를 전담하고 있는 국가들은 군사정권 또는 평화적 정권 교체가 이루어지지 않고 있는 국가들이 대부분이다. 이와 같이 각국의 국가 원수에 대한 경호 관리는 정치 체제와 정치 풍토에 따라 다르게 나타나고 있다.

경찰에 의해서 운영되는 경호 조직의 형태는 주로 연방 경찰에서 경호 업무를 조정 총괄하고, 지방 경찰은 지원 업무를 담당하고 있으며 경호 조직의 장은 우리나라 기준으로 본다면 치안감급으로 편성된다. 한편 경호실이 군과 경찰의 혼성 조직으로 편성된 경우 프랑스를 제외하고 주로 군에서 경호업무를 주도하고 기관장 직급 또한 비교적 높은 편으로 고위 장성급으로 운용되며, 독립 기관의 형태인 경우에는 실장은 주로 차관보급이다.

경호요원의 선발 또한 경찰이 경호를 담당하는 경우 경찰에서 충원되고 있으며, 군에서 담당하는 경우 군인들 중 우수 자원을 선발하게 되고 인사교류 또한 비교적 자유롭게 이루어지고 있다. 반면 독립 기관의 형태로 운

---

38) 최평길, 「대통령학」, 박영사, 2007, 275~276면.

표 5-8 각국 경호 조직 체계

정부형태	국 가	경호기관	소 속	경호대상
대통령 중심제	미 국	비밀 경호대	국토안보부 (일반 공무원)	대통령 및 부통령 가족, 대통령후보자, 당선자 등
	러 시 아	연방 경호실	대통령 직속기관 (군인)	대통령 및 주요 요인
	한 국	대통령실 경호처	대통령실	대통령 및 가족 주요 요인
	인도네시아	대통령경호부대	대통령 직속기관 (군인)	대통령 및 부통령 가족
	필 리 핀	대통령경호단	대통령 직속기관 (군인)	대통령 및 가족
	멕 시 코	대통령경호실	대통령 직속기관 (군인)	대통령 및 가족
내각제 국가	영 국	특수임무부	경찰청	국왕, 수상, 국빈 등
	독 일	연방 범죄수사청	내무성 (일반 공무원)	대통령, 수상, 각료 헌법기관장 등
	일 본	동경경시청경비국	경찰청 (경찰)	수상 및 국무 대신 등 기타 요인
		황궁경찰본부	경찰청 (특수경찰)	천왕 및 황족
	캐 나 다	연방 경찰청 경호국	연방 경찰청 (경찰)	총독, 수상 등
	이스라엘	경호안전국	국가보안부	수상 및 주요 요인
	호 주	경호조정센터 및 연방 경찰 경호국	법무부(검찰) 연방 경찰청	수상, 장관 등
	태 국	왕실 무관부 경찰청 특경대	독립 기관 (군 · 경찰)	국왕, 수상 등
	스 페 인	왕실근위대(군) 및 경찰청 경호관리센터	왕실: 독립 기관 수상: 경찰청	국왕, 수상
이원집정부제	프 랑 스	경찰청 요인경호실	경찰청 (군-지원)	대통령, 수상 등
	헝 가 리	경찰청 정부경호실	경찰청 (군-지원)	대통령, 수상, 국회의장, 대법원장, 안보장관
인민 공화제	중 국	당 중앙 경위국	군 공안부	국가주석 및 배우자 총리 및 배우자 공산당 주요 간부 등

영되는 경호 조직의 경우 독립된 별도의 충원 과정을 거치게 된다.

경호 기관의 기능면에서 살펴볼 때 경호대상은 국가의 정치 체제와 국내 상황에 따라 다소 차이가 있는바, 필리핀과 같은 국내 정치 상황이 불안정한 국가는 주로 군에서 경호 업무를 관장하고 있으며, 경호실의 임무에 정부의 전복 예방이나 통치 정보 업무의 보좌 기능까지 포함하고 이탈리아의 경우 테러 임무까지 포함하고 있다. 그러나 일반적인 경호 조직이 담당하고 있는 경호대상은 국왕·대통령·수상과 같은 국가 원수와 그 가족 및 방문 중인 외국의 국가 원수 및 가족 경호 임무가 일차적이며, 부차적으로 총리 또는 상하원 의장·장관 등의 경호 임무를 수행하고 있다.[39]

지금까지 관련국의 문헌과 경호 행사를 통해 파악된 각국의 경호 조직의 체계를 비교하면 〈표 5-8〉과 같다.

2. 우리나라와 외국 경호 관리의 장·단점 비교[40]

가. 경호 관리의 전문성 확보

미국과 러시아, 이스라엘 등과 같이 독립 기관의 형태를 취하고 있는 우리나라의 경우 단일 업무 수행에 따른 경호 업무에만 전념할 수 있는 여건이 조성되어 있으며, 장기간 보직 이동 없이 경호원으로 근무할 수 있어 관련 업무의 전문성 확보가 용이하고, 경호 업무에 요구되는 정보·보안·검측·통신·청와대 경비 업무·교육 훈련 등 다양한 경호 관련 제반 기능의 통합 수행에 따른 업무 효율성이 증대될 수 있다는 장점이 있다.

이에 반해 비독립 기구의 경우 수시 인사 교체에 따른 업무의 전문성 확보가 곤란하고, 정보·검측 등 경호 관련 업무를 유관기관으로부터 지원받아야 하는 관계로 경호 관리의 효율성에 제약이 따르게 된다.

---

39) 최평길, 전게서, 280~281면.
40) 양재열, 전게논문, 88~89면.

나. 경호 기능의 통합성과 집중성

우리나라와 러시아의 경우 대통령 직속 기관으로 위상을 가지고 있어 정보기관·군·경찰·외교부 등 기타 경호 유관부서의 자발적인 협조가 가능하여 대테러 업무, 정보 업무, 검측 업무 등 다양한 경호 관련 기능들의 통합성이 증대될 수 있으며, 경호 관련 부서의 조정 및 통제가 용이하다. 또한 전문조직으로 대통령의 경호 안전 업무에만 집중할 수 있는 경호 환경이 가능하다는 점을 장점으로 들 수 있다.

특히 우리나라와 같이 남북이 대치하고 있는 경호 환경하에서는 경호 업무에 있어 군의 지원이 필수적인 만큼, 대통령 직속의 독립 기관으로 구성되어 군을 비롯한 다양한 관계 기관의 통합 조정이 용이하다. 최근 국제적 테러의 증가로 인해 미국, 일본 등 주요 국가에서는 경호대상을 확대함과 동시에 주변 경비 담당부서와 지휘통제 관계를 단일화시키고 있는 추세에 있다.

하지만 경찰 또는 군 조직으로 운영되고 있는 경호 조직은 경호 유관기관과의 원만한 협조 체계의 구축이 어렵고, 경호 업무와 관련한 조정 통제가 곤란하며, 다양한 업무 수행에 따른 업무의 집중도가 분산될 수 있다는 단점이 있다.

다. 보 안 성

경호 조직이 독립 기관으로 운영되고 있는 경우 통치 행위와 경호대상자의 사생활에 대한 철저한 보안 유지가 가능하다는 장점이 있다. 일본의 황궁경찰본부, 영국 왕실경호대 등은 왕족의 사생활 보호 차원에서 경찰 조직이지만 일반 경찰과 인사 교류 없이 별도의 인사 관리를 하는 이유는 경호대상자에 대한 사생활을 보호하기 위한 측면이 강하다.

또한 타 기관과의 인사 교류가 없는 관계로 경호 업무 수행에 필수적인 경호 기법의 노출을 사전에 방지하고 국가 원수의 경호 임무 수행시 알게 되는 각종 국가기밀에 대한 보안성 확보가 가능하다는 점을 장점으로 볼 수 있다. 이와 더불어 비교적 소규모 전문 조직으로 통치 철학에 바탕을 둔 다양한 경호 기법의 적용이 가능하다는 점도 독립 조직의 장점이다.

이에 반해 경찰 및 군 등의 소속 기관으로 편성된 경호 조직의 경우 수시 인사 교류에 따른 경호대상자의 사생활과 국가 기밀에 대한 보안성 확보가 미약하다고 할 수 있다.

라. 인사 관리

독립 기관으로 운영되고 있는 경호 조직의 경우 단일 업무 수행에 따른 직원 인사 관리가 곤란하다. 체력·신체조건을 고려시 경호 업무는 통상 50대 이후에는 활동 부서에서 근무하기는 다소 어려움이 있기 때문에, 경호 단일 업무를 수행하는 독립 기관의 경우 통상 인사·조직 관리에 있어 어려움에 직면하게 된다. 또한 비교적 단순 업무 수행에 따른 직원 능력 개발 기회가 제한되고 업무적으로 매너리즘에 빠질 우려도 있다.

이에 비해 경호 업무 이외에도 정보 기능이나 범죄 수사와 같은 복합적인 기능을 수행하는 경호 조직의 경우는, 전문성은 다소 약화될 수 있겠으나 다양한 보직 관리를 통해 인사 관리가 원활하다는 점이 장점이 될 수 있을 것이다.

Chapter 6

경호 경비 실무

Chapter 6

Introdoctory · Security · Service

경호 경비 실무

제1절 경호 경비 세부 업무 절차

공경호, 사경호를 막론하고 경호 임무를 수행하는 요원들은 다음과 같은 업무 수행 절차에 의해 사전 예방경호 활동을 성공적으로 수행할 때, 경호대상자를 안전하게 보호한다는 경호의 목적을 달성하는 데 보다 효과적이 리 할 수 있다.

1. 현장 답사

주최측으로부터 행사 임무 수령 후 또는 선발팀이 행사장에 도착하여 최초 실시하는 활동 단계로서 행사장을 돌아보며, 의전 계획의 확인, 취약 요소 분석 및 대책 강구, 비상 및 안전 대책 수립, 출입 통제 대책 등 제반 경호 조치를 판단하고 보완하는 활동이다. 또한 현장 답사는 행사 예정 장소를 답사하여 경호 계획 수립을 위한 준비 활동 단계로서 경호 조치를 위한 취약 요소 분석, 경호 인력 규모 판단, 기동 수단 및 거리 산정 등 종합적인 기획력이 요구된다.

현장 답사는 반드시 실시해야 하며, 공경호 입장에서는 연례적이고 반복적인 행사장일수록 더더욱 강조하여 실시해야 한다. 왜냐하면 위해 기도자의 입장에서는 빈번한 행사장일수록 범행 장소로 선택하기가 용이하기 때문이다.

2. 행사 경호 계획 수립

경호 계획이란 현장 답사를 통한 종합 분석 결과를 토대로 사전 예방경호 활동을 성공적으로 수행하기 위한 기본 계획서를 말한다. 경호 계획서에 포함될 내용으로는 첫째, 행사 개요로서 행사 일시, 장소, 참석 범위, 진행 순서 등이 포함되며, 둘째, 편성으로서 경호 인원 규모, 출동 일시, 경호 협조 회의 등이 명시되어야 한다. 셋째, 행사장의 취약 요소, 사전 예방 작용의 경호 활동 중점, 각 부서별 주요 임무 등이 포함되며, 참고 사항으로 이동 코스 및 차량 운용 계획, 행사장 배치도(내부, 내곽, 외곽), 입장 및 주차 계획, 비표 운용 계획, 기타 행사장 일반 현황, 시설물 현황, 행사 참고 자료 등이 포함되어야 한다.[1)]

3. 세부 실시 계획 작성

행사 담당팀에서는 기본 경호 계획서를 토대로 출동 후부터 복귀시까

---

1) 양재열, "대통령 경호 시스템의 변화와 개선방안 연구," 명지대학교 일반대학원 박사학위논문, 2005, 33면.

지의 세부 행동 절차 및 개인별 체크리스트 등을 작성해야 한다.

그 이후는 반드시 임무 브리핑을 실시하여 각 개인별 업무 협조, 행동 요령, 비상사태시 행동절차 등을 토의를 통해 전 요원이 공유하여야만 한다. 필요시 각종 자료(행사장 요도, 슬라이드, 동영상, 사진 등)를 통해, 사전 예행 연습도 반드시 거쳐야 한다.

4. 경호 협조 회의

경호 협조 회의[2])란, 완벽한 경호 행사를 위하여 행사 실시 전 행사 유관부서간 상호 협조 및 토의를 하고 행사 전반에 대한 정보 공유를 하는 회의로서 경호업체 행사팀, 주최측 관계자, 행사 장소 제공 관계자, 관할 경찰서 관계자들 합동으로 실시한다. 통상 경호 협조 회의는 1회로 끝나지만 대규모 행사 또는 국제적인 행사 등 행사의 성격에 따라 수차례 반복적으로 시행하기도 하며, 필요시 실무자간 세부 사항을 협조하는 실무 회의도 병행한다.

5. 경호 안전 활동

대규모 행사시(엑스포, 전시회, 국제포럼 행사, 대규모 음악회, 콘서트, 축제 행사 등)는 행사장에 대한 상기적 안전 조치가 요구된다. 경호 안전 활동 중 가장 중요한 3가지 요소는 출입 통제 대책 강구, 검측 및 안전 확보, 비상 및 안전 대책 강구 등이다.[3])

공경호 측면에서도 국제적으로 빈번하게 발생하고 있는 테러와 우리나라와 같이 남북이 대치되어 있는 경호 환경하에서는 사전 예방 활동 중에서

---

2) 공경호 기관에서는 이를 "경호 관계관 회의"로 칭하며 보통 행사 1~2일 전 실시한다.
3) 양재열, 전게논문, 34면.

검측 활동이 무엇보다 중요하다. 우리나라 대통령 경호 관리 체계는 과거 북한의 빈번한 테러 시도에 대비, 근접경호보다는 안전 활동 위주의 선발경호에 치중하는 경호 기법을 유지해 왔다. 특히, 1983년 버마 아웅산 묘소 폭파 사건[4] 이후로 검측 활동이 대폭 강화되어 왔다.

가. 출입 통제 대책 강구

예방경호 활동 차원에서 제일 중요한 사항의 하나가 참석자 등을 포함한 물품이나 차량 등의 출입 관리이다. 그것은 일반 참석자 입장시 위해 기도자도 합법 내지 비합법적으로 위장 입장하기 때문이다. 또 그들은 폭발물을 행사용 물품으로 위장시켜 반입하기도 하고, 테러 장소로 행사장의 지하 공간을 확보하려고 노력하기 때문에 사전 예방경호적 차원에서 출입자에 대한 통제 대책을 완벽하게 실시해야 한다.

출입 통제 대책을 강구함에 있어 출입 통로는 가능한 한, 단일 통로를 원칙으로 하나, 행사장 구조, 참석자 수, 참석자 성분 등을 고려하여 수 개의 출입통로를 운용하되 바리게이트, 출입 통제 테이프(경찰 폴리스 라인 등), 기타 차단 시설물을 이용하여 참석자 누구나 쉽게 구별할 수 있는 통로를 지정하며, 필요시 안내 간판 등도 설치할 수 있다.

출입 통제 대책 강구 수단으로 참석자별 비표 운용(초청자, 종사자, 보도요원 등), 구역별 주차장 운용 계획도 동시에 수립하여 어느 수단에서도 (MD, 비표, 주차장) 위해 기도자가 발각·색출 내지는 검색될 수 있도록 효과적으로 계획이 수립되어야 한다.

---

4) 1983. 10. 9. 전두환 대통령이 서남아프리카 방문 행사 일정 중 첫 방문지인 버마 방문 시, 아웅산 묘소 폭파 사건으로 북한 특수 공작조 3명에 의해 아웅산 묘소 천정에 폭탄 2개, 소이탄 2개를 사전 설치하여 원격 장치 폭발로 한국 및 버마측 68명이 사망 및 부상(한국: 사망 17명, 부상 12명).

나. 일반 검측 및 행사장 안전 확보

출입 통제 대책 강구 후에 동시에 수반되어야 할 활동이 안전 확보 관리이다. 일정한 안전 구역을 설정하고 출입 통제 대책 강구 후에는 효과적인 검측 활동이 요구되고 검측된 취약 장소와 주 행사장은 반드시 인원을 배치하여 경호대상자 도착시까지 안전 확보가 되어야 한다.[5)]

미국 비밀 경호대 훈련교범에도 기본적인 검측 사항으로 다음과 같은 행동 강령을 제시하고 있다. 첫째, 지금까지 사용되어 온 모든 물건은 다시 한번 검사하라, 둘째, 그 다음에는 물건들의 표면을 손가락으로 눌러 혹시 그 안에 조그마한 물체라도 숨겨져 있는가를 확인하라, 셋째, 모든 그림들은 그 틀을 두들겨 보고, 카메라는 실제 셔터를 눌러 보아 확인한다.

행사장에 사전 출동한 선발요원은 각 임무지에서 검측 활동은 기본이다. 그 기법은 검측에 대한 기본 지식이 없이도 수행할 수 있는 일반 검측[6)]과 교육을 받은 전문 검측 담당으로서 행하는 정밀 검측[7)]이 있다.

일반 검측 기법은 ① 모든 버튼은 눌러 본다. ② 모든 체인은 당겨 본다. ③ 모든 종류의 비품을 힘껏 눌러 본다. ④ 방 안의 모든 품목들을 이동시켜 본다. ⑤ 모든 시건 장치를 열고 닫아 본다. ⑥ 노출된 선(wire)은 그 근원을 찾아가 본다. ⑦ 냉장고는 비우고 나서 다시 채운다. ⑧ 방 안의 모든 음식물과 음료수는 신뢰성 있는 출처로부터 획득된 것인가를 확인해야 한다.

일반 점검시 방의 모든 표면은 촉각을 통한 더듬거림으로 점검해야 하며, 밀고, 당기고, 눌러질 것마다 작동될 수 있어야 한다. 기술적인 검측이 필요한 부분은 필요시 폭발물 탐지 제거반이나 검측 전문요원에게 정밀 검측을 의뢰해야 한다.

5) 양재열, 전게논문, 36면.
6) 일반 검측: 특별한 장비지원이나 전문적 지식 없이도 인간의 오관을 최대한 활용하여 검색, 이상 유무 확인 등의 검측 기법.
7) 정밀 검측: 전문적 지식·교육을 받은 전문가, 특수한 장비를 필요로 하는 검색·정밀 탐지 등의 기법(폭발물 탐지 및 제거).

완벽한 검측을 위해서는 몇 가지의 원칙성과 행사 규모, 성격에 맞는 검측 방법을 연구하여야 한다. 순간의 판단 잘못으로 지나칠 수 있는 실수를 방지하기 위하여서는 다음과 같은 원칙이 바람직할 것이다.[8)]

첫째, 테러범은 인간의 습성을 최대한 이용하므로 검측시 소홀히 할 수 있는 장소와 지역을 철저히 하여야 한다. 인간의 습성 중에는 위를 보지 않는 습성, 즉 나무 위, 천장 등 눈높이보다 높은 곳은 선천적으로 주의를 게을리한다. 그리고 지저분한 곳, 즉 화장실, 쓰레기장, 공기가 탁한 곳, 지하실, 맨홀 등도 보통사람들의 관심에 멀리 있다. 이것을 테러범들은 최대한 이용한다. 둘째, 주요 인사가 임석하는 장소를 점이라 한다면, 이동하는 통로를 선이라고 보고 이 점과 선을 연결하여 상, 하, 좌, 우를 중점으로 점검한다. 셋째, 각조별, 인원별 책임 구역을 명확히 하며, 입체적·중복적·반복적인 점검을 한다. 넷째, 점검은 체계적으로 아래에서 위로, 좌에서 우로, 통로보다는 측면, 바닥보다는 상부를 점검한다. 다섯째, 선을 끝까지 추적·확인하고, 포장물은 분해하여 확인하다. 여섯째, 범인의 입장에서 의심하며 추적하되, 장비에 의존하지 말고 인간의 오관을 최대한 활용한다. 일곱째, 주변의 어수선한 것은 정리정돈하면서 점검하되, 확인 불가능한 것은 현장에서 멀리 이격·제거한다. 여덟째, 안전 점검이 끝난 후, 별도로 반입되는 물품과 행사시작 직전 배달되는 반입 물품은 반드시 확인한다.

사경호 측면에서도 사전 예방 활동에 임하는 요원들은 상기와 같은 절차에 의해 검측 활동에 임할 때, 보다 더 효과적으로 행사장을 점검하는 기법이 될 것으로 판단되며, 국가 원수 경호 측면에서는 보다 더 조직적이고 체계적인 검측 임무를 분담하여 지원 요소까지 장악, 각 구역별로 임무를 수행하되 전문적 운용 기술이 요구되는 검측 장비의 활용도 사전 예방경호 활동의 보조수단으로 지대한 역할을 한다고 볼 수 있다.

---

8) 김명곤, “스포츠시설의 안전실태 및 대테러대책에 관한 연구,” 한국체육대학교 대학원 박사학위 논문, 2006, 88면.

전문가의 협조가 필요한 정밀 검측의 기법[9]은 일반 검측 기법과는 다르게 전문성이 필요한 바, 그 내용을 알아보면 다음과 같다. ① 방안의 일정 지점으로부터 검측을 시작하여, 방 주변을 따라 시계 방향으로 체계적인 검측을 실시한다. ② 벽, 천정, 마루를 마음속으로 3평방 피트(90cm)의 크기로 조각조각 나누고, 폭발물 은닉에 적합한 작은 구멍, 틈새, 개방 흔적 등을 손전등을 이용하여 정밀 검사한 다음, 모든 패널, 문틀, 창문틀, 벌어진 부분의 몰딩 등을 두드려서 소리의 변화를 검사한다. ③ 모든 융단은 걷어서 점검, 융단의 전 표면을 살펴보고 손가락 끝으로 꾹꾹 눌러보고, 가구 및 옷 등은 먼지를 털어 펼쳐 보고, 가능한 가구의 문과 서랍을 열어보고 비밀공간이나 상단, 바닥 및 뒷부분을 점검한다. ④ 벽의 두께, 은폐된 벽장, 골방, 모든 환기통, 다목적 통로, 사용하지 않는 복도 등은 반드시 점검한다. ⑤ 지나칠 정도로 꽉 채워진 비품, 물렁물렁한 표면을 손가락으로 조심스럽게 점검하고, 주변 물품이 이상하거나 부자연스런 은닉물이 아닌가를 감정한 후 전부 꺼내어 다시 재정리한다. ⑥ 헤드 테이블 및 의자에 연결된 테이블 밑부분에 이상한 물건이 있는지 행사 시작 전에 필히 점검한다. ⑦ 모든 그림은 주의 깊게 점검하고, 속이 비어 있는 액자틀을 두드려 타진하고, 방안의 커튼, 창문사이, 그림 뒤의 공간 등에 비밀 통로, 금고 등을 확인한다. ⑧ 검측이 요망되는 벽, 천정, 마루 등의 반대편도 점검하고, 상하좌우의 방은 반드시 점검한다. ⑨ 방 안이나 행사 지역과 관련되어 있는 모든 시건장치, 전기제품(TV, 라디오, VTR, 실내등, 통신장비, 전화기, 온도조절기, 환풍기, 공기정화기 등)을 개봉 확인한다. ⑩ 안전을 저해할 장애 요소의 유무, 비상시 이용할 장비나 설비 유무 및 상태에 대해 주의 깊은 고려를 해야 한다.

다. 비상 및 안전 대책 강구

출입 통제 대책과 일반 검측 및 안전 확보 단계가 완벽히 계획되고 시

---

9) 김명곤, 전게논문, 90~91면 참조.

행된 후, 마지막 단계로 각종 비상 및 안전 대책을 강구해야 한다. 경호적 의미의 비상사태란, 경호대상자에게 위해를 가할 수 있는 상황까지 발전할 수 있기 때문에 사전에 예측하여 제반 대책을 준비 및 강구[10]해야 한다. 경호대상자가 행사장 도착 후 일어날 수 있는 각종 상황을 예상하여 그 대비책을 수립해야 한다. 예를 들면, 정치적 또는 개인, 단체의 이익 대변을 위한 시위 대비를 위해 관할 경찰서와 협조하여 경찰력을 지원 받아 예상되는 각종 안전사고에 대비해야 한다. 기타 소방·전기·구급 대책 등도 비상사태를 대비하여 사전 철저히 점검해야 한다.

6. 경호 활동

경호 활동 단계는 경호대상자가 행사장 도착 후부터 행사 종료시까지의 단계[11]를 말한다.

이 단계의 활동 중점은 경호대상자의 활동을 최대한 보장하고 전 경호요원은 비상사태 대비로 사고가 전환되어야 한다. 경호 활동에 대한 세부적 논의는 경호 기법상의 문제로 보안 관계상 생략하기로 한다.

7. 평가 및 환류

행사 종료후 각 부서별 평가 회의(강평)는 매우 중요하다. 행사간 문제점, 계획과 실시간 불일치, 교훈사항, 발전사항, 건의사항 등을 숨김없이 토의를 통해 경험을 공유하여 차후 행사시를 보완하고 같은 문제점이 재발되지 않도록 하는 단계이며, 평가 자료는 어떤 방법으로든 자료 존안이 중요하다.

---

10) 양재열, 전게논문, 37면.
11) 양재열, 전게논문, 38면.

지금까지 설명한 경호 경비 세부 업무 절차를 도식화 하면 〈그림 6-1〉과 같다.

그림 6-1 경호경비 업무 수행 절차[12]

준비 단계	경호 안전 활동 단계	경호 활동 단계	평가 단계
· 임무 수령 · 현장 답사 · 경호 계획 수립 · 세부 실시 계획 작성	· 출입통제 대책 · 검측 및 안전 확보 · 비상 및 안전 대책	· 경호대상자 활동보장 · 우발 상황 대비	· 강평 · 자료 존안

이상과 같이 체계적인 업무 수행 절차에 의해 경호 임무가 수행될 때 경호 업무가 보다 더 효과적으로 관리될 수 있고 경호의 목적인 "경호대상자 보호"를 완벽히 달성할 수가 있을 것이다.

제2절 단계별 사전 예방경호 활동

경호 업무 수행 절차 중 사전 예방경호 활동은 근접경호 활동 못지 않게 중요하다. 사경호든, 공경호든 임무 수행에 있어 단독 임무 수행이 아니므로 예방 작용 단위간 상호 협조는 매우 중요한 사항이며, 이는 경호 유관기관간에 이루어지는 작용으로 대개의 경우 협조의 의무를 법령으로 규성하고 있다.[13] 특히 경호대상자가 외국 방문시에는 방문국 경호기관과의 긴밀한 협주가 필수적이며 경호 업무의 성패를 좌우할 수 있다.

12) 양재열, 전게논문, 38면.
13) 대통령 등의 경호에 관한 법률 제15조(국가기관 등에 대한 협조 요청).
처장은 직무상 필요하다고 인정할때에는 실장의 명을 받아 국가기관, 지방자치단체, 기타 공공단체의 장에게 그 공무원 또는 직원의 파견 기타 필요한 협조를 요청할 수 있다.

동일한 경호 단위 내에서도 일정한 경호 목표를 성공적으로 달성하기 위해, 긴밀한 협조 체제 구축이 필요하며, 더 나아가 근무자 개인간에도 상호 업무 협조는 필요하다. 특히 경호 활동이 종합 예술의 성격과 비교될 때, 단위간·개인간 협조는 더욱 필요해진다.

사전 예방경호 활동의 단계는 크게 3단계로 구분할 수 있다.

1. 1단계

경호대상자가 어느 특정 장소를 행차한다는 결정 이후(임무 수령)부터 경호 선발대가 도착 전까지의 단계이며, 공경호 측면에서 이 단계에서는 시·도 지방경찰청장 책임하에 자체 경계 강화 및 정·첩보활동, 치안강화 활동 등 행사에 대비한 자체 안전 활동(출입 통제 대책, 평시 치안 활동 강화)에 두고 있다.

2. 2단계

사전 예방 활동 단계 중 가장 핵심 단계라 할 수 있으며, 경호 선발대 도착 후부터 경호대상자 도착 전까지의 단계이다. 선발경호의 목표는 사전 예방경호 활동(사전 안전 조치)인 관계로 제2단계는 사전 예방 활동의 핵이라 할 수 있다.[14)]

제2단계의 활동 중점은 사전 안전조치로서 범행의 성공 기회를 최소화, 무력화시키는 예방경호 차원이며 공경호 측면에서 그 세부 활동 내용은 검측 및 안전 확보, 경호 정·첩보 활동, 출입 통제 대책 강구(MD 운용, 비표 운용, 주차장 관리 등), 비상 및 안전 대책 강구 등이 포함된다.

이와 같은 안전 활동은 모든 수단과 방법을 동원하여 각종 위해 요소를 사전에 탐지, 봉쇄, 제거함으로써 완전한 방책을 강구하여 경호대상자의 절

14) Philip Melanson, *The Polities of Protection*, Massachusetts Univ., 1988, p. 78.

대 안전을 도모하는 예방 업무를 말하며, 이는 정보·보안·안전 대책 작용으로 구분할 수 있다.

3. 3단계

경호대상자 도착 후부터 행사 종료시까지를 말하며, 이 단계의 활동 중점은 경호대상자의 활동을 최대한 보장하며 행사장에 위치한 제반 작전 요소는 우발상황 대비로 사고가 전환되어야 한다.[15]

사전 예방 활동을 완벽히 추구했음에도 불구하고 우발상황이란 항상 발생할 수 있는 가능성이 있기 때문에, 단순한 우발상황으로 끝나든(정전, 화재, 소음, 소란 행위, 진정서 전달 행위 등) 경호대상자에게 위급한 상황인 비상사태가 발생하든 제 작전 요소는 그 모든 상황에 즉각 대처할 수 있는 준비 자세와 사고의 전환이 필요하다. 경호적 의미의 우발상황이란 "경호대상자가 임석한 행사장에서 어떤 일이 예기치 않게 우연히 또는 계획적으로 일어나는 상황"[16]이라고 정의하며, 그 유형으로서는 행사장에 소등이 된다든가, 전구가 파열된다든가, 비위협적인 진정서 투서 행위나 소란 행위, 위해 기도자의 제반 위해 행위 등이 모두 포함된다.

왜냐하면 행사 진행 중에 갑작스런 소등이나 전구가 수명이 다해 파열된다든가 소란 행위 등은 경호대상자에게 직접적인 위해 행위는 되지 않는다 하더라도, 경호원은 소등, 파열, 소란 행위 그 자체로 판단을 내려서는 절대 안 되며, 위해 기도자가 공격 여건을 조성하기 위한 술책 측면도 예상하여 항상 비상사태를 염두에 두어야 한다.

우발상황 발생시 각자 근무지에서의 행동 절차는 SCE 원칙[17]에 의해

15) 양재열, 전게논문, 38면.
16) 양재열, "경호의 기본적 이론에 관한 연구, 연세대학교 행정대학원 석사학위논문," 1995, 68면.
17) 양재열, 전게논문(석사학위논문), 68면.

행동하는 것이 경호대상자를 보호하는 데 효과적이다. 미국의 비밀 경호대 훈련 교범에도 "경호의 성패는 위기 상황에서의 즉각적이고 적절한 대응 조치에 있다"[18]고 강조하고 있다. 지금까지 설명한 사전 예방경호 활동 3단계를 표로 나타내면 〈표 6-1〉과 같다.

표 6-1 사전 예방 활동의 3단계

구 분	시 기	활동 중점
1 단계	행사 결정 후~선발대 도착 전	• 행사장 경비(자체 경계 강화) • 정·첩보 활동 • 차단 활동(출입 통제 대책, 치안 활동 강화)
2 단계	선발대 도착 후~본대 도착 전	• 사전 안전 조치 • 검측 및 안전 확보 • 출입 통제 대책 강구 • 보안 및 정보 활동 • 비상 및 안전 대책 강구
3 단계	본대 도착 후~행사 종료시	• 경호대상자 활동 보장 • 우발상황 대비

4. 사전 예방 활동의 분류

가. 경호의 안전 활동

경호 안전 활동은 모든 수단과 방법을 동원하여 각종 위해 요소를 사전에 탐지, 봉쇄, 제거함으로써 완전한 방책을 강구하여 경호대상자의 절대 안전을 도모하는 예방 업무를 말하며, 이는 정보·보안·안전 대책 활동으로 구분할 수 있다.

이와 같은 안전 활동은 경호대상자가 참석하는 행사장에서 이루어지는 사전 안전 활동, 즉 공격자의 공격이 시작되기 전 여러 가지 자료와 분석기술을 동원하여 잠정적 위해 기도자를 밝혀 내고 범행을 와해시키는 것이다.

18) Philip Melanson, *op. cit.*, p. 85.

표 6-2 경호대상자 중심 분류

구 분	경호대상자 도착 전	경호대상자 도착 후~종료시
경호의 목적	경호대상자 보호	
활동 단계	경호 활동 1·2단계	경호 활동 3단계
활동 내용	경호 안전 활동	경호 활동
활동 중점	사전 안전 조치 (예방경호) 범행 성공 기회의 최소화, 무력화	우발상황 대비 (SCE 원칙)

이를 위해서는 예방 정보 활동, 보안 활동, 안전 대책 활동이 지원되어야 한다.

1) 예방 정보 활동

공격자들은 대체적으로 위해 행위를 시도하기 전에 일종의 공격을 위한 암시적인 행동을 하게 된다. 경호대상자를 위협하는 전화를 하거나 서신으로 물품 등을 보내기도 한다. 또한 경호대상자에게 접근하기 위해 경호대상자가 참석하는 각종 행사장에 접근을 하거나 체류하는 지역을 배회하기도 한다. 공격자들의 암시적인 행동은 범행 동기에 따라 다양하게 표출되며, 이런 징후를 통해 경호 정보를 수집할 수 있다.[19)]

예방 정보 활동은 경호 활동에 필요한 기본적인 사전 지식을 생산·제공하는 것으로 경호대상자의 신변안전을 위협하는 사람·물질·지형적 위험요소를 사전 수집·분석·예고함으로써 예방 활동을 수행하는 업무로서 정확성·적시성·완전성의 요건을 구비해야 한다.

경호 정보 수집이란 장래적 위협에 대한 전략적 위험 신호들과 진행 중인 구체적 음모에 대한 전술적 위해 요소들을 수집하는 데 있다. 그러나 경

19) 1981년 레이건 대통령을 저격한 '힝클리'는 범행 1주일 전부터 백악관 앞 라피엣 공원을 배회하며 대통령 행·환차를 지켜보았고, 바로 인접한 '파크 센트럴' 호텔에 투숙하며 영화 'Taxi Driver'의 여주인공 '조디 포스터'에게 대통령 암살 기도 내용이 담긴 편지를 작성해 놓았다.

호대상자에게 위협을 줄 수 있는 사람·물건·지형적 위험 요소는 너무 광범위하기 때문에 실제적 위험 요소로 발전할 가능성이 있는 위험 요소들만 집중 감시할 수 밖에 없다.

이 중 가장 주된 위험 요소인 사람에 대한 위험 요소에 대해서는 집중관리가 필요하다. 이를 세부적인 대상으로 구분하면 ① 경호대상자의 명예훼손 및 모독자 ② 불온 물건 사범 ③ 유언비어 유포자 ④ 영웅주의자 ⑤ 염세주의자 ⑥ 전과자 ⑦ 실업자 ⑧ 정신병자 ⑨ 파산자 ⑩ 총기 및 폭발물 소지자 등으로 분류하고 있다.[20)]

따라서 경호 근무자는 경호대상자 주변에서 발생하고 있는 위험 징후에 대해서는 면밀하게 자료를 수집 및 분석하고 관리해야 한다. 자료철에는 위해 기도자, 잠재성 위해자와 경호대상자가 자주 사용하는 호텔, 공항 등의 시설물에 근무하는 종업원 명단도 포함해야 한다.

물질 위험 요소에 대한 정보도 필요하다. 경호대상자가 방문하는 장소나 참석하는 행사장 내 또는 주변에 설치되어 있는 위험물에 대한 세부적인 정보 수집이 요구된다. 사람 관련 위험 요소가 위해 행위에 직·간접적으로 사용할 수 있는 물질에 대한 상세 정보는 사전 안전 활동에 매우 유용하다.

이런 위험물들은 우리의 일상생활에서 사용되고 있거나 손쉽게 획득할 수 있는 것들이 많다. 대표적인 것으로 유류, GAS류, 화공약품류, 폭약류 등이 있으며 공격자들은 이런 물질을 폭파 방식, 폭파 장치에 따라 변조하여 사용할 수 있다.[21)]

2) 보안 활동

보안 활동이란 경호와 관련된 인원, 문서, 시설, 지역, 자재, 통신 등에 대하여 위해 기도자로부터 보호 대책을 수립하여 그 내용에 대해 지속적으

---

20) 신동건, 「경호실무」, 경찰행정연구원, 1994, 95면.
21) 김명곤, "월드컵 경기장에 대한 폭발물 안전대책," 「경호경비연구」 제 2 호, 한국경호경비학회, 1999, 39면.

로 보안을 유지하는 활동을 말한다.

경호 활동에 있어서 보안이란 경호대상자의 습관이나 행동 양식, 행사 일정, 행사 장소, 이동 경로, 이동 방법 등을 노출하지 않고 은폐시킴으로써 위해 기도자로부터 경호대상자의 신변 안전을 도모하는 사전 예방 활동이다.

일반 암살자든 테러분자든 위해 행위를 실행에 옮기기 위해서는 반드시 공격에 필요한 정보 수집을 위해 부단히 노력한다. 암살 공격자들은 경호대상자 주거 지역 거주자 또는 공무원, 경호대상자 주변 종사자 매수 등을 통해 첩보를 획득하며, 테러공격자들은 대개 5단계의 절차를 거쳐 범행을 감행하는데, 제1단계가 경호대상자의 습관적 행동이나 행차에 대한 정보 및 첩보를 수집하기 위한 관찰 활동을 실시한다. 이 관찰 활동을 통해 수집된 정·첩보 내용을 토대로 공격 장소, 공격 시기, 공격 방법을 결정한다.

예로서 링컨 대통령 암살범 'John Wilkes Booth'는 포드 극장 종사자로부터 링컨 대통령의 극장 임석에 대한 정보를 얻었으며, 'Charles Guiteau'는 가필드 대통령을 암살하기 위해 공격 지점의 특징과 경호대상자의 습관에 관한 정보를 수집하기 위해 백악관 앞 광장을 배회하거나 백악관 정문 건너편에서 며칠을 보내기도 하였다. 또한 1974년 스페인 수상 'Carrera Blanco'를 암살하기 위해 ETA 요원은 3개월간 수상의 습관적 행동을 관찰하였다.

따라서 보안 활동은 공격자로 하여금 위해 행위를 할 수 있는 시간적인 여유를 제거함으로써 완벽한 경호 활동을 추구하기 위한 행위이며, 경호 행위에 있어서 경호 인력과 장비, 시간을 절약하고 경호 활동 시역과 주변 일반인 불편을 최소화할 수 있는 방책이다. 외국의 대표적인 공경호 기관인 미국 비밀 경호대에서도 최근 들어 대통령에 대한 능률적인 경호 임무 수행을 위해 행사 출발 시간, 도착 시간, 행·환차로 및 행사장까지도 정치적인 문제점이 없는한 보안 조치를 하고 있다. 그러나 조직적인 위해 기도자들은 공격을 성공시키기 위해 인원을 매수·사주하거나 또는 각종 첨단 장비를 동원한 다양한 수법으로 매우 은밀하게 공격에 필요한 정·첩보를 수집하기 위해 노력한다고 볼 수 있다.

3) 안전 대책 활동

안전 대책 활동이라 함은, 행사지역 내·외부에 산재한 사람·물질·지형적 위험 요소에 대한 안전 대책 강구, 행사장 내·외곽 시설물에 대한 폭발물 탐지 제거 및 안전 점검, 경호대상자에게 제공되는 각종 음식물 확인 등 종합적인 안전 활동을 말한다.[22]

위해 기도자는 경호대상자에게 공격을 가할 잠재적 가능성이 있는 사람으로 이들에 대한 행동을 감시하거나 경호대상자에게 접근을 차단해야 한다. 이를 위해 행사시에는 경호대상자에게 근접하여 행동하는 사람들의 위험 대상자를 격리시키거나 밀착하여 감시 대책을 강구해야 한다. 사전에 파악된 위험 대상자에 대해서는 배제 작용을 통해 안전 조치가 필요하며, 이런 위험한 사람에게는 공격형 정신병자, 원한 관계에 있는 자 등이 포함된다.

물질 위험 요소라 함은, 경호대상자의 주변에 위치하면서 직접 위해를 가할 수 있는 각종 인공물이나 위해를 가할 수 있도록 여건을 제공할 수 있는 가연물 및 인공물을 말한다.

직접 위해를 가할 수 있는 인공물에 대해서는 사전에 안전조치를 통해 위해를 가하지 못하도록 하는 작용과 위해를 가할 수 있도록 여건을 제공할 수 있는 인공 및 자연물에 대해서는 안전 점검을 통하여 위해를 가할 수 없는 여건으로 전환시키는 작용이 필요하다.

따라서 경호대상자가 참석하는 행사장에 대해서는 정밀 검측 활동을 통해 안전 조치와 안전 점검이 이루어지도록 해야 하며, 일반적으로 행사장의 내·외부 검측 활동은 공격자의 입장에서 단계적이고 체계적으로 이루어

---

22) 최찬묵, "신변보호의 체계적인 예방작용에 관한 연구," 한국체육대학교 사회체육대학원 석사학위 논문, 1999, 38면.

져야 한다. 즉, 사전에 행사장을 답사하여 정확한 검측 대상을 파악하고 요도화하여 취약 지점에 대해서는 검측 활동이 누락되지 않도록 해야 한다. 대체적으로 검측 대상 범위는 근무자에 비해 상대적으로 광범위하여 행사 성격에 따라 경제적이고 효과적인 검측 활동이 이루어지도록 해야 한다.

지형적 위험 요소라 함은, 행사장 및 연도 주변의 지형적 여건이 경호 대상자에게 위해를 가할 수 있는 근거를 제공할 수 있는 지역을 말한다. 통상 공격자들은 행사장을 직접 관측할 수 있는 지역이나 경호대상자의 차량 이동시 약점이 노출되는 지역에 매복을 실시하여 원거리에서 위해를 기도한다.

즉, 행사가 건물 외부에서 이루어질 때, 주변의 고층 건물이나 행사장을 관측할 수 있는 산들은 공격자에게 매우 양호한 공격 장소가 될 수 있고, 행사장 주변이 우범 지역일 경우 공격자가 은거하여 공격 준비를 하기에 매우 유리하다.[23] 따라서 이들 위험 지역에 대해서는 사전 공격자가 이용하지 못하도록 안전 조치가 필요하다.

제3절 경호 계획서 작성 요령

1. 개 요

경호란, "경호대상자의 절대적 신변 안전을 보호하기 위하여 모든 사용 가능한 수단과 방법을 동원하여 위해 요소를 사전에 방지 및 제거하기 위한 제반 활동"이라고 할 수 있다. 이때 위해 요소를 사전에 방지 및 제거하기 위

23) 1963. 11. 22. 미국 텍사스 주 댈러스에서 선거 운동을 위해 방문한 존 F. 케네디 대통령이 댈러스 시가지를 카퍼레이드를 하던 중, 급커브 연도에 위치해 있던 교과서 빌딩에서 범인 오스왈드가 저격하여 사망.

한 제반 작용이 바로 예방 작용을 의미하는 것으로 신변 보호를 위한 핵심 활동이다.

경호대상자 신변 보호라는 경호 목적을 달성하기 위해서는 통상 사전 안전 조치, 즉 예방경호 활동을 실시해야 하고, 사전 안전 조치 실패에 따른 우발상황을 대비하기 위해 근접경호 활동을 실시한다.

예방경호 활동 차원에서 경호대상자가 행사장에 도착하기 전에 사전 출동하여 사전 안전 조치를 취하는 것을 선발경호(Advance Team)라고 하며, 이를 미국 비밀 경호대(Secret Service)에서는 "경호대상자가 도착하기 전에 현장 답사를 실시하고 효과적인 경호 협조 및 준비, 특히 경호 정보 수집 활동"이라고 정의하고 있다.[24)]

다른 의미로 예방경호 활동은 실제적이고 주도면밀한 범행의 성공 기회를 최소화, 무력화 시키는 활동이며, 경호대상자의 안전한 보호를 위해 위험 요소를 사전에 제거하거나 최소한의 수준으로 감소시키고 또는 무력화시켜 경호대상자에 대한 공격을 사전에 차단하는 활동, 즉 사전 안전 조치로 볼 수 있다.

경호 계획이란 결정된 행사장에 대해 현장 답사를 통한 종합 분석 결과를 토대로 사전 예방경호 활동을 성공적으로 수행하기 위한 기본 계획을 말한다.

다음과 같은 항목이 경호 계획서에 포함되어 실질적이고 구체적으로 경호 지침 및 경호 활동 행동지침이 제시될 때 경호의 목적인 경호대상자 보호가 더 효과적으로 달성될 수 있을 것이라 본다.

24) 양재열, 전게논문(박사학위논문), 147면.

2. 경호 계획서 포함 내용(공경호, 사경호)

가. 행사 개요

1) 행사일정
2) 장　　소
3) 참석범위
4) 진행순서

나. 경호 인력 현황

1) 경호 인력 규모
2) 책임 구역 할당

다. 실　　시

1) 근무 지침
2) 행사장 취약성
3) 동원부서별 임무 및 책임 구역
4) 개인별 임무
5) 경호 인력 배치도(내부, 내곽, 외곽)
6) 참석자 입장 및 주차계획
7) 출입 통제 계획(비표 운용 계획, 주차장 관리 계획, MD 운용 계획)
8) 장비 운용 계획
9) 우발상황 대비책(비상 및 안전 대책)
10) 참고 사항

라. 행정 및 참고 사항

1) 이동 코스 및 대형(행사장별)

- 공항 – 숙소
- 숙소 – 행사장
- 행사장 – 숙소
- 별도 분리 행사장(부인, 자녀)

2) 행사장 배치도(내부, 내곽, 외곽)

3) 행사장 일반 현황

4) 행사장 시설물 현황

5) 기타 행사 참고 사항

공경호든 사경호든 상기와 같은 내용을 참고로 하여 경호 계획을 작성하고 경호 행사에 동원되는 관계부서나 요원들은 경호 계획서를 기본지침으로 하여 각자의 세부 행동 절차를 명시하는 경호 세부 실시 계획을 작성하여 전문적이고 체계적으로 임무를 완벽히 수행해야 한다.

제4절 경호 종합 훈련 실습 예시

1. 경호 종합 훈련의 중요성

경호란 한순간을 위해 존재하며 그 한순간이란 바로 우발상황(사태)을 말한다. 우발상황 발생시 얼마나 신속하게 경호대상자를 안전하게 보호하느냐에 경호의 성패가 달려 있다. 물론 경호대상자가 임석한 행사장에서 가장 최선의 경호 조치는 우발상황이 발생하지 않도록 하는 예방경호 조치이다. 그러나 요인에 대한 위해 사례를 살펴볼 때 예방경호 조치에도 불구하고 경호대상자에 대한 위해 사례는 오늘날까지 계속되고 있고 그 위해 사례는 언제, 어느 곳에서 일어날지 아무도 예측할 수 없다.

경호원의 입장에서는 범행이 일어나지 않도록 100%에 가까운 완벽한 경호 조치를 위해 온 정열을 쏟고 고민하고 있으나 1% 내지는 0.1%의 사각 지점이나 허점 때문에 우발상황이란 항상 일어날 수 있는 가능성을 가지고 있다. 그 1%의 불안정성이 현실로 우발상황이라는 모습으로 나타났을 때 적극적이고 신속한 경호 조치로 경호대상자를 보호하지 못한다면 경호의 존재 가치도 무의미하다.

따라서 경호원은 99%의 안정성보다는 1%의 불안정성에 더 치중해야 하는 이유가 여기에 있다.

그동안 국내, 외 요인에 대한 위해 사례를 분석해 볼 때 사건 원인이나 배경, 동기 등에 여러 가지 문제점이 많으나 가장 중요한 것은 경호의 기본적 개념을 충분히 이해하지 못한 데서 그 오류를 찾을 수 있었고 위해 상황이 발생했을 경우에도 경호대상자를 안전하게 보호할 수 있었음에도 불구하고 적극적이고 신속한 반응이 결여되어 경호의 실패로 끝난 사례를 많이 볼 수 있었다.

본 책자의 저술 목표도 우발상황이 발생할 경우 어떻게 하면 경호대상자를 안전하게 보호할 수 있을 것인가 라는 문제점부터 시작하여 우선은 경호에 대한 기본 개념 이해가 중요하고, 경호의 기본 이론과 원리를 바탕으로 우발상황 발생시 행동 이론, 대응 이론, 대응 방법 등의 이론적 기본틀을 제시하는 데 중점을 두었다.

경호의 일반 이론적 논의로서 실질적 의미의 경호 개념을 이해하기 위해 저자가 고안한 「Buffer Model」을 중심으로 경호의 개념과 정의, 경호의 목적 및 목표, 경호의 원칙 등의 경호 이론을 정리해 보았고 경호 임무를 수행하는 요원들이 실제 경호 활동에 앞서 기본적으로 터득해야 할 경호원의 3대 기본기를 제시하였다.

경호의 개념에서 특히 강조한 사항은 경호는 절대 공격 개념이 아니라 방어 개념이며 위해 기도자 출현시 경호대상자를 보호하기 위해 대적 개념보다는 방호(Cover) 및 대피(Evacuate)개념이 우선이다 라는 것을 중점적으로 강조하였다.

경호 활동에 있어 실제로 적용되는 경호의 4대 기본원리로서는

첫째, 3중 경호 원리로서 이 원리는 경호대상자를 보호하기 위해 3중으로 안전 구역을 확보하는 것으로서 모든 국가의 요인경호에 있어 공통적으로 채택되고 있는 가장 중요하고 기본적인 경호 원리라 할 수 있다.

3중 경호 원리의 이해를 돕기 위해 영국, 미국, 한국에 있어서의 3중 경호 원리를 비교해 보았다.

둘째, 자연 방벽 효과의 원리로서 경호대상자와 경호원과의 거리에 따라 경호대상자에게 제공되는 방벽 효과를 설명하는 이론으로서 수평적 방벽 효과와 수직적 방벽 효과로 나누어 설명하였다.

셋째, 대응시간의 원리로서 위해 기도자가 경호대상자를 향하여 총으로 위해를 시도할 경우 경호원의 입장에서 범행의 순간을 인지하고 경호원 자신의 총을 뽑아 대응하는 것과 몸으로 대응하는 것 중 어느 것이 경호대상자를 보호하는 데 효과적이냐를 설명하는 이론으로서 총으로 대응하는것 보다 몸으로 대응하는 것이 경호대상자 보호에 효과적이다 라는 것을 스포츠과학연구원 및 미국 비밀 경호대의 자료 등을 인용하여 증명하였다.

넷째, 주의력 및 대응 효과의 원리로서 경호원과 감시대상인 군중과의 적정거리를 설명하는 이론이다.

경호원의 주의력 효과면에서는 군중과의 거리가 가까울수록 유리하고 대응 효과면에서는 군중과의 거리가 멀수록 유리하다. 따라서 경호원의 주의력 효과와 대응 효과를 극대화하기 위해서는 경호원과 군중과의 거리는 2.14m 이상 이격되어야 한다는 이론이다(경호대상자와 군중과는 약 4~5m 거리 유지).

이러한 경호의 일반적 이론과 기본 원리를 이해한 후 실제 경호 활동 중 경호대상자에게 위해 기도가 발생할 경우 어떻게 행동하는 것이 경호대

상자를 보호하는 데 보다 효과적이냐를 설명한 이론이 제 4 장에서 제시된 우발상황 이론이다.

어느 행사장에서든지 우발상황이 발생할 경우 경호대상자를 보다 효과적으로 보호하기 위해서는 경호근무자가 경고(Sound off)−방호(Cover)−대피(Evacuate)라는 SCE 원칙에 의해 행동함이 바람직하다는 것을 사례를 인용하여 행동 이론을 제시하였고, 위해 기도자가 범행을 시도할 경우 전 경호요원이 대응하는 것이 아니고 범인과 가장 가까이 위치하고 있는 경호원이 대응해야 한다는 「촉수 거리의 원칙」과 상황 발생시 경호원 자신의 몸을 은폐, 엄폐가 아니라 최대한 확장 노출시켜 경호대상자에 대한 방호 효과를 극대화하면서 공격 방향으로 대응해야 한다는 「체위 확장의 원칙」을 대응 이론으로 제시하였다.

또한 경호원이 범인에게 대응하는 방법(요령)도 경호의 기본 개념에 입각하여 3가지 원칙으로 설명하였다.

상기와 같이 경호의 일반적 이론과 기본 원리를 실질적 의미로서의 경호 이론 및 원리로 정립해 보았고 그 이론 및 원리를 바탕으로 실제 경호 활동중 경호대상자에게 위해 기도가 발생할 경우 우발상황 이론에서 제시된 대응 이론, 대응 요령 및 SCE 원칙에 입각하여 행동하고 그 행동 이론이 적용될 때 "경호대상자 보호"라는 경호의 목적 달성에 보다 효과적이라 할 수 있다.

그러나 우발상황 발생시 앞에서 요약 설명한 바와 같이 경호의 기본 개념을 인식하고 촉수 거리의 원칙, 체위 확장의 원칙을 염두에 두고 SCE 원칙대로 행동을 한다는 것은 쉬운 일이 아니다. 특히 총기류에 의한 위해 기도자가 발생할 경우 인간의 기본적 보호 본능을 뛰어넘어 체위를 확장하며 대응한다는 것은 생각만으로는 상당히 어렵다. 부단한 반복 훈련을 통해 자신도 모르게 조건반사적이고 무의식적으로 행동이 나오도록 반복 훈련이 필요하다. 레이건 전 미국 대통령 저격 사건시 체위를 확장하며 경호대상자를 위해 자기 자신이 표적이 된 '티모니 메카시' 경호원이 사건 종료 후 일본

후지 TV에 출연하여 그때 당시 몸을 피하지 않고 어떻게 사격방향으로 몸을 향할 수 있었느냐? 라는 TV앵커의 질문에, “자신도 모르게 조건반사적으로 사격방향으로 몸을 돌렸다. 이것은 평소 부단한 반복 훈련의 결과이다” 라고 대답하였다.

미국 비밀 경호대 교범에는 다음과 같이 우발상황 발생시 경호원들의 행동 수칙을 명시하고 부단한 반복 훈련을 실시하고 있다.

① 경호대상자를 위해 자기 자신이 표적이 되라.

② 경호원들은 항상 경호대상자와 공격자 사이에 위치하여 가능한 한 큰 표적이 되기 위해 꼿꼿한 자세를 유지해야 한다.

경호 현장에서 어떠한 우발상황이 발생하더라도 조건반사적이고 무의식적으로 방호 행동이 나올수 있도록 부단한 반복 숙달 훈련을 해야 한다.

저자는 이 훈련을 “본능 역행 훈련”이라 부른다. 경호 현장에서 일어날 수 있는 예상 상황을 설정하여 경호 실무 실습 시간이나 무도 훈련 시간에 일정 시간을 할애하여 부단한 반복 숙달 훈련을 생활화해야 한다.

2. 경호 종합 훈련 실습 예시

가. 부분 실습

1) 기본 방호 대형 실습

우발상황 발생시 상황을 처음으로 인지한 자나 목격한 자가 “경고”를 하면 경호대상자 주변에 있는 근접요원은 경고와 동시에 신속히 경호대상자를 보호하기 위하여 방벽을 형성하는것을 방호(Cover)라고 한다.

경호대상자 방호에는 2가지 상황을 들 수 있다.

경호대상자가 연설 중이거나 회의 중일 때와 같은 정적인 상황에서 우발상황이 발생했을 경우의 방호 대형과 동적인 상황 즉 방호의 단계를 지나 대피에 용이한 방호 대형으로 구분할 수 있다.

(1) 함몰형 대형(Cave-in Formation)

단순 정전 상황, 진정서 건의 상황, 고성방가 등 굴욕 및 모욕 상황 등 단순 우발상황하에서 근접경호요원들이 자신들의 몸으로 경호대상자를 엄

그림 6-2 함몰형 방호 대형

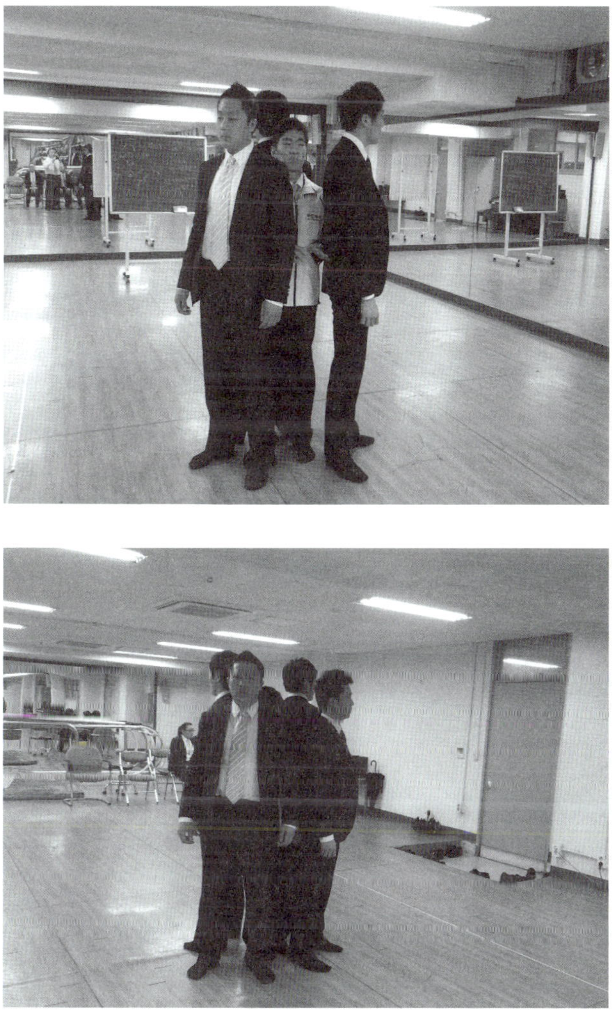

호하는 대형이다.

경호대상자는 바로 현장 이탈이 가능하도록 방호 대형 내에서 약간 낮은 자세를 취한다.

① 실습조 편성

- 실습조: 근접경호요원 3~4명
- 대적조: 진정서 건의자, 고성방가자, 단순 정전 상황, 연출자 사전 선정.
- 경호대상자: 남, 여 각 1명
  * 경호대상자, 대적조는 실습용 조끼 또는 범인을 표시할 수 있는 마크나 표식을 부여하여 실습 효과를 높힐 수 있음.

② 실습 요령

경호대상자, 실습조, 대적조를 사전 편성하고 임무를 부여하여 2~3회씩 반복 숙달 훈련 실시

③ 실습 평가

실습 내용을 촬영하여 실습간 자세 및 대형을 교정하고 실습 종료 후 실습간 모범 사례와 미흡 사례를 구분하여 강평 및 토의.

(2) 방어적 원형 대형(Defensive Circle Formation)

우발상황 발생시 누군가에 의해 경고절차가 있게 되면 근접경호요원은 일단 함몰형 방호 대형으로 최초의 공격으로부터 경호대상자를 방호한 후 총기 공격이나 기타 다양한 수단으로 추가적 제2공격이 감행될 시는 주저 없이 현장을 이탈해야 한다.

경호대상자는 자세를 낮추고 근접경호요원들은 경호대상자 주변을 밀착 방호 대형을 형성하여 신속히 경호대상자를 위험 현장에서 안전 지역으로 대피시켜야 한다.

방어적 원형 대형은 대피에 용이한 대형이라 할 수 있다.

① 실습조 편성

• 경호대상자: 남, 여 각 1명

• 실습조: 근접경호요원 3~4명

• 대적조: 권총으로 공격 상황, 칼로 공격 상황, 몽둥이로 공격 상황 설정.

② 실습요령

1차 함몰형 방호 대형을 실습하고 계속하여 제 2 차 공격 상황(총, 칼, 몽둥이)을 부여하여 방어적 원형 대형을 형성하여 위험현장을 이탈하는 대피 훈련 반복 실시.

방호 대형 위치를 바꾸어 가며 3~4회씩 반복 숙달 훈련.

③ 실습평가

• 경호대상자 방호시 노출된 부분은 없는가?

• 방어적 원형 대형 형성시 신속히 자기 위치로 가는가?

• 위치가 중복될 시 신속히 빈공간을 채워 주는가?

• 공격자 반대 방향으로 대피하는가?

그림 6-3 방어적 원형 대형

• 대피시 실습자 중 1명이 사망시 즉각 대치가 되는가?
  * 실습 내용을 촬영하여 강평 및 토의시 활용.

2) 촉수 거리의 원칙, 체위 확장의 원칙 실습

우발상황 발생시 대응 이론의 기본 원칙으로서 촉수 거리의 원칙은 위해 기도자가 범행 시도시 전 경호요원이 대응하는 것이 아니고 범인과 가장 가까이 위치하고 있는 경호원이 대응해야 한다는 원칙이다. 이것은 또다른 공범에 의한 제2차 공격에 대비해야 된다는 데 가장 큰 목적이 있다.

체위 확장의 원칙이란 우발상황 발생시 경호요원 자신의 몸을 은폐, 엄폐가 아니라 최대한 확장 노출시켜 경호대상자에 대한 방호 효과를 극대화하면서 공격 방향으로 대응해야 한다는 원칙이다.

경호원은 반사적인 자기 방어나 보호 본능은 절대 금물이다.

언제 어디서나 경호대상자를 위해서는 초개와 같이 목숨을 버릴 수 있다는 각오가 필요하며 생의 가장 귀한 목숨을 담보로 임무를 수행하는 숭고한 직업의식을 한시라도 잊어서는 안 된다.

① 실습조 편성

- 실습조: 4~5명 실습조가 1명씩 반복하여 촉수 거리 원칙, 체위 확장 원칙 동시 실습
- 대적조: 1명(총기 소지)
- 경호대상자: 남, 여 각 1명

② 실습요령

- 경호대상자가 실습조 4~5명의 근접경호를 받으며 이동 중 총기를 든 범인이 경호 대형 앞으로 뛰어듬.
- 범인과 가장 가까이 있는 경호원이 대응을 하고 근접경호요원 중 1명이 체위를 확장하며 방호벽을 형성.

- 기타 근접요원들은 방어적 원형 대형으로 공격자 반대 방향으로 신속히 현장 이탈(대피).
- 위치와 대역을 바꾸어가며 반복 숙달 훈련 실시.

③ 실습평가

- 가장 가까이 위치한 경호원이 대응하는가?
- 모든 경호원이 범인쪽으로 몰리지 않는가?
- 근접요원 중 체위 확장의 자세는 극대화 되는가?
- 방어적 원형 대형은 방호 및 대피에 효과적인가?

* 실습 내용을 촬영하여 강평 및 토의에 활용.

그림 6-4 체위 확장의 원칙

나. 경호종합 훈련 실습

제1단계 부분 실습에서 기본 방호 대형, 촉수 거리의 원칙, 체위 확장의 원칙 실습을 숙달한 후 제2단계로는 연결하여 종합 훈련을 반복 숙달 훈련 실시한다.

경호 현장에서 일어날 수 있는 각종 상황을 설정하여 선발경호요원은 대응 요령, 촉수 거리의 원칙, 체위 확장의 원칙, 제2공격대비 등을 실습하며 수행 근접경호요원은 방호 및 대피 훈련에 중점을 두고 반복 숙달 훈련을 실시한다.

실습조 편성, 실습 요령, 실습 평가 등은 부분 실습과 동일하나 경호 종합 실습시는 인원이 증가함에 따라 실습조, 대적조, 경호대상자 이외에 행사 참석자로서 의자 등을 준비하여 착석토록 한다.

1) 실습조 편성

- 실습조: 7~8명
- 대적조: 상황별로 부여(총기 상황, 칼 상황, 몽둥이 상황)
- 경호대상자: 남, 여 각 1명
- 참석자 및 현황보고자: 실습 인원 고려 편성.

2) 실습 요령

(상황1): 도보 이동간 총기류(권총) 공격 상황

- 경호대상자가 실습조 4~5명의 근접경호를 받으며 행사장에 입장하여 도열자와 악수시 권총을 든 위해 기도자가 경호대상자 위해를 목적으로 뛰어듬.
- 위해 기도자와 가장 가까이 위치한 경호원이 경고를 하며 대응을 하고 근접경호요원 중 1명이 경호대상자와 위해 기도자 일직선상에 위치하며 체위를 확장하면서 방호벽을 형성.
- 그 외 근접경호요원들은 방어적 원형 대형으로 방호벽을 형성하며 공격자 반대 방향으로 신속히 현장 이탈(대피).
- 도열자와 참석자석에 위치한 선발경호요원들은 제2공격에 대비하여 각자 부여된 임무대로 행동.

그림 6-5 경호 종합 훈련 요도

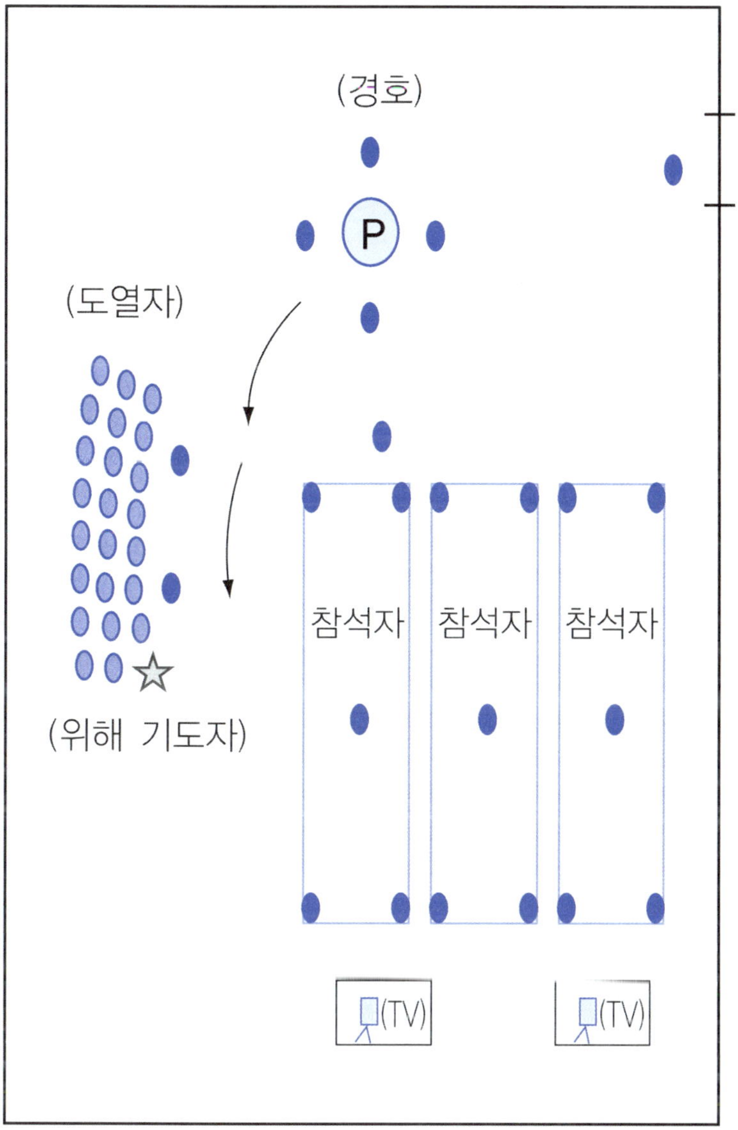

- 비상 통로 확보, 비상 대피소 준비, 경호 CP 연락 상황 전파, 내, 외곽 및 원거리 배치 근무자도 비상시 행동 대비 및 제2공격 대비.

- 경호 CP는 실시간 상황 전파, 최기 병원 준비 및 각종 예상 상황 대비, 전 경호 작전 요소 장악 통제.
- 위치와 대역을 바꾸어가며 반복 숙달 훈련 실시.

  * 실습간 동영상 촬영 후 강평 및 토의시 활용.

3) 실습평가

- 도보 이동간 근접경호요원 방호 대형은 적절한가?
- 도보 이동간 근접경호요원의 사주 경계 방향의 적절성?

  (360° 범위를 근접요원 수에 따라 사각 지점 없이 경계 방향 할당)
- 위해 기도자 공격시 SCE 원칙에 의해 행동하는가?
  - SCE 원칙: 우발상황시 경호원의 행동절차

    (경고 – 방호 – 대피)
  - 경고의 중요성 강조
- 위해 기도자 공격시 가장 가까이 위치한 경호원이 경고를 하며 대응하는가?
- 모든 경호원이 범인쪽으로 몰리지 않는가?
- 근접경호요원 중 체위 확장으로 방호벽을 형성하는가?
- 체위 확장의 자세는 극대화 되어 있는가?
- 근접경호요원의 방어적 원형 대형은 방호 및 대피에 효과적인가?
- 원거리 선발경호요원들의 제2공격에 대비한 적절한 근무 위치 및 행동을 하는가?
- 비상 및 안전 대책(비상 통로, 비상 대피소, 최기 병원, 비상 차량 대기 위치)을 숙지하고 있는가?

(상황2) 도보 이동간 칼로 공격 상황.

(상황3) 단상 연설시 참석자석에서 권총으로 공격 상황.

(상황4) 경호대상자가 단상착석 상황에서 권총으로 공격 상황.

(상황5) 야외 현황 보고시 폭발류(수류탄, 화약류)에 의한 공격 상황.

위해 기도 상황은 여러 상황으로 설정할 수 있으나 어떠한 상황하에서도 우발상황 발생시 경호원의 행동 절차 원칙은 동일하다.

어느 상황이든 경호적 우발상황 발생시 촉수 거리의 원칙, 체위 확장의 원칙 등 대응 이론을 염두에 두고 SCE 원칙(경고-방호-대피)에 의거하여 적극적이고 신속하게 행동할 때 "경호대상자 보호"라는 경호의 목적을 달성하는데 보다 효과적임을 명심해야 할 것이다.

참 고 문 헌

가. 국내문헌

강영숙, 이민용(2002)「테러의 이해」, 백산출판사.

경찰청(2010)「경호편람」.

검찰청(1974)「문세광 재판기록」.

국가정보원(2010)「월간 테러정세」.

국제문제연구소(1981)「미국비밀 경호대장(번역본)」.

김두현(2004)「현대 테러리즘론」, 백산출판사.

______(2005)「경호경비법」, 경호출판사.

______(2009)「경호의전 비서학」, 한올출판사.

______(2010)「경호학개론」, 엑스퍼트.

______(1981)「백악관 비밀 경호 20년(번역본)」.

______(1988)「테러시대의 미국 비밀 경호대(번역본)」.

______(2011)「경호안전대책위원회 규정」.

______(2011)「대통령 등의 경호에 관한 법률」.

______(2011)「대통령 등의 경호에 관한 법률 시행령」.

외교통상부(2004) 2004 세계 각국 편람.

정태황(2000)「경호이론 및 실무」, 글힘.

______(2002)「경호실무론」, 백산출판사.

주두식(2004)「우리도 좋은 대통령을 갖고 싶다」, 사람과 책.

찰스 F. 파버/김형곤 역(2002)「대통령의 성적표」, 혜안출판사.

최신화(2009)「경호비서윤리」, 도서출판 두남.

최정택(2008)「경호학개론」, 진영사.

최 진(2002)「대통령 리더십」, 나남출판사.

최평길(2007)「대통령학」, 박영사.

프레드그린슈타인(2000)「위대한 대통령은 무엇이 다른가」, 위즈덤하우스.

한국대통령평가위원회(2002)「한국의 역대 대통령 평가」, 조선일보사.

함성득(1999)「대통령학(나남대통령학 총서 1)」, 나남출판사.

_____(2000) 「한국의 대통령과 권력 및 대통령 비서실장론」, 나남출판사.

경찰청 홈페이지 www.police.go.kr.
경호처 홈페이지 홈페이지 www.pss.go.kr.
국가정보원 홈페이지 www.nis.go.kr.
대한특공무술협회 www.tgmsa.org.

나. 논 문

강길훈(1999) "한국의 민간경비 교육훈련체제에 관한 연구," 상지대학교 대학원 박사학위논문.

고시면(2004) "특별형법으로서 '(가칭)테러방지법' 제정 및 수정안에 관한 연구," 한국공안행정학회.

구자광(2000) "21세기 국가전략산업으로서의 우리나라 경호안전산업의 발전방향에 관한 연구," 한국외국어대학교 경영대학원 석사학위논문.

김용욱(2004) "공항보안의 발전에 관한 연구," 숭실대학교 대학원 박사학위논문.

김제홍(2004) "대규모 스포츠행사의 경호경비에 관한 연구," 한국체육대학교 대학원 박사학위논문.

김명곤(2000) "월드컵 경기장에 대한 폭발물 안전대책," 「경호경비연구」 제 2 호, 한국경호경비학회.

_____(2000) "테러용 폭발물 검측의 효율적 체계," 한국체육대학교 대학원 석사학위논문.

_____(2006) "스포츠시설의 안전실태 및 대 테러대책에 관한 연구," 한국체육대학교 대학원 박사학위논문.

노완영(1999) "한국에서의 테러 가능성과 대응방안에 관한 연구," 건국대학교 행정대학원 석사학위논문.

박경미(2005) "현대사회의 직업윤리교육에 관한 연구," 동아대학교 교육대학원 석사학위논문.

박정훈(2002) "경호활동에 대한 대학생들의 사회인식 조사," 경기대학교 대학원 석사학위논문.

배남헌(2000) "요인 위해자에 대한 경호대응방안 연구," 한국체육대학교 대학원 석사학위논문.

서상열(1999) "세계 요인테러의 실태분석과 대응방안에 관한 연구," 동국대학교 행정대학원 석사학위논문.

안종하(2004) "요인경호 보안활동에 관한 연구," 동국대학교 행정대학원 석사학위논문.

양재열(1995) "경호의 기본적 이론에 관한 연구," 연세대학교 행정대학원 석사학위논문.

______(2000) "요인 신변보호의 사전 예방작용에 관한 연구," 한국경호경비학회.

______(2001) "ASEM 정상회의시 NGO 집회 및 시위 성향에 따른 대응방안," 한국경호경비학회.

______(2005) "대통령 경호 시스템의 변화와 개선방안 연구," 명지대학교 일반대학원 박사학위논문.

이기천(1990) "북한테러리즘에 관한 연구," 연세대학교 행정대학원 석사학위논문.

이영래(1999) "요인테러의 실태분석에 의한 경호적 대응방안에 관한 연구," 연세대학교 행정대학원 석사학위논문.

이재진(2002) "국가위기관리를 위한 요인경호시스템에 관한 연구," 성균관대학교 대학원 석사학위논문.

임용순(1991) "한국에서 테러리즘의 가능성과 그의 대처방안," 국방대학원 안보 문제연구소.

장기붕(1996) "세계화 시대의 경호전략 연구," 중앙공무원교육원 고위정책과정.

______(2001) "미국 대통령경호제도에 대한 고찰," 경호경비연구 제 4 호, 한국경호경비학회.

______(2001) "21세기 국가경호기관 Model에 관한 연구," 연세대학교 행정대학원 석사학위논문.

정동활(2004) "각국 경호제도 비교분석과 21세기형 선진경호제도 연구," 연세대학교 행정대학원 석사학위논문

주인엽(2000) "효율적 경호를 위한 시큐리티시스템 구축방안에 관한 연구," 한국체육대학교 대학원 석사학위논문.

최기남(2005) "중동 테러리즘에 대한 한국경호 안전도 극대화 방안," 경기대학교 대학원 박사학위논문.

최선태(2005) "기업 안전관리 업무의 전문화에 관한 연구," 한국체육대학교 사회체육대학원 박사학위논문.

최찬묵(1999) "신변보호의 체계적인 예방작용에 관한 연구," 한국체육대학원 사회체육대학원 석사학위논문.

최평길(1981) "국가 원수 경호관리 개선방안," 문교부 정책과제 연구논문.
허 홍(1999) "요인경호에 관한 연구: 4개국 경호제도와 위해 사례를 중심으로," 성균관대학교 행정대학원 석사학위논문.

다. 외국문헌

Alexander, Y & J.M Gieason (1981) *Behavioral and Qualitative Spectievs on Terrorism*. New York: Pergamon Press.
David Seidman (2003) Secret Service Agents: *Life Protecting The President*. New York: The Rosen Publishing Group, Inc.
Dennis V. N. McCarthy & Philip W. Smith (1984) *Protecting The President*.
Fetscher, Irving (1980) *Theses on terrorism Today*. Terrorism Vol.3.
Green Gion (1981) *Introduction to Security* 3rd ed. Boston: Butter Worth Publishers Inc.
John R. Simpson (1994) *Moments in History*. U.S. Secret Service.
John R. Dijulius Ⅲ (2003) *U.S. Secret Service*. New York: Amrican Management Association.
Kenneth T. Walsh (2003) *Air Forth One: A History of The President and their planes*. New York: Hyperion.
Leroy Thompson (1984) *Dead Clients Don't Pay The Bodyguard's Manual*. ISBN Printed in the U.S.A.
_____(2003) *The Bodyguard Manual: Protection technigues of The professionals*. Pennsylvania: Greenhill Books.
Mark U. Lonsdale (2003) *Bodyguard: A Practical Guide to VIP Protection*. LA California: Specialized Tactical Training Unit.
Michael Beschloss (2000) *American Heritage: Illustrated History of The Presidents*. Member of the Crown Publishing Gruop.
Peter Consterdine (2000) *The Modern Bodyguard*. Trowbridge, Willshire, Great Britain: Protection Publications.
Philip H. Melanson, Ph. D & Peter F. Stevens (2002) *The Secret Service: The Hidden History of An Enigmatic Agency*. New York: Carroll & Graf Publishers.
Philip Melanson (1988) *The Polices of Protection*. Massachusetts University.

Rufus W. Youngvlood (1981) *20 Years in the Secret Service*. U.S. Secret Service.

Richard E. Neustadt (1991) *Presidential Power and The Modern Presidents: The Politics of Leadership From Roosevelt to Reagan*. New York: The Free Press.

Ricks, A. Truett, and Tillett, BG(1981) *Principle of Security*. Ohio; Anderson Publishing Co.

Robert J. Fischer (1992) *Introduction to Security*.

Serge D.V & S.H.Alder (1980) *The Ecology of Terrorism*. Survival.

Thompson, Leroy (2003) *The Bodyguard Manual*. London: Greenhill Books, Lionel Leveathal Limited.

Thomas H. Kean (2002) *The 9.11 Commission Report*.

U. E. Baughman (1961) *The Secret Service Chief*. New York: Harper & Row Publishers.

U. S. CID (1978) *Protective Services*.

부록

1. 대통령 등의 경호에 관한 법률
2. 대통령 등의 경호에 관한 법률 시행령
3. 대통령경호안전대책위원회규정
4. 경찰관직무집행법
5. 경비업법
6. 경비업법 시행령
7. 청원경찰법

대통령 등의 경호에 관한 법률 1

[시행 2012. 7. 1] [대통령령 제11042호, 2011. 9. 15, 타법개정]

제 1 조(목적) 이 법은 대통령 등에 대한 경호를 효율적으로 수행하기 위하여 경호의 조직·직무범위와 그 밖에 필요한 사항을 규정함을 목적으로 한다. 〈개정 2008. 2. 29〉

[전문개정 2005. 3. 10]

제 2 조(정의) 이 법에서 사용하는 용어의 뜻은 다음과 같다.

1. "경호"란 경호 대상자의 생명과 재산을 보호하기 위하여 신체에 가하여지는 위해(危害)를 방지하거나 제거하고, 특정 지역을 경계·순찰 및 방비하는 등의 모든 안전 활동을 말한다.
2. "경호구역"이란 제 3 조에 따른 경호처 소속공무원이 경호 활동을 하는 구역을 말한다.
3. "소속공무원"이란 경호처 직원과 경호처에 파견된 사람을 말한다.

[전문개정 2011. 4. 28]

제 3 조(경호처의 설치) ① 「정부조직법」 제14조 제 3 항에 따라 대통령 등의 경호를 담당하기 위하여 대통령실에 경호처를 둔다.

② 경호처에 경호처장(이하 "처장"이라 한다)을 두며, 정무직으로 보(補)한다.

③ 처장은 경호에 관한 사무를 총괄하고 소속공무원을 지휘·감독한다.

④ 경호처에 차장 1명을 두며, 차장은 1급 경호공무원 또는 고위공무원단에 속하는 별정직 국가공무원으로 보한다.

⑤ 차장은 처장을 보좌하며, 처장이 부득이한 사유로 직무를 수행할 수 없을 때에는 그 직무를 대행한다.

⑥ 경호처의 조직과 공무원의 정원, 그 밖에 필요한 사항은 대통령령으로 정한다.

[전문개정 2011. 4. 28]

제 4 조(경호대상) ① 경호처의 경호대상은 다음과 같다.

1. 대통령과 그 가족

2. 대통령 당선인과 그 가족
3. 본인의 의사에 반하지 아니하는 경우에 한정하여 퇴임 후 10년 이내의 전직 대통령과 그의 배우자 및 자녀. 다만, 대통령이 임기 만료 전에 퇴임한 경우와 재직 중 사망한 경우의 경호 기간은 그로부터 5년으로 하고, 퇴임 후 사망한 경우의 경호 기간은 퇴임일부터 기산(起算)하여 10년을 넘지 아니하는 범위에서 사망 후 5년으로 한다.
4. 대통령권한대행과 그 배우자
5. 대한민국을 방문하는 외국의 국가 원수 또는 행정수반(行政首班)과 그 배우자
6. 그 밖에 처장이 경호가 필요하다고 인정하는 국내외 요인(要人)

② 제 1 항 제 1 호 또는 제 2 호에 따른 가족의 범위는 대통령령으로 정한다.
[전문개정 2011. 4. 28]

제 5 조(경호구역의 지정 등) ① 처장은 경호업무의 수행에 필요하다고 판단되는 경우 대통령실장(이하 "실장"이라 한다)의 승인을 받아 경호구역을 지정할 수 있다. 다만, 처장은 경호 목적상 필요하다고 인정되는 상당한 이유가 있을 때에는 먼저 경호구역을 지정한 후 그 사실을 실장에게 보고할 수 있다.
② 제 1 항에 따른 경호구역의 지정은 경호 목적 달성을 위한 최소한의 범위로 한정되어야 한다.
③ 소속공무원은 경호 목적상 불가피하다고 인정되는 상당한 이유가 있는 경우에만 경호구역에서 질서유지, 교통관리, 검문·검색, 출입통제, 위험물 탐지 및 안전조치 등 위해 방지에 필요한 안전 활동을 할 수 있다.
[전문개정 2011. 4. 28]

제 6 조(직원) ① 경호처에 특정직 국가공무원인 1급부터 9급까지의 경호공무원과 기능직 국가공무원을 둔다. 다만, 필요하다고 인정할 때에는 경호공무원의 정원 중 일부를 일반직 국가공무원 또는 별정직 국가공무원으로 보할 수 있다.
② 경호공무원 각 계급의 직무의 종류별 명칭은 대통령령으로 정한다.
[전문개정 2011. 4. 28]

제 7 조(임용권자) ① 5급 이상 경호공무원과 5급 상당 이상 별정직 국가공무원은 처장의 추천을 받아 실장의 제청으로 대통령이 임용한다. 다만, 전보·휴직·겸임·파견·직위해제·정직(停職) 및 복직에 관한 사항은 실장이 행한다.
② 실장은 경호공무원 및 별정직 국가공무원에 대하여 제 1 항 외의 모든 임용권을 가진다.
③ 실장은 대통령령으로 정하는 바에 따라 제 1 항 및 제 2 항의 임용권을 처장에게 위임할 수 있다.
④ 고위공무원단에 속하는 별정직공무원의 신규채용에 관하여는 「국가공무원법」 제28조의6 제 3 항을 준용한다.

[전문개정 2011. 4. 28]

제8조(직원의 임용 자격 및 결격사유) ① 경호처 직원은 신체 건강하고 사상이 건전하며 품행이 바른 사람 중에서 임용한다.

② 다음 각 호의 어느 하나에 해당하는 사람은 직원으로 임용될 수 없다.

1. 대한민국의 국적을 가지지 아니한 사람
2. 「국가공무원법」 제33조 각 호의 어느 하나에 해당하는 사람

③ 제2항 각 호(「국가공무원법」 제33조 제5호는 제외한다)의 어느 하나에 해당하는 직원은 당연히 퇴직한다.

[전문개정 2011. 4. 28]

제9조(비밀의 엄수) ① 소속공무원[퇴직한 사람과 원(原) 소속 기관에 복귀한 사람을 포함한다. 이하 이 조에서 같다]은 직무상 알게 된 비밀을 누설하여서는 아니 된다.

② 소속공무원은 경호처의 직무와 관련된 사항을 발간하거나 그 밖의 방법으로 공표하려면 미리 처장의 허가를 받아야 한다.

[전문개정 2011. 4. 28]

제10조(직권면직) ① 임용권자는 직원(별정직 국가공무원은 제외한다. 이하 이 조에서 같다)이 다음 각 호의 어느 하나에 해당하면 직권으로 면직할 수 있다.

1. 신체적·정신적 이상으로 6개월 이상 직무를 수행하지 못할 만한 지장이 있을 때
2. 직무 수행 능력이 현저하게 부족하거나 근무태도가 극히 불량하여 직원으로서 부적합하다고 인정될 때
3. 직제와 정원의 개폐(改廢) 또는 예산의 감소 등에 의하여 폐직(廢職) 또는 과원(過員)이 된 때
4. 휴직 기간이 끝나거나 휴직 사유가 소멸된 후에도 정당한 이유 없이 직무에 복귀하지 아니하거나 직무를 수행할 수 없을 때
5. 직무 수행 능력이 부족하거나 근무성적이 극히 불량하여 대통령령으로 정하는 바에 따라 대기 명령을 받은 사람이 그 기간 중 능력 또는 근무성적의 향상을 기대하기 어렵다고 인정될 때
6. 해당 직급에서 직무를 수행하는 데에 필요한 자격증의 효력이 상실되거나 면허가 취소되어 담당 직무를 수행할 수 없게 되었을 때

② 제1항 제2호·제5호에 해당하여 면직하는 경우에는 대통령령으로 정하는 바에 따라 고등징계위원회의 동의를 받아야 한다.

③ 제1항 제3호에 해당하여 면직하는 경우에는 임용 형태, 업무실적, 직무 수행 능력, 징계처분 사실 등을 고려하여 면직 기준을 정하여야 한다. 이 경우 면직된 직원은 결원이 생기면 우선하여 재임용할 수 있다.

④ 제3항의 면직 기준을 정하거나 제1항 제3호에 따라 면직 대상자를

결정할 때에는 대통령령으로 정하는 바에 따라 인사위원회의 심의·의결을 거쳐야 한다.
[전문개정 2011. 4. 28]

제11조(정년) ① 경호공무원의 정년은 다음의 구분에 따른다.
1. 연령정년
가. 5급 이상: 55세
나. 6급 이하: 50세
2. 계급정년
가. 1급: 5년. 다만, 2급 경호공무원으로 근무한 경력과 합하여 6년을 초과할 수 없다.
나. 2급: 6년
다. 3급: 8년
라. 4급: 10년
마. 5급: 14년
② 경호공무원이 강임(降任)된 경우에는 제1항 제2호에 따른 계급정년의 경력을 산정할 때에 강임되기 전의 상위계급으로 근무한 경력은 강임된 계급으로 근무한 경력에 포함한다.
③ 경호공무원은 그 정년이 된 날이 1월부터 6월 사이에 있는 경우에는 6월 30일에, 7월부터 12월 사이에 있는 경우에는 12월 31일에 각각 당연히 퇴직한다.
[전문개정 2011. 4. 28]

제12조(징계) ① 직원의 징계에 관한 사항을 심사·의결하기 위하여 대통령실에 고등징계위원회와 보통징계위원회를 둔다.
② 각 징계위원회는 위원장 1명과 4명 이상 6명 이하의 위원으로 구성한다.
③ 직원의 징계는 징계위원회의 의결을 거쳐 실장이 한다. 다만, 5급 이상 직원의 파면 및 해임은 고등징계위원회의 의결을 거쳐 실장의 제청으로 대통령이 한다.
④ 징계위원회의 구성 및 운영 등에 필요한 사항은 대통령령으로 정한다. [전문개정 2011. 4. 28]

제13조(보상) 직원으로서 제4조 제1항 각 호의 경호대상에 대한 경호업무 수행 또는 그와 관련하여 상이(傷痍)를 입고 퇴직한 사람과 그 가족 및 사망(상이로 인하여 사망한 경우를 포함한다)한 사람의 유족에 대하여는 대통령령으로 정하는 바에 따라 「국가유공자 등 예우 및 지원에 관한 법률」 또는 「보훈보상대상자 지원에 관한 법률」에 따른 보상을 한다. 〈개정 2011. 9. 15〉
[전문개정 2011. 4. 28]
[시행일: 2012. 7. 1] 제13조

제14조(「국가공무원법」과의 관계 등) ① 직원의 신규채용, 시험의 실시, 승진, 근무성적평정, 보수 및 교육훈련에 관한 사항은 대통령령으로 정한다.

② 직원에 대하여는 이 법에 특별한 규정이 있는 경우를 제외하고는 「국가공무원법」을 준용한다.

③ 직원에 대하여는 「국가공무원법」 제17조 및 제18조를 적용하지 아니한다.

[전문개정 2011. 4. 28]

제15조(국가기관 등에 대한 협조 요청) 처장은 직무상 필요하다고 인정할 때에는 실장의 명을 받아 국가기관, 지방자치단체, 그 밖의 공공단체의 장에게 그 공무원 또는 직원의 파견이나 그 밖에 필요한 협조를 요청할 수 있다. 다만, 처장은 경호 목적상 필요하다고 인정되는 상당한 이유가 있을 때에는 먼저 국가기관 등에 필요한 협조를 요청한 후 그 사실을 실장에게 보고할 수 있다.

[전문개정 2011. 4. 28]

제16조(대통령경호안전대책위원회) ① 제4조 제1항 각 호의 경호대상에 대한 경호업무를 수행할 때에는 관계 부처의 책임을 명확하게 하고, 협조를 원활하게 하기 위하여 경호처에 대통령경호안전대책위원회(이하 "위원회"라 한다)를 둔다.

② 위원회는 위원장과 부위원장 각 1명을 포함한 20명 이내의 위원으로 구성한다.

③ 위원장은 처장이 되고, 부위원장은 차장이 되며, 위원은 대통령령으로 정하는 관계 부처의 공무원이 된다.

④ 위원회는 다음 각 호의 사항을 관장한다.

1. 대통령 경호에 필요한 안전대책과 관련된 업무의 협의
2. 대통령 경호와 관련된 첩보·정보의 교환 및 분석
3. 그 밖에 제4조 제1항 각 호의 경호대상에 대한 경호에 필요하다고 인정되는 업무

⑤ 위원회의 구성 및 운영에 필요한 사항은 대통령령으로 정한다.

[전문개정 2011. 4. 28]

제17조(경호공무원의 사법경찰권) ① 경호공무원(처장의 제청으로 서울중앙지방검찰청 검사장이 지명한 경호공무원을 말한다. 이하 이 조에서 같다)은 제4조 제1항 각 호의 경호대상에 대한 경호업무 수행 중 인지한 그 소관에 속하는 범죄에 대하여 직무상 또는 수사상 긴급을 요하는 한도 내에서 사법경찰관리(司法警察官吏)의 직무를 수행할 수 있다.

② 제1항의 경우 7급 이상 경호공무원은 사법경찰관의 직무를 수행하고, 8급 이하 경호공무원은 사법경찰리(司法警察吏)의 직무를 수행한다.

[전문개정 2011. 4. 28]

제18조(직권 남용 금지 등) ① 소속공무원은 직권을 남용하여서는 아니 된다.

② 경호처에 파견된 경찰공무원은 이 법에 규정된 임무 외의 경찰공무원의 직무를 수행할 수 없다.

[전문개정 2011. 4. 28]

제19조(무기의 휴대 및 사용) ① 처장은 직무를 수행하기 위하여 필요하다고 인정할 때에는 소속공무원에게 무기를 휴대하게 할 수 있다.

② 제1항에 따라 무기를 휴대하는 사람은 그 직무를 수행할 때 필요하다고 인정하는 상당한 이유가 있을 경우 그 사태에 대응하여 부득이하다고 판단되는 한도 내에서 무기를 사용할 수 있다. 다만, 다음 각 호의 어느 하나에 해당할 때를 제외하고는 사람에게 위해를 끼쳐서는 아니 된다.

1. 「형법」 제21조 및 제22조에 따른 정당방위와 긴급피난에 해당할 때
2. 제4조 제1항 각 호의 경호대상에 대한 경호업무 수행 중 인지한 그 소관에 속하는 범죄로 사형, 무기 또는 장기 3년 이상의 징역 또는 금고에 해당하는 죄를 범하거나 범하였다고 의심할 만한 충분한 이유가 있는 사람이 소속공무원의 직무집행에 대하여 항거하거나 도피하려고 할 때 또는 제3자가 그를 도피시키려고 소속공무원에게 항거할 때에 이를 방지하거나 체포하기 위하여 무기를 사용하지 아니하고는 다른 수단이 없다고 인정되는 상당한 이유가 있을 때
3. 야간이나 집단을 이루거나 흉기나 그 밖의 위험한 물건을 휴대하여 경호업무를 방해하기 위하여 소속공무원에게 항거할 경우에 이를 방지하거나 체포하기 위하여 무기를 사용하지 아니하고는 다른 수단이 없다고 인정되는 상당한 이유가 있을 때

[전문개정 2011. 4. 28]

제20조 삭제 〈2011. 4. 28〉

제21조(벌칙) ① 제9조 제1항, 제18조 또는 제19조 제2항을 위반한 사람은 5년 이하의 징역이나 금고 또는 1천만원 이하의 벌금에 처한다.

② 제9조 제2항을 위반한 사람은 2년 이하의 징역·금고 또는 500만원 이하의 벌금에 처한다.

[전문개정 2011. 4. 28]

부칙 〈제10603호, 2011. 4. 28〉

이 법은 공포한 날부터 시행한다.

대통령 등의 경호에 관한 법률 시행령 2

[시행 2009. 4. 1] [대통령령 제21351호, 2009. 3. 18, 타법개정]

제 1 조(목적) 이 영은 「대통령 등의 경호에 관한 법률」(이하 "법"이라 한다) 제3조에 따른 경호처 직원의 임용, 그 밖에 이 법의 시행에 필요한 사항을 규정함을 목적으로 한다.

[전문개정 2008. 2. 29]

제 2 조(가족의 범위 등) ① 법 제4조 제1항 제1호 및 제2호에 따른 "가족"이란 대통령 및 대통령당선인의 배우자와 직계존비속을 말한다. 〈개정 2005. 6. 30, 2008. 2. 29〉

② 법 제4조 제1항 제3호에 따라 경호처가 경호하는 전직대통령의 배우자와 자녀는 다음 각 호의 어느 하나에 해당되지 아니하는 자로 한다. 〈개정 2005. 6. 30, 2006. 11. 15, 2008. 2. 29〉

1. 전직대통령과 동거하지 아니하는 자. 다만, 전직대통령이 사망한 경우에는 그 배우자(배우자가 사망한 경우에는 사실상의 세대주)와 동거하지 아니하는 자
2. 혼인한 자녀
3. 군에 복무중인 자
4. 외국에 체류중인 자

[전문개정 1981. 3. 2]

제 3 조(전직대통령 등의 경호) 법 제4조 제1항 제3호에 따라 전직대통령과 그의 배우자 및 자녀의 경호에는 다음 각호의 조치를 포함한다.

1. 경호안전상 별도주거지 제공(별도주거지는 본인이 마련할 수 있다)
2. 현거주지 및 별도주거지에 경호를 위한 인원의 배치, 필요한 경호의 담당
3. 요청이 있는 경우 대통령전용기 및 헬리콥터의 지원
4. 그 밖에 경호처장(이하 "처장"이라 한다)이 관계기관과 협의하여 정한 사항

[본조신설 1984. 2. 7]

[제 2 조의2에서 이동, 종전 제 3 조는 제 4 조로 이동 〈2005. 6. 30〉]
[제목개정 2005. 6. 30]
[시행일: 2012. 5. 24] 제 3 조

제 3 조의2(경호등급) ① 처장은 법 제 4 조 제 1 항 제 5 호 및 제 6 호에 따른 경호대상자의 경호임무를 수행하기 위하여 해당 경호대상자의 지위와 경호위해요소, 해당 국가의 정치상황, 국제적 상징성, 상호주의 측면, 적대국가 유무 등 국제적 관계를 고려하여 경호등급을 구분하여 운영할 수 있다.
② 제 1 항에 따라 경호등급을 구분하여 운영하는 경우에는 외교통상부장관, 국가정보원장 및 경찰청장과 미리 협의하여야 한다.
③ 제 1 항의 경호등급과 관련하여 필요한 사항은 대통령실장(이하 "실장"이라 한다)과 협의하여 처장이 따로 정한다.
[본조신설 2008. 2. 29]

제 4 조(경호구역) ① 법 제 5 조 제 1 항 따른 경호처의 경호구역 중 대통령집무실·대통령관저 등은 내곽구역과 외곽구역으로 나누며 그 범위는 부도와 같다.
② 제 1 항에 따른 대통령집무실·대통령관저 등을 제외한 각종 행사장·유숙지 등에 대한 경호구역은 행사의 성격, 경호위해요소 등을 고려하여 처장이 실장과 협의하여 지정한다. 다만, 긴급한 경우에는 그러하지 아니하다.
[전문개정 2008. 2. 29]

제 5 조(직급) 경호공무원의 계급별 직급의 명칭은 별표 1과 같다.
[본조신설 1999. 12. 31]
[제 4 조의2에서 이동, 종전 제 5 조는 제 6 조로 이동 〈2005. 6. 30〉]

제 6 조 삭제 〈2008. 2. 29〉

제 6 조의2 삭제 〈2008. 2. 29〉

제 7 조(인사위원회의 설치) ① 경호처 직원의 인사에 관한 정책 및 그 운용에 관한 중요사항을 심의하기 위하여 인사위원회 및 인사실무위원위를 대통령실에 를 둔다. 〈개정 2008. 2. 29〉
② 인사위원회는 위원장 1인과 5인 이상 7인 이하의 위원으로 구성하며, 위원장은 2급 이상 직원중에서, 위원은 3급 이상 직원중에서 각각 처장의 추천을 받아 실장이 임명한다. 〈개정 2005. 6. 30, 2008. 2. 29〉
③ 인사실무위원회는 위원장 1인과 5인 이상 7인 이하의 위원으로 구성하며, 위원장은 3급 이상 직원중에서, 위원은 4급 이상 직원중에서 각각 처장의 추천을 받아 실장이 임명한다. 〈개정 2005. 6. 30, 2008. 2. 29〉
④ 인사위원회 및 인사실무위원회의 회의 기타 운영에 관하여 필요한 사항은 실장이 정한다.
[전문개정 1999. 12. 31]
[제 6 조에서 이동, 종전 제 7 조는 제 9 조로 이동〈2005. 6. 30〉]

제 8 조(인사위원회의 직무 등) 인사위원회는 인사에 관하여 인사실무위원회와 관계부서에서 제안한 인사정책 및 그 운용에 관한 사항등을 심의하여 실장에게 건의한다.

[본조신설 1999. 12. 31]

[제 6 조의2에서 이동, 종전 제 8 조는 삭제〈2005. 6. 30〉]

제 9 조(임용) 경호공무원 및 기능직공무원의 임용은 학력·자격·경력을 기초로 하며, 시험성적·근무성적 기타 능력의 실증에 의하여 행한다. 〈개정 1999. 12. 31〉

[제 7 조에서 이동, 종전 제 9 조는 제20조로 이동 〈2005. 6. 30〉]

제 9 조의2(임용권의 위임) 실장은 법 제 7 조 제 3 항에 따라 3급 이하 5급 이상의 전보권, 4급 및 5급의 임용제청권, 6급 이하 및 기능직공무원의 임용권을 처장에게 위임할 수 있다.

[본조신설 2008. 2. 29]

제10조(신규채용) ① 경호공무원 및 기능직공무원의 신규채용은 공개경쟁시험에 의하여 행한다.

② 다음 각호의 1에 해당하는 경우에는 특별채용시험에 의하여 신규채용할 수 있다. 〈개정 2003. 6. 30, 2005. 6. 30〉

1. 공개경쟁시험에 의한 채용이 곤란한 임용예정직에 관련된 자격증 소지자를 임용하는 경우
2. 임용예정직에 상응하는 근무실적 또는 연구실적이 3년 이상인 자를 임용하는 경우
3. 임용예정직에 상응하는 전문지식·경험·기술이 있는 자를 1급 또는 2급의 경호공무원으로 임용하는 경우
4. 외국어에 능통하고 국제적 소양과 전문지식을 지닌 자를 임용하는 경우
5. 법 제10조 제 1 항 제 3 호의 사유로 퇴직하거나 「국가공무원법」 제71조 제 1 항 제 1 호의 휴직기간만료로 인하여 퇴직한 경호공무원 또는 기능직공무원을 퇴직한 날부터 3년 이내에 퇴직시에 재직한 직급의 직원으로 재임용하는 경우

③ 별정직공무원의 신규채용은 비서·공보·의무·운전·시범·교관·사진 등의 특수분야를 대상으로 한다. 〈신설 2005. 6. 30〉

[본조신설 1999. 12. 31]

[제 7 조의2에서 이동, 종전 제10조는 제21조로 이동 〈2005. 6. 30〉]

제11조(시보임용) ① 5급 이하 경호공무원 또는 기능직공무원을 신규채용하는 경우에는 1년 이내의 기간동안 시보로 임용하고 그 기간중에 근무성적과 교육훈련성적이 양호한 경우에 정규직원으로 임용한다.

② 휴직기간, 직위해제기간 및 징계에 의하여 정직처분을 받은 기간은 제

1항의 규정에 의한 시보임용기간에 산입하지 아니한다.
[본조신설 1999. 12. 31]
[제7조의3에서 이동, 종전 제11조는 제25조로 이동 〈2005. 6. 30〉]

제12조(시험) ① 직원의 임용을 위한 시험은 이를 직급별로 실시한다.
② 시험은 공개경쟁채용시험·특별채용시험·승진시험으로 구분하여 실장이 실시하며, 경호공무원의 필기시험과목은 별표 2와 같다.
③ 별정직·기능직공무원에 대하여는 신규채용의 경우를 제외하고는 시험을 과하지 아니한다.
④ 실장은 시험에 관한 출제·채점·면접시험·실기시험 및 기타 시험에 필요한 사항을 담당하게 하기 위하여 시험위원을 임명 또는 위촉할 수 있다.
⑤ 필기시험의 출제 및 채점에 있어서는 과목당 2인 이상의 시험위원이 임명 또는 위촉되어야 하며, 면접시험에 있어서는 3인 이상의 시험위원이 임명 또는 위촉되어야 한다.
⑥ 이 영에 규정된 사항외에 시험에 관하여 필요한 사항은 실장이 정한다.
[본조신설 1999. 12. 31]
[제7조의4에서 이동, 종전 제12조는 제27조로 이동 〈2005. 6. 30〉]

제13조(공개경쟁채용시험) ① 공개경쟁채용시험은 필기시험·면접시험·신체검사 및 체력검정에 의하여 실시한다. 다만, 실장이 필요하다고 인정하는 때에는 실기시험·지능검사·인성검사 및 적성검사의 전부 또는 일부를 병과하여 실시할 수 있다. 〈개정 2005. 6. 30〉
② 경호공무원의 공개경쟁채용시험의 대상이 되는 계급은 5급·7급 및 9급으로 하고, 기능직공무원의 공개경쟁채용시험의 대상이 되는 계급은 기능9급으로 한다. 〈신설 2005. 6. 30, 2007. 11. 30, 2011. 7. 4〉
[본조신설 1999. 12. 31]
[제7조의5에서 이동, 종전 제13조는 제33조로 이동 〈2005. 6. 30〉]
[시행일: 2012. 5. 24] 제13조

제14조(특별채용시험) ① 특별채용시험은 필기시험·면접시험 및 신체검사에 의하여 실시하며, 실기시험·체력검정·지능검사·인성검사 및 적성검사의 전부 또는 일부를 병과하여 실시할 수 있다.
② 제1항의 시험에 있어 실장이 필요하다고 인정하는 자에 대하여는 필기시험의 전부 또는 일부를 면제할 수 있다.
[본조신설 1999. 12. 31]
[제7조의6에서 이동, 종전 제14조는 제36조로 이동 〈2005. 6. 30〉]

제15조(승진시험) ① 6급 경호공무원을 5급 경호공무원으로 승진임용하고자 하는 때에는 승진시험을 병행할 수 있다.
② 제1항의 규정에 의한 승진시험은 필기시험에 의하여 실시하되, 실기

시험을 병과할 수 있다.
[본조신설 1999. 12. 31]
[제 7 조의7에서 이동 〈2005. 6. 30〉]

제16조(근무성적평정 및 경력평정의 실시) 직원의 복무능률의 증진과 인사관리의 적정을 기하기 위하여 근무성적평정과 경력평정을 한다. 다만, 별정직공무원에 대하여는 경력평정을 하지 아니한다.
[본조신설 1999. 12. 31]
[제 7 조의8에서 이동 〈2005. 6. 30〉]

제17조(평정기준) ① 근무성적평정은 일정한 기간중 당해 직원의 직무수행의 성과·능력·태도, 청렴도 및 직무에의 적합성 기타 직무수행에 필요한 사항에 관하여 행한다.
② 경력평정은 당해 직원의 경력이 직급별로 그 담당직무수행과 관련되는 정도를 기준으로 행하여야 한다.
[본조신설 1999. 12. 31]
[제 7 조의9에서 이동 〈2005. 6. 23〉]

제18조(근무성적평정) ① 근무성적평정은 3급 이하의 직원을 대상으로 하여 정기평정과 수시평정으로 나누어 실시하되, 정기평정은 연 1회 실시한다. 〈개정 2005. 6. 30〉
② 근무성적평정의 방법·시기·절차 등에 관하여 필요한 사항은 실장이 정한다.
[본조신설 1999. 12. 31]
[제 7 조의10에서 이동 〈2005. 6. 30〉]

제19조(경력평정) ① 제21조 제 1 항의 승진소요최저연수에 도달한 5급 이하 경호공무원과 기능직공무원에 대하여는 그 경력을 평정하여 승진임용에 반영하여야 한다. 〈개정 2005. 6. 30〉
② 경력평정은 해당 직급, 하위직급 및 차하위직급의 재직기간을 평정기간으로 한다.
③ 경력평정대상기간에는 휴직기간 및 정직기간은 이를 산입하지 아니한다. 다만, 법률의 규정에 의한 의무수행을 위하여 휴직한 자의 휴직기간과 공무로 인한 질병 또는 부상에 의한 휴직기간은 이를 산입한다.
④ 경력평정의 시기·방법·절차 등에 관하여 필요한 사항은 실장이 정한다.
[본조신설 1999. 12. 31]
[제 7 조의11에서 이동 〈2005. 6. 30〉]

제20조(승진임용 방법) ① 경호공무원 및 기능직공무원의 승진은 근무성적 및 경력평정 기타 능력의 실증에 의하여 행한다.
② 실장은 승진임용에 필요한 요건을 구비한 5급 이하 경호공무원 및 기

능직공무원에 대하여 근무성적평정 4.5할, 경력평정 2할, 교육훈련성적 3할, 상훈 및 신체검사 0.5할의 비율에 따라 승진심사자명부를 작성하여야 한다.

③ 제2항의 승진심사자명부에 등재하는 대상은 승진심사일이 속하는 달의 다음달 말일까지 승진소요최저연수를 충족하는 자를 포함한다. 〈신설 2005. 6. 30〉

④ 승진심사는 승진심사자명부에 등재되어 있는 자를 대상으로 하고, 승진이 결정된 자는 승진일에 승진소요최저연수를 충족하여야 한다. 〈신설 2005. 6. 30〉

⑤ 이 영에 규정된 사항외에 승진임용에 관하여 필요한 사항은 실장이 정한다.

[전문개정 1999. 12. 31]

[제9조에서 이동 〈2005. 6. 30〉]

제21조(승진소요최저연수) ① 경호공무원 및 기능직공무원이 승진함에 있어서는 다음 각호의 기간동안 당해 계급에 재직하여야 한다. 〈개정 2003. 6. 30, 2011. 7. 4〉

1. 경호공무원

가. 3급 이상－2년 이상

나. 4급－4년 이상

다. 5급－5년 이상

라. 6급－4년 이상

마. 7급 및 8급－3년 이상

바. 9급－2년 이상

2. 기능직공무원

가. 기능7급 및 기능8급－2년 이상

나. 기능9급－1년 6월 이상

② 제1항의 기간에는 휴직기간·직위해제기간 및 징계처분기간을 포함하지 아니한다. 다만, 법률의 규정에 의한 의무수행을 위하여 휴직한 자의 휴직기간과 공무로 인한 질병 또는 부상에 의한 휴직기간은 이를 산입한다.

[전문개정 1999. 12. 31]

[제10조에서 이동 〈2005. 6. 30〉]

[시행일: 2012. 5. 24] 제21조

제22조(특별승진) ① 경호공무원 및 기능직공무원이 다음 각 호의 어느 하나에 해당하는 때에는 제20조 및 제21조의 규정에 불구하고 특별승진 임용할 수 있다. 다만, 제1호 내지 제3호는 3급 이하 경호공무원 및 기능직공무원에게만 적용한다. 〈개정 2003. 6. 30, 2005. 6. 30, 2007. 6. 28〉

1. 경호위해요소를 사전에 발견·제거하여 경호안전에 특별한 공을 세운 자
2. 경호위급사태 발생시 경호대상자의 생명을 구하는데 공이 현저한 자
3. 헌신적인 직무수행으로 업무발전에 기여한 공이 현저하여 모든 직원의 귀감이 되는 자
4. 재직중 공적이 특히 현저한 자가 제26조의 규정에 의하여 공로퇴직하는 때
5. 재직중 공적이 특히 현저한 자가 공무로 인하여 사망한 때

② 제1항의 규정에 의하여 특별승진임용하는 경우에는 공무원임용령 제32조 제1항의 규정에 의한 승진임용의 제한을 받지 아니한다. 〈개정 2003. 6. 30〉

③ 제1항 제1호 내지 제3호의 규정에 의하여 특별승진임용하는 경우에는 제21조의 규정에 의한 승진소요최저연수를 1년 단축할 수 있고, 동항 제4호의 규정에 의하여 특별승진임용하는 경우에는 공로퇴직일 전일까지 당해 세급에서 1년 이상 재직하여야 하며, 동항 제5호의 규정에 의하여 특별승진임용하는 경우에는 승진소요최저연수의 적용을 받지 아니한다. 〈개정 2005. 6. 30〉

④ 직원을 특별승진임용하고자 하는 때에는 인사위원회의 심의를 거쳐야 한다.

[본조신설 1999. 12. 31]

[제10조의2에서 이동 〈2005. 6. 30〉]

제23조(별정직국가공무원의 근무상한연령) 별정직국가공무원의 근무상한연령은 경호공무원의 정년과 균형을 유지하는 범위안에서 실장이 정한다.

[본조신설 1999. 12. 31]

[제10조의3에서 이동 〈2005. 6. 30〉]

제24조(교육훈련 등) ① 실장은 직원에 대하여 직무의 능률증진을 위한 교육훈련을 실시한다.

② 실장은 필요하다고 인정하는 때에는 직원을 국내외의 교육기관 또는 연구기관에 위탁하여 교육훈련을 받게 할 수 있다.

③ 실장은 교육훈련의 성과측정을 위하여 정기 또는 수시로 평가를 실시하고 그 결과를 인사관리에 반영하여야 한다.

④ 제2항의 규정에 의하여 6월 이상 국외에서 교육훈련을 받은 직원에 대하여는 6년의 범위안에서 교육훈련기간의 2배에 상당하는 기간, 6월 이상 국내에서 교육훈련을 받은 직원에 대하여는 6년의 범위안에서 교육훈련기간과 동일한 기간(일과후에만 실시하는 국내훈련의 경우에는 훈련기간의 5할에 해당하는 기간)을 복무하도록 하여야 한다. 다만, 복무의무를 부과하기 곤란하거나 복무의무를 부과한 후 이를 이행할 수 없

는 특별한 사유가 있어 실장이 복무의무를 면제한 경우에는 그러하지 아니하다.

⑤ 제 4 항의 규정에 의한 의무복무를 이행하지 아니한 자는 교육훈련을 위하여 소요된 경비의 전액 또는 일부를 반납하여야 한다.

⑥ 실장은 경호공무원으로 20년 이상 근무한 후 퇴직하고자 하는 자에 대하여 퇴직후 사회적응능력의 배양을 위하여 1년 이내의 범위에서 연수를 실시할 수 있다. 이 경우 실장은 연수기간중 당해 연수자의 직급에 해당하는 정원이 따로 있는 것으로 보고 결원을 보충할 수 있다. 〈신설 2003. 6. 30〉

[본조신설 1999. 12. 31]

[제10조의4에서 이동 〈2005. 6. 30〉]

[제목개정 2003. 6. 30]

[시행일: 2012. 5. 24] 제24조

第25條(보수) ① 처장의 보수는 「공무원보수규정」에 따른 차관의 보수와 같은 금액으로 한다. 〈개정 2008. 2. 29〉

② 기타 직원의 보수에 관하여는 「공무원보수규정」에 따른다. 〈개정 1981. 3. 2, 1999. 12. 31, 2005. 6. 30〉

[전문개정 1979. 12. 27]

[제11조에서 이동 〈2005. 6. 30〉]

第26條(공로퇴직) ① 경호공무원으로 10년 이상 성실하게 근무한 후 퇴직하는 자에 대하여는 예산의 범위안에서 공로퇴직수당(이하 "수당"이라 한다)을 지급할 수 있다. 〈개정 1999. 12. 31〉

② 제 1 항의 수당지급액은 다음의 산식에 의하여 산출한 금액의 범위안으로 한다.

퇴직당시 봉급월액×{36+(33−근속연수)×2/3}

③ 수당의 지급절차 기타 수당지급에 관하여 필요한 사항은 행정안전부장관 및 기획재정부장관과 협의하여 실장이 정한다. 〈개정 1999. 5. 24, 2007. 6. 28, 2008. 2. 29〉

[본조신설 1995. 12. 30]

[제11조의2에서 이동 〈2005. 6. 30〉]

第27條(직권면직) ① 법 제10조 제 1 항 제 2 호·제 5 호 및 동조 제 2 항의 규정에 의하여 직권면직시키고자 하는 경우에는 제30조의 규정에 의한 관할 징계위원회의 동의를 얻어야 한다. 〈개정 2005. 6. 30〉

② 삭제 〈2005. 6. 30〉

[전문개정 1999. 12. 31]

[제12조에서 이동 〈2005. 6. 30〉]

제28조(징계의결의 요구) ① 소속직원에게 징계사유가 있다고 인정되는 때에는 5급 이상은 실장이, 6급 이하는 처장이 관할징계위원회에 징계의결을 요구하여야 한다. 〈개정 2008. 2. 29〉

② 실장은 경호처에 파견되어 근무중인 직원에 대하여 징계사유가 있다고 인정되는 때에는 파견직원의 원소속기관의 장에게 그 사유를 통보하여야 한다. 〈개정 2008. 2. 29〉

③ 제1항의 규정에 의하여 징계의결을 요구하는 때에는 미리 당해 직원의 징계사유에 대하여 충분히 조사하고 입증자료를 첨부하여 징계의결요구서에 의하여 이를 행하여야 한다.

[본조신설 1999. 12. 31]

[제12조의2에서 이동 〈2005. 6. 30〉]

제29조(징계위원회의 구성) ① 고등징계위원회위원장은 처장이 되고, 위원은 3급 이상의 직원중에서 실장이 임명한다. 〈개정 2004. 7. 24, 2008. 2. 29〉

② 보통징계위원회위원장은 경호처 차장이 되고, 위원은 4급 이상의 직원중에서 처장이 임명한다. 〈개정 2006. 1. 2, 2008. 2. 29〉

[본조신설 1999. 12. 31]

[제12조의3에서 이동 〈2005. 6. 30〉]

제30조(징계위원회의 관할·운영 등) ① 고등징계위원회는 1급 내지 5급 직원에 대한 징계사건 및 6급 이하 및 기능직직원에 대한 중징계 사건을 심사·의결한다.

② 보통징계위원회는 6급 이하 및 기능직직원에 대한 경징계 사건을 심사·의결한다.

③ 징계위원회의 관할이 다른 상하직위자가 관련된 징계사건은 제1항 및 제2항의 규정에 불구하고 고등징계위원회에서 심사·의결한다. 다만, 하위직위자에 대한 징계를 분리하여 심사·의결하는 것이 타당하다고 인정되는 때에는 고등징계위원회의 의결로써 하위직위자에 대한 징계사건을 보통징계위원회에 이송할 수 있다.

[본조신설 1999. 12. 31]

[제12조의4에서 이동 〈2005. 6. 30〉]

제31조(「공무원 징계령」의 준용) 직원의 징계에 관하여 이 영에 특별한 규정이 있는 경우를 제외하고는 「공무원 징계령」 제9조 내지 제15조, 제17조 내지 제25조를 준용한다.

[본조신설 1999. 12. 31]

[제12조의5에서 이동 〈2005. 6. 30〉]

[제목개정 2009. 3. 18]

[시행일: 2012. 5. 24] 제31조

제32조(보상) ① 법 제13조에서 "상이를 입고 퇴직한 자와 그 가족"이라 함은 「국가유공자 등 예우 및 지원에 관한 법률 시행령」 별표 3에 해당하는 자와 그 가족을 말한다. 〈개정 2005. 6. 30〉

② 법 제13조에서 "사망(상이로 인하여 사망한 경우를 포함한다)한 자의 유족"이라 함은 직원의 사망 당시 「국가유공자 등 예우 및 지원에 관한 법률」 제5조에 해당하는 자를 말한다. 〈개정 2005. 6. 30〉

③ 제1항의 규정에 해당하는 자는 「국가유공자 등 예우 및 지원에 관한 법률」 제4조 제1항 제4호 또는 제6호에 규정된 전상군경 또는 공상군경과 그 가족으로 보고, 제2항의 규정에 해당하는 자는 「국가유공자 등 예우 및 지원에 관한 법률」 제4조 제1항 제3호 또는 제5호에 규정된 전몰군경 또는 순직군경의 유족으로 보아 동법에 의한 보상을 실시한다. 〈개정 2005. 6. 30〉

④ 제3항의 규정에 의한 보상을 받고자 하는 자는 「국가유공자 등 예우 및 지원에 관한 법률 시행령」 제8조 제1항의 규정에 의하여 보상대상자의 등록을 신청하여야 한다. 이 경우 등록신청서에는 실장이 발급한 상이 또는 사망확인증명서와 국·공립병원장이 발급한 상이 또는 사망진단서를 첨부하여야 한다. 〈개정 2005. 6. 30〉

⑤ 실장이 제4항 후단의 규정에 의한 상이 또는 사망확인증명서를 발급한 때에는 「국가유공자 등 예우 및 지원에 관한 법률 시행령」 제9조의 규정에 의하여 국가유공자등요건관련사실확인서를 지체없이 국가보훈처장에게 통보하여야 한다. 〈개정 2005. 6. 30〉

[본조신설 1999. 12. 31]

[제12조의6에서 이동 〈2005. 6. 30〉]

제33조 삭제 〈2008. 2. 29〉

제34조(복제) ① 실장은 필요하다고 인정하는 경우 직원에게 제복을 지급할 수 있다. 〈개정 1999. 12. 31〉

② 직원의 복제에 관하여 필요한 사항은 실장이 정한다. 〈개정 1999. 5. 24, 1999. 12. 31, 2007. 6. 28〉

[본조신설 1995. 12. 30]

[제13조의2에서 이동 〈2005. 6. 30〉]

제35조(준용) 경호처의 직원에 관하여 이 영에 특별한 규정이 있는 경우를 제외하고는 「공무원임용령」 및 「국가공무원 복무규정」을 준용한다. 〈개정 2008. 2. 29〉

[본조신설 1999. 12. 31]

[제13조의3에서 이동 〈2005. 6. 30〉]

제36조(위임사항) 이 영의 시행에 관하여 필요한 사항은 실장이 정한다. 〈개정

2006. 11. 15〉
[제14조에서 이동 〈2005. 6. 30〉]

부칙 〈제21351호, 2009. 3. 18〉(공무원 징계령)

제 1 조(시행일) 이 영은 2009년 4월 1일부터 시행한다.

제 2 조(다른 법령의 개정) ① 및 ② 생략

③ 대통령 등의 경호에 관한 법률 시행령 일부를 다음과 같이 개정한다.
제31조의 제목 및 제목 외의 부분 중 "공무원징계령"을 각각 "「공무원 징계령」"으로 한다.

④ 및 ⑤ 생략

3 대통령경호안전대책위원회규정

[시행 2009. 12. 29] [대통령령 제21908호, 2009. 12. 29, 타법개정]

제 1 조(목적) 이 영은 「대통령 등의 경호에 관한 법률」 제16조에 따른 대통령경호안전대책위원회의 구성 및 운영에 관하여 필요한 사항을 규정함을 목적으로 한다. 〈개정 2008. 2. 29〉

[전문개정 2007. 1. 18]

제 2 조(구성) 대통령경호안전대책위원회(이하 "위원회"라 한다)의 위원은 국가정보원 6국장, 외교통상부 재외동포영사국장, 법무부 출입국·외국인정책본부장, 국방부 조사본부장, 문화체육관광부 관광산업국장, 방송통신위원회 통신정책국장, 국토해양부 항공정책관, 관세청 조사감시국장, 대검찰청 공안기획관, 경찰청 보안국장, 소방방재청 소방정책국장, 해양경찰청 경비안전국장, 합동참모본부 작전부 작전처장, 국군기무사령부 1처장, 수도방위사령부 작전처장과 위원장이 임명 또는 위촉하는 자로 구성한다. 〈개정 2008. 2. 29, 2008. 10. 28, 2009. 5. 6, 2009. 12. 29〉

[전문개정 2007. 1. 18]

제 3 조 삭제 〈2007. 1. 18〉

제 4 조(책임) ① 대통령경호안전대책활동(이하 "안전대책활동"이라 한다)에 관하여는 위원회 구성원 전원과 그 구성원이 속하는 기관의 장이 공동으로 책임을 지며, 각 구성원은 위원회의 결정사항 기타 안전대책활동을 위하여 부여된 임무에 관하여 상호간 최대한의 협조를 하여야 한다.

② 각 구성원의 분장책임은 다음과 같다. 〈개정 2004. 7. 24, 2007. 1. 18, 2008. 2. 29, 2008. 10. 28, 2009. 5. 6, 2009. 12. 29〉

1. 대통령실 경호처장

안전대책활동에 관한 전반적인 업무를 총괄하며 필요한 안전대책활동지침을 수립하여 관계부서에 부여한다.

2. 국가정보원 6국장

가. 입수된 경호 관련 첩보 및 정보의 신속한 전파·보고

나. 위해요인의 제거

다. 정보 및 보안대상기관에 대한 조정
라. 행사참관 해외동포 입국자에 대한 동향파악 및 보안조치
마. 그 밖에 국내·외 경호행사의 지원
3. 외교통상부 재외동포영사국장
가. 입수된 경호 관련 첩보 및 정보의 신속한 전파·보고
나. 사증발급지원
다. 그 밖에 국내·외 경호행사의 지원
4. 법무부 출입국·외국인정책본부장
가. 입수된 경호 관련 첩보 및 정보의 신속한 전파·보고
나. 위해용의자에 대한 출입국 및 체류관련 동향의 즉각적인 전파·보고
다. 그 밖에 국내·외 경호행사의 지원
5. 국방부 조사본부장
가. 입수된 경호 관련 첩보 및 정보의 신속한 전파·보고
나. 경호임무 수행을 위한 군 헌병업무 지원
다. 군관련 사고 및 사건의 접수·처리·분석 및 대책의 수립
라. 그 밖에 국내·외 경호행사의 지원
6. 문화체육관광부 관광산업국장
가. 입수된 경호 관련 첩보 및 정보의 신속한 전파·보고
나. 문화·체육·관광 시설 등에서의 경호와 관련된 협조
다. 그 밖에 국내·외 경호행사의 지원
7. 방송통신위원회 통신정책국장
가. 입수된 경호 관련 첩보 및 정보의 신속한 전파·보고
나. 경호임무 수행을 위한 정보통신업무의 지원
다. 정보통신망을 이용한 경호관련 위해사항의 확인
라. 그 밖에 국내·외 경호행사의 지원
8. 국토해양부 항공정책관
가. 입수된 경호 관련 첩보 및 정보의 신속한 전파·보고
나. 민간항공기의 행사장 상공비행에 대한 통제 및 협조
다. 육로 및 철로와 공중기동수단에 대한 통제 및 협조
라. 그 밖에 국내·외 경호행사의 지원
9. 관세청 조사감시국장
가. 입수된 경호 관련 첩보 및 정보의 신속한 전파·보고
나. 출입국자에 대한 검색 및 검사
다. 휴대품·소포·화물에 대한 검색
라. 그 밖에 국내·외 경호행사의 지원
10. 대검찰청 공안기획관

가. 입수된 경호 관련 첩보 및 정보의 신속한 전파·보고
나. 위해음모 발견시 수사지휘 총괄
다. 위해가능인물의 관리 및 자료수집
라. 국제테러범죄 조직과 연계된 위해사범의 방해책동 사전차단
마. 그 밖에 국내·외 경호행사의 지원
11. 경찰청 보안국장
가. 입수된 경호 관련 첩보 및 정보의 신속한 전파·보고
나. 위해가능인물에 대한 동향파악
다. 행사참석자 및 종사자의 신원조사
라. 입국체류자중 위해가능인물에 대한 동향 파악
마. 행사장·기동로 주변 집회 및 시위관련 정보제공과 비상상황 방지대책의 수립
바. 우범지대 및 취약지역에 대한 검문·검색
사. 행사장 및 행차로 주변에 산재한 물적 취약요소에 대한 안전조치
아. 행차로 요충지 등에 정보센터 설치·운영
자. 총포·화약류의 영치관리와 봉인 등 안전관리
차. 불법무기류의 색출 및 분실무기의 수사
카. 그 밖에 국내·외 경호행사의 지원
12. 해양경찰청 경비안전국장
가. 입수된 경호 관련 첩보 및 정보의 신속한 전파·보고
나. 해상에서의 경호·테러예방 및 안전조치
다. 그 밖에 국내·외 경호행사의 지원
13. 소방방재청 소방정책국장
가. 입수된 경호 관련 첩보 및 정보의 신속한 전파·보고
나. 경호임무 수행을 위한 소방방재업무 지원
다. 그 밖에 국내외 경호행사의 지원
14. 합동참모본부 작전부 작전처장
가. 입수된 경호 관련 첩보 및 정보의 신속한 전파·보고
나. 안전대책활동에 대한 육·해·공군업무의 총괄 및 협조
다. 삭제 〈2007. 1. 18〉
라. 그 밖에 국내·외 경호행사의 지원
15. 국군기무사령부 1처장
가. 입수된 경호 관련 첩보 및 정보의 신속한 전파·보고
나. 군내 행사장에 대한 안전활동
다. 군내 위해가능인물에 대한 동향파악
라. 행사참석자 및 종사자의 신원조사

마. 군부대 동향 파악
바. 행차로 주변 군시설물에 대한 안전조치
사. 취약지에 대한 검문·검색
아. 경호유관시설에 대한 보안지원 활동
자. 그 밖에 국내·외 경호행사의 지원
16. 수도방위사령부 작전처장
가. 입수된 경호 관련 첩보 및 정보의 신속한 전파·보고
나. 수도권 진입로 및 취약지에 대한 검문·검색
다. 그 밖에 국내·외 경호행사의 지원

제 5 조(소집) ① 위원장은 위원회의 회의를 소집하고, 그 의장이 된다.
② 위원장은 필요하다고 인정할 때에는 부위원장으로 하여금 위원장의 직무를 대행하게 할 수 있다.
[전문개정 1995. 12. 14]

제 6 조(간사) ① 위원회의 사무를 처리하기 위하여 위원회에 간사 1인을 둔다.
② 간사는 대통령실 경호처 직원중에서 위원장이 임명한다. 〈개정 2008. 2. 29〉
[본조신설 1995. 12. 14]

제 7 조(실무위원회) ① 위원회의 소관사항을 예비심의하거나 위원회로부터 위임받은 사항의 처리를 위하여 위원회에 실무위원회를 둘 수 있다.
② 실무위원회의 구성·운영등에 관하여 필요한 사항은 위원장이 정한다.
[본조신설 1995. 12. 14]

제 8 조(운영세칙) 이 영의 시행에 관하여 필요한 사항은 위원장이 정한다. 〈개정 1995. 12. 14〉
[본조신설 1995. 12. 14]

부칙 〈제21908호, 2009. 12. 29〉(해양경찰청과 그 소속기관 직제)

제 1 조(시행일) 이 영은 공포한 날부터 시행한다.
제 2 조(다른 법령의 개정) 대통령경호안전대책위원회규정 일부를 다음과 같이 개정한다.
제 2 조 중 "경비구난국장"을 "경비안전국장"으로 한다.
제 4 조 제 2 항 제12호 각 목 외의 부분 중 "경비구난국장"을 "경비안전국장"으로 한다.

4 경찰관직무집행법

[시행 2011. 8. 4] [법률 제11031호, 2011. 8. 4, 일부개정]

제 1 조(목적) ① 이 법은 국민의 자유와 권리의 보호 및 사회공공의 질서유지를 위한 경찰관(국가경찰공무원에 한한다. 이하 같다)의 직무수행에 필요한 사항을 규정함을 목적으로 한다. 〈개정 2006. 2. 21〉

② 이 법에 규정된 경찰관의 직권은 그 직무수행에 필요한 최소한도 내에서 행사되어야 하며 이를 남용하여서는 아니된다.

제 2 조(직무의 범위) 경찰관은 다음 각호의 직무를 행한다. 〈개정 2011. 8. 4〉

1. 국민의 생명·신체 및 재산의 보호
2. 범죄의 예방·진압 및 수사
3. 경비·요인경호 및 대간첩작전수행
4. 치안정보의 수집·작성 및 배포
5. 교통의 단속과 위해의 방지
6. 기타 공공의 안녕과 질서유지

제 3 조(불심검문) ① 경찰관은 수상한 거동 기타 주위의 사정을 합리적으로 판단하여 어떠한 죄를 범하였거나 범하려 하고 있다고 의심할 만한 상당한 이유가 있는 자 또는 이미 행하여진 범죄나 행하여지려고 하는 범죄행위에 관하여 그 사실을 안다고 인정되는 자를 정지시켜 질문할 수 있다.

② 그 장소에서 제 1 항의 질문을 하는 것이 당해인에게 불리하거나 교통의 방해가 된다고 인정되는 때에는 질문하기 위하여 부근의 경찰서·지구대·파출소 또는 출장소(이하 "경찰관서"라 하되, 지방해양경찰관서를 포함한다)에 동행할 것을 요구할 수 있다. 이 경우 당해인은 경찰관의 동행요구를 거절할 수 있다. 〈개정 1988. 12. 31, 1996. 8. 8, 2004. 12. 23〉

③ 경찰관은 제 1 항에 규정된 자에 대하여 질문을 할 때에 흉기의 소지여부를 조사할 수 있다.

④ 제 1 항 또는 제 2 항의 규정에 의하여 질문하거나 동행을 요구할 경우 경찰관은 당해인에게 자신의 신분을 표시하는 증표를 제시하면서 소속과

성명을 밝히고 그 목적과 이유를 설명하여야 하며, 동행의 경우에는 동행장소를 밝혀야 한다. 〈개정 1991. 3. 8〉

⑤ 제 2 항의 규정에 의하여 동행을 한 경우 경찰관은 당해인의 가족 또는 친지등에게 동행한 경찰관의 신분, 동행장소, 동행목적과 이유를 고지하거나 본인으로 하여금 즉시 연락할 수 있는 기회를 부여하여야 하며, 변호인의 조력을 받을 권리가 있음을 고지하여야 한다. 〈신설 1988. 12. 31〉

⑥ 제 2 항의 규정에 의하여 동행을 한 경우 경찰관은 당해인을 6시간을 초과하여 경찰관서에 머물게 할 수 없다. 〈신설 1988. 12. 31, 1991. 3. 8〉

⑦ 제 1 항 내지 제 3 항의 경우에 당해인은 형사소송에 관한 법률에 의하지 아니하고는 신체를 구속당하지 아니하며, 그 의사에 반하여 답변을 강요당하지 아니한다. 〈신설 1988. 12. 31〉

제 4 조(보호조치등) ① 경찰관은 수상한 거동 기타 주위의 사정을 합리적으로 판단하여 다음 각호의 1에 해당함이 명백하며 응급의 구호를 요한다고 믿을 만한 상당한 이유가 있는 자를 발견한 때에는 보건의료기관 또는 공공구호기관에 긴급구호를 요청하거나 경찰관서에 보호하는 등 적당한 조치를 할 수 있다. 〈개정 1988. 12. 31〉

1. 정신착란 또는 술취한 상태로 인하여 자기 또는 타인의 생명·신체와 재산에 위해를 미칠 우려가 있는 자와 자살을 기도하는 자
2. 미아·병자·부상자등으로서 적당한 보호자가 없으며 응급의 구호를 요한다고 인정되는 자. 다만, 당해인이 이를 거절하는 경우에는 예외로 한다.

② 제 1 항의 긴급구호요청을 받은 보건의료기관이나 공공구호기관은 정당한 이유없이 긴급구호를 거절할 수 없다.

③ 제 1 항의 경우에 피구호자가 휴대하고 있는 무기·흉기등 위험을 야기할 수 있는 것으로 인정되는 물건은 경찰관서에 임시영치할 수 있다.

④ 경찰관이 제 1 항의 조치를 한 때에는 지체없이 이를 피구호자의 가족·친지 기타의 연고자에게 그 사실을 통지하여야 하며, 연고자가 발견되지 아니할 때에는 피보호자를 적당한 공중보건의료기관이나 공공구호기관에 즉시 인계하여야 한다.

⑤ 경찰관은 제 4 항의 규정에 의하여 피구호자를 공중보건의료기관 또는 공공구호기관에 인계한 때에는 즉시 그 사실을 소속 경찰서장 또는 지방해양경찰관서의 장에게 보고하여야 한다. 〈신설 1988. 12. 31, 1996. 8. 8〉

⑥ 제 5 항의 보고를 받은 소속 경찰서장 또는 지방해양경찰관서의 장은 대통령령이 정하는 바에 의하여 피구호자를 인계한 사실을 지체없이 당해 공중보건의료기관·공공구호기관의 장 및 그 감독행정청에 통보하여야 한다. 〈신설 1988. 12. 31, 1996. 8. 8〉

⑦ 제 1 항의 규정에 의한 경찰관서에서의 보호는 24시간을, 제 3 항의 임시영치는 10일을 초과할 수 없다. 〈개정 1988. 12. 31〉

제 5 조(위험발생의 방지) ① 경찰관은 인명 또는 신체에 위해를 미치거나 재산에 중대한 손해를 끼칠 우려가 있는 천재, 사변, 공작물의 손괴, 교통사고, 위험물의 폭발, 광견·분마류등의 출현, 극단한 혼잡 기타 위험한 사태가 있을 때에는 다음의 조치를 할 수 있다.

1. 그 장소에 집합한 자, 사물의 관리자 기타 관계인에게 필요한 경고를 발하는 것
2. 특히 긴급을 요할 때에는 위해를 받을 우려가 있는 자를 필요한 한도 내에서 억류하거나 피난시키는 것
3. 그 장소에 있는 자, 사물의 관리자 기타 관계인에게 위해방지상 필요하다고 인정되는 조치를 하게 하거나 스스로 그 조치를 하는 것

② 경찰관서의 장은 대간첩작전수행 또는 소요사태의 진압을 위하여 필요하다고 인정되는 상당한 이유가 있을 때에는 대간첩작전지역 또는 경찰관서·무기고등 국가중요시설에 대한 접근 또는 통행을 제한하거나 금지할 수 있다.

③ 경찰관이 제 1 항의 조치를 한 때에는 지체없이 이를 소속경찰관서의 장에게 보고하여야 한다.

④ 제 2 항의 조치를 하거나 제 3 항의 보고를 받은 경찰관서의 장은 관계기관의 협조를 구하는 등 적당한 조치를 하여야 한다.

제 6 조(범죄의 예방과 제지) ① 경찰관은 범죄행위가 목전에 행하여지려고 하고 있다고 인정될 때에는 이를 예방하기 위하여 관계인에게 필요한 경고를 발하고, 그 행위로 인하여 인명·신체에 위해를 미치거나 재산에 중대한 손해를 끼칠 우려가 있어 긴급을 요하는 경우에는 그 행위를 제지할 수 있다.

② 삭제 〈1988. 12. 31〉

제 7 조(위험방지를 위한 출입) ① 경찰관은 제 5 조 제 1 항·제 2 항 및 제 6 조 제 1 항에 규정한 위험한 사태가 발생하여 인명·신체 또는 재산에 대한 위해가 절박한 때에 그 위해를 방지하거나 피해자를 구조하기 위하여 부득이 하다고 인정할 때에는 합리적으로 판단하여 필요한 한도 내에서 타인의 토지·건물 또는 선차 내에 출입할 수 있다.

② 흥행장·여관·음식점·역 기타 다수인이 출입하는 장소의 관리자 또는 이에 준하는 관계인은 그 영업 또는 공개시간 내에 경찰관이 범죄의 예방 또는 인명·신체와 재산에 대한 위해예방을 목적으로 그 장소에 출입할 것을 요구한 때에는 정당한 이유없이 이를 거절할 수 없다.

③ 경찰관은 대간첩작전수행에 필요한 때에는 작전지역안에 있어서의 제 2 항에 규정된 장소안을 검색할 수 있다.

④ 제 1 항 내지 제 3 항의 규정에 의하여 경찰관이 필요한 장소에 출입할 때에는 그 신분을 표시하는 증표를 제시하여야 하며, 함부로 관계인의 정당한 업무를 방해하여서는 아니 된다.

제 8 조(사실의 확인등) ① 경찰관서의 장은 직무수행에 필요하다고 인정되는 상당한 이유가 있을 때에는 국가기관 또는 공사단체등에 대하여 직무수행에 관련된 사실을 조회할 수 있다. 다만, 긴급을 요할 때에는 소속경찰관으로 하여금 현장에 출장하여 당해 기관 또는 단체의 장의 협조를 얻어 그 사실을 확인하게 할 수 있다.

② 경찰관은 미아를 인수할 보호자의 여부, 유실물을 인수할 권리자의 여부 또는 사고로 인한 사상자를 확인하기 위하거나 행정처분을 위한 교통사고조사상의 사실을 확인하기 위하여 필요한 때에는 관계인에게 출석을 요하는 사유·일시 및 장소를 명확히 한 출석요구서에 의하여 경찰관서에 출석할 것을 요구할 수 있다.

제 9 조(유치장) 경찰서 및 지방해양경찰관서에 법률이 정한 절차에 따라 체포·구속되거나 신체의 자유를 제한하는 판결 또는 처분을 받은 자를 수용하기 위하여 유치장을 둔다. 〈개정 1996. 8. 8, 1999. 5. 24〉

제10조(경찰장비의 사용등) ① 경찰관은 직무수행중 경찰장비를 사용할 수 있다. 다만, 인명 또는 신체에 위해를 가할 수 있는 경찰장비에 대하여는 필요한 안전교육과 안전검사를 실시하여야 한다.

② 제 1 항의 "경찰장비"라 함은 무기, 경찰장구, 최루제 및 그 발사장치, 감식기구, 해안감시기구, 통신기기, 차량·선박·항공기등 경찰의 직무수행을 위하여 필요한 장치와 기구를 말한다.

③ 경찰장비를 임의로 개조하거나 임의의 장비를 부착하여 통상의 용법과 달리 사용함으로써 타인의 생명·신체에 위해를 주어서는 아니된다.

④ 제 1 항 단서의 경찰장비의 종류 및 그 사용기준, 안전교육·안전검사의 기준등에 대하여는 대통령령으로 정한다.

[본조신설 1999. 5. 24]

제10조의2(경찰장구의 사용) ① 경찰관은 현행범인인 경우와 사형·무기 또는 장기 3년 이상의 징역이나 금고에 해당하는 죄를 범한 범인의 체포·도주의 방지, 자기 또는 타인의 생명·신체에 대한 방호, 공무집행에 대한 항거의 억제를 위하여 필요하다고 인정되는 상당한 이유가 있을 때에는 그 사태를 합리적으로 판단하여 필요한 한도내에서 경찰장구를 사용할 수 있다. 〈개정 1991. 3. 8, 1999. 5. 24〉

② 제 1 항의 "경찰장구"라 함은 경찰관이 휴대하여 범인검거와 범죄진압등 직무수행에 사용하는 수갑·포승·경찰봉·방패등을 말한다. 〈신설 1999. 5. 24〉

[제목개정 1999. 5. 24]

제10조의3(분사기등의 사용) ① 경찰관은 범인의 체포·도주의 방지 또는 불법집회·시위로 인하여 자기 또는 타인의 생명·신체와 재산 및 공공시설안전에 대한 현저한 위해의 발생을 억제하기 위하여 부득이한 경우 현장책임자의 판단으로 필요한 최소한의 범위안에서 분사기(총포·도검·화약류등 단속법의 규정에 의한 분사기와 최루등의 작용제) 또는 최루탄을 사용할 수 있다. 〈개정 1999. 5. 24〉

② 삭제 〈1999. 5. 24〉

[본조신설 1989. 6. 16]

[제목개정 1999. 5. 24]

제10조의4(무기의 사용) ① 경찰관은 범인의 체포·도주의 방지, 자기 또는 타인의 생명·신체에 대한 방호, 공무집행에 대한 항거의 억제를 위하여 필요하다고 인정되는 상당한 이유가 있을 때에는 그 사태를 합리적으로 판단하여 필요한 한도 내에서 무기를 사용할 수 있다. 다만, 형법에 규정한 정당방위와 긴급피난에 해당하는 때 또는 다음 각호의 1에 해당하는 때를 제외하고는 사람에게 위해를 주어서는 아니 된다. 〈개정 1988. 12. 31, 1999. 5. 24〉

1. 사형·무기 또는 장기 3년 이상의 징역이나 금고에 해당하는 죄를 범하거나 범하였다고 의심할 만한 충분한 이유가 있는 자가 경찰관의 직무집행에 대하여 항거하거나 도주하려고 할 때 또는 제삼자가 그를 도주시키려고 경찰관에게 항거할 때에 이를 방지 또는 체포하기 위하여 무기를 사용하지 아니하고는 다른 수단이 없다고 인정되는 상당한 이유가 있을 때
2. 체포·구속영장과 압수·수색영장을 집행할 때에 본인이 경찰관의 직무집행에 대하여 항거하거나 도주하려고 할 때 또는 제삼자가 그를 도주시키려고 경찰관에게 항거할 때 이를 방지 또는 체포하기 위하여 무기를 사용하지 아니하고는 다른 수단이 없다고 인정되는 상당한 이유가 있을 때
3. 범인 또는 소요행위자가 무기·흉기등 위험한 물건을 소지하고 경찰관으로부터 3회 이상의 투기명령 또는 투항명령을 받고도 이에 불응하면서 계속 항거하여 이를 방지 또는 체포하기 위하여 무기를 사용하지 아니하고는 다른 수단이 없다고 인정되는 상당한 이유가 있을 때
4. 대간첩작전수행에 있어 무장간첩이 경찰관의 투항명령을 받고도 이에 불응하는 경우

② 제1항의 "무기"라 함은 인명 또는 신체에 위해를 가할 수 있도록 제작된 권총·소총·도검등을 말한다. 〈신설 1999. 5. 24〉

③ 대간첩·대테러작전등 국가안전에 관련되는 작전을 수행할 때에는 개

인화기외에 공용화기를 사용할 수 있다. 〈신설 1999. 5. 24〉

제11조(사용등록의 보관) 제10조의3의 규정에 의한 분사기나 최루탄 또는 제10조의4의 규정에 의한 무기를 사용하는 경우 그 책임자는 사용일시·사용장소·사용대상·현장책임자·종류·수량등을 기록하여 보관하여야 한다.
[본조신설 1999. 5. 24]

제12조(벌칙) 이 법에 규정된 경찰관의 의무에 위반하거나 직권을 남용하여 다른 사람에게 해를 끼친 자는 1년 이하의 징역이나 금고에 처한다.
[전문개정 1988. 12. 31]

제13조(시행령) 이 법 시행에 관하여 필요한 사항은 대통령령으로 정한다.

부칙 〈제11031호, 2011. 8. 4〉

이 법은 공포한 날부터 시행한다.

경비업법 5

[시행 2009. 4. 1] [법률 제9579호, 2009. 4. 1, 일부개정]

제 1 장 총 칙

제 1 조(목적) 이 법은 경비업의 육성 및 발전과 그 체계적 관리에 관하여 필요한 사항을 정함으로써 경비업의 건전한 운영에 이바지함을 목적으로 한다.

제 2 조(정의) 이 법에서 사용하는 용어의 정의는 다음과 같다. 〈개정 2005. 5. 31〉

1. "경비업"이라 함은 다음 각목의 1에 해당하는 업무(이하 "경비업무"라 한다)의 전부 또는 일부를 도급받아 행하는 영업을 말한다.

가. 시설경비업무: 경비를 필요로 하는 시설 및 장소(이하 "경비대상시설"이라 한다)에서의 도난·화재 그 밖의 혼잡 등으로 인한 위험발생을 방지하는 업무

나. 호송경비업무: 운반중에 있는 현금·유가증권·귀금속·상품 그 밖의 물건에 대하여 도난·화재 등 위험발생을 방지하는 업무

다. 신변보호업무: 사람의 생명이나 신체에 대한 위해의 발생을 방지하고 그 신변을 보호하는 업무

라. 기계경비업무: 경비대상시설에 설치한 기기에 의하여 감지·송신된 정보를 그 경비대상시설외의 장소에 설치한 관제시설의 기기로 수신하여 도난·화재 등 위험발생을 방지하는 업무

마. 특수경비업무: 공항(항공기를 포함한다) 등 대통령령이 정하는 국가중요시설(이하 "국가중요시설"이라 한다)의 경비 및 도난·화재 그 밖의 위험발생을 방지하는 업무

2. "경비지도사"라 함은 경비원을 지도·감독 및 교육하는 자를 말하며 일반경비지도사와 기계경비지도사로 구분한다.

3. "경비원"이라 함은 제 4 조 제 1 항의 규정에 의하여 경비업의 허가를 받은 법인(이하 "경비업자"라 한다)이 채용한 고용인으로서 다음 각목의 1에 해당하는 자를 말한다.

가. 일반경비원: 제 1 호 가목 내지 라목의 경비업무를 수행하는 자
나. 특수경비원: 제 1 호 마목의 경비업무를 수행하는 자
4. "무기"라 함은 인명 또는 신체에 위해를 가할 수 있도록 제작된 권총·소총 등을 말한다.

제 3 조(법인) 경비업은 법인이 아니면 이를 영위할 수 없다.

제 2 장 경비업의 허가 등

제 4 조(경비업의 허가) ① 경비업을 영위하고자 하는 법인은 도급받아 행하고자 하는 경비업무를 특정하여 그 법인의 주사무소의 소재지를 관할하는 지방경찰청장의 허가를 받아야 한다. 도급받아 행하고자 하는 경비업무를 변경하는 경우에도 또한 같다.

② 제 1 항의 규정에 의한 허가를 받고자 하는 법인은 대통령령이 정하는 경비인력·자본금·시설 및 장비를 갖추어야 한다.

③ 제 1 항의 규정에 의하여 경비업의 허가를 받은 법인은 다음 각호의 1에 해당하는 때에는 지방경찰청장에게 신고하여야 한다.

1. 영업을 폐업하거나 휴업한 때
2. 법인의 명칭이나 대표자·임원을 변경한 때
3. 법인의 주사무소나 출장소를 신설·이전 또는 폐지한 때
4. 기계경비업무의 수행을 위한 관제시설을 신설·이전 또는 폐지한 때
5. 특수경비업무를 개시하거나 종료한 때
6. 그 밖에 대통령령이 정하는 중요사항을 변경한 때

④ 제 1 항 및 제 3 항의 규정에 의한 허가 또는 신고의 절차, 신고의 기한 등 허가 및 신고에 관하여 필요한 사항은 대통령령으로 정한다.

제 5 조(임원의 결격사유) 다음 각호의 1에 해당하는 자는 경비업을 영위하는 법인(제 4 호에 해당하는 자의 경우에는 특수경비업무를 수행하는 법인을 말하고, 제 5 호에 해당하는 자의 경우에는 허가취소사유에 해당하는 경비업무와 동종의 경비업무를 수행하는 법인을 말한다)의 임원이 될 수 없다. 〈개정 2008. 2. 29〉

1. 금치산자 또는 한정치산자
2. 파산선고를 받고 복권되지 아니한 자
3. 금고 이상의 형의 선고를 받고 그 형이 실효되지 아니한 자
4. 이 법 또는 「대통령 등의 경호에 관한 법률」에 위반하여 벌금형의 선고를 받고 3년이 지나지 아니한 자
5. 이 법 또는 이 법에 의한 명령에 위반하여 허가가 취소된 법인의 허가취소 당시의 임원이었던 자로서 그 취소 후 3년이 지나지 아니한 자

제 6 조(허가의 유효기간 등) ① 제 4 조 제 1 항의 규정에 의한 경비업 허가의 유효기간은 허가받은 날부터 5년으로 한다.

② 제 1 항의 규정에 의한 유효기간이 만료된 후 계속하여 경비업을 하고자 하는 법인은 행정안전부령이 정하는 바에 의하여 갱신허가를 받아야 한다. 〈개정 2008. 2. 29〉

제 7 조(경비업자의 의무) ① 경비업자는 경비대상시설의 소유자 또는 관리자(이하 "시설주"라 한다)의 관리권의 범위안에서 경비업무를 수행하여야 하며, 다른 사람의 자유와 권리를 침해하거나 그의 정당한 활동에 간섭하여서는 아니된다.

② 경비업자는 경비업무를 성실하게 수행하여야 하고, 도급을 의뢰받은 경비업무가 위법 또는 부당한 것일 때에는 이를 거부하여야 한다.

③ 경비업자는 불공정한 계약으로 경비원의 권익을 침해하거나 경비업의 건전한 육성과 발전을 해치는 행위를 하여서는 아니된다.

④ 경비업자의 임·직원이거나 임·직원이었던 자는 다른 법률에 특별한 규정이 있는 경우를 제외하고는 그 직무상 알게 된 비밀을 누설하거나 다른 사람에게 제공하여 이용하도록 하는 등 부당한 목적을 위하여 사용하여서는 아니된다.

⑤ 경비업자는 허가받은 경비업무외의 업무에 경비원을 종사하게 하여서는 아니된다.

⑥ 특수경비업무를 수행하는 경비업자(이하 "특수경비업자"라 한다)는 제 4 조 제 3 항 제 5 호의 규정에 의한 특수경비업무의 개시신고를 하는 때에는 국가중요시설에 대한 특수경비업무의 수행이 중단되는 경우 시설주의 동의를 얻어 다른 특수경비업자중에서 경비업무를 대행할 자(이하 "경비대행업자"라 한다)를 지정하여 허가관청에 신고하여야 한다. 경비대행업자의 지정을 변경하는 경우에도 또한 같다.

⑦ 특수경비업자는 국가중요시설에 대한 특수경비업무를 중단하게 되는 경우에는 미리 이를 제 6 항의 규정에 의한 경비대행업자에게 통보하여야 하며, 경비대행업자는 통보받은 즉시 그 경비업무를 인수하여야 한다. 이 경우 제 6 항의 규정은 경비대행업자에 대하여 이를 준용한다.

⑧ 특수경비업자는 이 법에 의한 경비업과 경비장비의 제조·설비·판매업, 네트워크를 활용한 정보산업, 시설물 유지관리업 및 경비원 교육업 등 대통령령이 정하는 경비관련업외의 영업을 하여서는 아니된다. 〈개정 2002. 12. 18〉

[2002. 12. 18 법률 제6787호에 의하여 2002. 4. 25 헌법재판소에서 위헌결정된 이 조를 개정함.]

제 3 장 기계경비업무

제 8 조(대응체제) 기계경비업무를 수행하는 경비업자(이하 "기계경비업자"라 한다)는 경비대상시설에 관한 경보를 수신한 때에는 신속하게 그 사실을 확인하는 등 필요한 대응조치를 취하여야 하며, 이를 위한 대응체제를 갖추어야 한다.

제 9 조(오경보의 방지 등) ① 기계경비업자는 경비계약을 체결하는 때에는 오경보를 막기 위하여 계약상대방에게 기기사용요령 및 기계경비운영체계 등에 관하여 설명하여야 하며, 각종 기기가 오작동되지 아니하도록 관리하여야 한다.

② 기계경비업자는 대응조치 등 업무의 원활한 운영과 개선을 위하여 대통령령이 정하는 바에 따라 관련 서류를 작성·비치하여야 한다.

제 4 장 경비지도사 및 경비원

제10조(경비지도사 및 경비원의 결격사유) ① 다음 각호의 1에 해당하는 자는 경비지도사 또는 일반경비원이 될 수 없다.

1. 만 18세 미만인 자, 금치산자, 한정치산자
2. 파산선고를 받고 복권되지 아니한 자
3. 금고 이상의 실형의 선고를 받고 그 집행이 종료(집행이 종료된 것으로 보는 경우를 포함한다)되거나 집행이 면제된 날부터 5년이 지나지 아니한 자
4. 금고 이상의 형의 집행유예선고를 받고 그 유예기간중에 있는 자

② 다음 각호의 1에 해당하는 자는 특수경비원이 될 수 없다. 〈개정 2008. 2. 29, 2009. 4. 1〉

1. 만 18세 미만 또는 만 60세 이상인 자, 금치산자, 한정치산자
2. 제 1 항 제 2 호 내지 제 4 호의 1에 해당되는 자
3. 금고 이상의 형의 선고유예를 받고 그 유예기간중에 있는 자
4. 행정안전부령이 정하는 신체조건에 미달되는 자

③ 경비업자는 제 1 항 각호 또는 제 2 항 각호의 결격사유에 해당하는 자를 경비지도사 또는 경비원으로 채용 또는 근무하게 하여서는 아니된다.

제11조(경비지도사의 시험 등) ① 경비지도사는 제10조 제 1 항 각호의 1에 해당하지 아니하는 자로서 경찰청장이 시행하는 경비지도사시험에 합격하고 행정안전부령이 정하는 교육을 받은 자이어야 한다. 〈개정 2008. 2. 29〉

② 경찰청장은 제 1 항의 규정에 의한 교육을 받은 자에게 행정안전부령

이 정하는 바에 따라 경비지도사자격증을 교부하여야 한다. 〈개정 2008. 2. 29〉

③ 경비지도사시험의 시험과목, 시험공고, 시험의 일부가 면제되는 자의 범위 그 밖에 경비지도사시험에 관하여 필요한 사항은 대통령령으로 정한다.

제12조(경비지도사의 선임 등) ① 경비업자는 대통령령이 정하는 바에 따라 경비지도사를 선임하여야 한다.

② 제1항의 규정에 의하여 선임된 경비지도사의 직무는 다음과 같다.

1. 경비원의 지도·감독·교육에 관한 계획의 수립·실시 및 그 기록의 유지
2. 경비현장에 배치된 경비원에 대한 순회점검 및 감독
3. 경찰기관 및 소방기관과의 연락방법에 대한 지도
4. 그 밖에 대통령령이 정하는 직무

③ 선임된 경비지도사는 제2항 각호의 규정에 의한 직무를 대통령령이 정하는 바에 따라 성실하게 수행하여야 한다.

제13조(경비원의 교육 등) ① 경비업자는 경비업무를 적정하게 실시하기 위하여 경비원으로 하여금 대통령령이 정하는 바에 따라 경비원 교육을 받게 하여야 한다.

② 특수경비업자는 대통령령이 정하는 바에 따라 정기적으로 특수경비원 교육을 받게 하고 특수경비원 교육을 받지 아니한 자를 특수경비업무에 종사하게 하여서는 아니된다.

③ 제2항에 의한 특수경비원의 교육시 관할경찰서 소속 경찰공무원이 교육기관에 입회하여 대통령령이 정하는 바에 따라 지도·감독하여야 한다.

제14조(특수경비원의 직무 및 무기사용 등) ① 특수경비업자는 특수경비원으로 하여금 배치된 경비구역안에서 관할 경찰서장 및 공항경찰대장 등 국가중요시설의 경비책임자(이하 "관할 경찰관서장"이라 한다)와 국가중요시설의 시설주의 감독을 받아 시설을 경비하고 도난·화재 그 밖의 위험의 발생을 방지하는 업무를 수행하게 하여야 한다.

② 특수경비원은 국가중요시설에 대한 경비업무 수행중 국가중요시설의 정상적인 운영을 해치는 장해를 일으켜서는 아니된다.

③ 지방경찰청장은 국가중요시설에 대한 경비업무의 수행을 위하여 필요하다고 인정하는 때에는 시설주의 신청에 의하여 무기를 구입한다. 이 경우 시설주는 그 무기의 구입대금을 지불하고, 구입한 무기를 국가에 기부채납하여야 한다.

④ 지방경찰청장은 국가중요시설에 대한 경비업무의 수행을 위하여 필요하다고 인정하는 때에는 관할경찰관서장으로 하여금 시설주의 신청에

의하여 시설주로부터 국가에 기부채납된 무기를 대여하게 하고, 시설주는 이를 특수경비원으로 하여금 휴대하게 할 수 있다. 이 경우 특수경비원은 정당한 사유없이 무기를 소지하고 배치된 경비구역을 벗어나서는 아니된다.

⑤ 시설주가 제3항의 규정에 의하여 대여받은 무기에 대하여 시설주 및 관할 경찰관서장은 무기의 관리책임을 지고, 관할 경찰관서장은 시설주 및 특수경비원의 무기관리상황을 대통령령이 정하는 바에 따라 지도·감독하여야 한다.

⑥ 관할 경찰관서장은 무기의 적정한 관리를 위하여 제3항의 규정에 의하여 무기를 대여받은 시설주에 대하여 필요한 명령을 발할 수 있다.

⑦ 시설주로부터 무기의 관리를 위하여 지정받은 책임자(이하 "관리책임자"라 한다)는 다음 각호에 의하여 이를 관리하여야 한다.

1. 무기출납부 및 무기장비운영카드를 비치·기록하여야 한다.
2. 무기는 관리책임자가 직접 지급·회수하여야 한다.

⑧ 특수경비원은 국가중요시설의 경비를 위하여 무기를 사용하지 아니하고는 다른 수단이 없다고 인정되는 때에는 필요한 한도안에서 무기를 사용할 수 있다. 다만, 다음 각호의 1에 해당하는 때를 제외하고는 사람에게 위해를 끼쳐서는 아니된다.

1. 무기 또는 폭발물을 소지하고 국가중요시설에 침입한 자가 특수경비원으로부터 3회 이상 투기(投棄) 또는 투항(投降)을 요구받고도 이에 불응하면서 계속 항거하는 경우 이를 억제하기 위하여 무기를 사용하지 아니하고는 다른 수단이 없다고 인정되는 때
2. 국가중요시설에 침입한 무장간첩이 특수경비원으로부터 투항(投降)을 요구받고도 이에 불응한 때

⑨ 특수경비원의 무기휴대, 무기종류, 그 사용기준 및 안전검사의 기준 등에 관하여 필요한 사항은 대통령령으로 정한다.

제15조(특수경비원의 의무) ① 특수경비원은 직무를 수행함에 있어 시설주·관할 경찰관서장 및 소속상사의 직무상 명령에 복종하여야 한다.

② 특수경비원은 소속상사의 허가 또는 정당한 사유없이 경비구역을 벗어나서는 아니된다.

③ 특수경비원은 파업·태업 그 밖에 경비업무의 정상적인 운영을 저해하는 일체의 쟁의행위를 하여서는 아니된다.

④ 특수경비원이 무기를 휴대하고 경비업무를 수행하는 때에는 다음 각호의 1에 정하는 무기의 안전사용수칙을 지켜야 한다.

1. 특수경비원은 사람을 향하여 권총 또는 소총을 발사하고자 하는 때에는 미리 구두 또는 공포탄에 의한 사격으로 상대방에게 경고하여야 한

다. 다만, 다음 각목의 1에 해당하는 경우로서 부득이한 때에는 경고하지 아니할 수 있다.

가. 특수경비원을 급습하거나 타인의 생명·신체에 대한 중대한 위험을 야기하는 범행이 목전에 실행되고 있는 등 상황이 급박하여 경고할 시간적 여유가 없는 경우

나. 인질·간첩 또는 테러사건에 있어서 은밀히 작전을 수행하는 경우

2. 특수경비원은 무기를 사용하는 경우에 있어서 범죄와 무관한 다중의 생명·신체에 위해를 가할 우려가 있는 때에는 이를 사용하여서는 아니된다. 다만, 무기를 사용하지 아니하고는 타인 또는 특수경비원의 생명·신체에 대한 중대한 위협을 방지할 수 없다고 인정되는 때에는 필요한 최소한의 범위 안에서 이를 사용할 수 있다.

3. 특수경비원은 총기 또는 폭발물을 가지고 대항하는 경우를 제외하고는 14세 미만의 자 또는 임산부에 대하여는 권총 또는 소총을 발사하여서는 아니된다.

제15조의2(경비원 등의 의무) ① 경비원은 직무를 수행함에 있어 타인에게 위력을 과시하거나 물리력을 행사하는 등 경비업무의 범위를 벗어난 행위를 하여서는 아니된다.

② 누구든지 경비원으로 하여금 경비업무의 범위를 벗어난 행위를 하게 하여서는 아니된다.

[본조신설 2005. 8. 4]

제16조(복장·장비 등) 경비원의 복장·장비 및 출동차량에 관하여 필요한 사항은 행정안전부령으로 정한다. 〈개정 2008. 2. 29〉

제17조(결격사유자 등의 통보) 지방경찰청장 또는 경찰관서장은 경비원이 제10조 제1항 각호 또는 제2항 각호의 결격사유에 해당하게 된 사실을 알게되거나 이 법 또는 이 법에 의한 명령에 위반한 때에는 경비업자에게 그 사실을 통보하여야 한다.

제18조(경비원의 명부와 배치 등) ① 경비업자는 행정안전부령이 정하는 바에 따라 경비원의 명부를 작성·비치하여야 한다. 〈개정 2008. 2. 29〉

② 경비업자가 경비원을 배치하거나 배치를 폐지한 경우에는 행정안전부령이 정하는 바에 따라 관할 경찰관서장에게 신고하여야 한다. 다만, 다음 각 호의 경우에는 경비원을 배치하기 24시간 전(제3호의 특수경비원을 배치한 때에는 경비원을 배치하기 전)까지 신고하여야 한다. 〈개정 2005. 8. 4, 2008. 2. 29〉

1. 제2조 제1호 가목의 규정에 의한 시설경비업무 중 행정안전부령이 정하는 곳에 배치된 일반경비원

2. 제2조 제1호 다목의 규정에 의한 신변보호업무를 수행하는 일반경

비원
3. 특수경비원
③ 경찰관서장은 경비업자가 제2항 단서의 규정을 위반하여 신고를 하지 아니하고 제2항 제1호 및 제2호의 규정에 의한 일반경비원을 배치한 경우에 배치폐지를 명할 수 있다. 〈신설 2005. 8. 4〉

제5장 행정처분 등

제19조(경비업 허가의 취소 등) ① 허가관청은 경비업자가 제1호 내지 제6호의 1에 해당하는 때에는 그 허가를 취소하고, 제7호에 해당하는 때에는 그 허가를 취소하거나 6월 이내의 기간을 정하여 영업의 전부 또는 일부에 대하여 영업정지를 명할 수 있다. 〈개정 2002. 12. 18〉
1. 허위 그 밖의 부정한 방법으로 허가를 받은 때
2. 제7조 제5항의 규정에 위반하여 허가받은 경비업무외의 업무에 경비원을 종사하게 한 때
3. 제7조 제8항의 규정에 위반하여 경비업 및 경비관련업외의 영업을 한 때
4. 정당한 사유없이 허가를 받은 날부터 1년 이내에 경비 도급실적이 없거나 계속하여 1년 이상 휴업한 때
5. 정당한 사유없이 최종 도급계약 종료일의 다음 날부터 1년 이내에 경비 도급실적이 없을 때
6. 영업정지처분을 받고 계속하여 영업을 한 때
7. 이 법 또는 이 법에 의한 명령에 위반한 때
② 허가관청은 제1항의 규정에 의하여 허가취소 또는 영업정지처분을 하는 때에는 경비업자가 허가받은 경비업무중 허가취소 또는 영업정지사유에 해당되는 경비업무에 한하여 처분을 하여야 한다. 다만, 제1항 제2호에 해당하여 허가취소를 하는 때에는 그러하지 아니하다.
[2002. 12. 18 법률 제6787호에 의하여 2002. 4. 25 헌법재판소에서 위헌결정된 이 조를 개정함.]

제20조(경비지도사자격의 취소 등) ① 경찰청장은 경비지도사가 다음 각호의 1에 해당하는 때에는 그 자격을 취소하여야 한다.
1. 제10조 제1항 각호의 결격사유에 해당하게 된 때
2. 허위 그 밖의 부정한 방법으로 경비지도사자격증을 교부받은 때
3. 경비지도사자격증을 다른 사람에게 빌려주거나 양도한 때
② 경찰청장은 경비지도사가 다음 각호의 1에 해당하는 때에는 대통령령이 정하는 바에 따라 1년의 범위 내에서 그 자격을 정지시킬 수 있다.

1. 제12조 제 3 항의 규정에 위반하여 직무를 성실하게 수행하지 아니한 때
2. 제24조의 규정에 의한 경찰청장 또는 지방경찰청장의 명령을 위반한 때

③ 경찰청장은 제 1 항의 규정에 의하여 경비지도사의 자격을 취소한 때에는 경비지도사자격증을 회수하여야 하고, 제 2 항의 규정에 의하여 경비지도사의 자격을 정지한 때에는 그 정지기간동안 경비지도사자격증을 회수하여 보관하여야 한다.

제21조(청문) 경찰청장 또는 지방경찰청장은 다음 각호의 1에 해당하는 처분을 하고자 하는 경우에는 청문을 실시하여야 한다.

1. 제19조의 규정에 의한 경비업 허가의 취소 또는 영업정지
2. 제20조 제 1 항 또는 제 2 항의 규정에 의한 경비지도사자격의 취소 또는 정지

제 6 장 경비협회

제22조(경비협회) ① 경비업자는 경비업무의 건전한 발전과 경비원의 자질향상 및 교육훈련 등을 위하여 대통령령이 정하는 바에 따라 경비협회를 설립할 수 있다.

② 경비협회는 법인으로 한다.

③ 경비협회의 업무는 다음과 같다.

1. 경비업무의 연구
2. 경비원 교육·훈련 및 그 연구
3. 경비원의 후생·복지에 관한 사항
4. 경비진단에 관한 사항
5. 그 밖에 경비업무의 건전한 운영과 육성에 관하여 필요한 사항

④ 경비협회에 관하여 이 법에 특별한 규정이 있는 것을 제외하고는 민법중 사단법인에 관한 규정을 준용한다.

제23조(공제사업) ① 경비협회는 제26조의 규정에 의한 경비업자의 손해배상책임을 보장하기 위하여 대통령령이 정하는 바에 따라 공제사업을 할 수 있다.

② 경비협회는 제 1 항의 규정에 의한 공제사업을 하고자 하는 때에는 공제규정을 제정하여야 한다.

③ 제 2 항의 공제규정에는 공제사업의 범위, 공제계약의 내용, 공제금, 공제료 및 공제금에 충당하기 위한 책임준비금 등 공제사업의 운영에 관하여 필요한 사항을 정하여야 한다.

제7장 보 칙

제24조(감독) ① 경찰청장 또는 지방경찰청장은 경비업무의 적정한 수행을 위하여 경비업자 및 경비지도사를 지도·감독하며 필요한 명령을 할 수 있다.

② 지방경찰청장 또는 관할 경찰관서장은 소속 경찰공무원으로 하여금 관할구역안에 있는 경비업자의 주사무소 및 출장소와 경비원배치장소에 출입하여 근무상황 및 교육훈련상황 등을 감독하며 필요한 명령을 하게 할 수 있다. 이 경우 출입하는 경찰공무원은 그 권한을 표시하는 증표를 관계인에게 내보여야 한다.

제25조(보안지도·점검 등) 지방경찰청장은 대통령령이 정하는 바에 따라 특수경비업자에 대하여 보안지도·점검을 실시하여야 하고, 필요한 경우 관계기관에 보안측정을 요청하여야 한다.

제26조(손해배상 등) ① 경비업자는 경비원이 업무수행중 고의 또는 과실로 경비대상에 손해가 발생하는 것을 방지하지 못한 때에는 그 손해를 배상하여야 한다.

② 경비업자는 경비원이 업무수행중 고의 또는 과실로 제3자에게 손해를 입힌 경우에는 이를 배상하여야 한다.

제27조(위임 및 위탁) ① 이 법에 의한 경찰청장의 권한은 대통령령이 정하는 바에 따라 그 일부를 지방경찰청장에게 위임할 수 있다.

② 경찰청장은 제11조의 규정에 의한 경비지도사의 시험 및 교육에 관한 업무를 대통령령이 정하는 바에 따라 관계전문기관 또는 단체에 위탁할 수 있다.

제27조의2(수수료) 이 법에 따른 경비업의 허가를 받거나 허가증을 재교부 받고자 하는 자는 대통령령이 정하는 바에 따라 수수료를 납부하여야 한다.

[본조신설 2005. 5. 31]

제8장 벌 칙

제28조(벌칙) ① 제14조 제2항의 규정에 위반하여 국가중요시설의 정상적인 운영을 해치는 장해를 일으킨 특수경비원은 7년 이하의 징역 또는 5천만원 이하의 벌금에 처한다.

② 다음 각호의 1에 해당하는 자는 3년 이하의 징역 또는 3천만원 이하의 벌금에 처한다. 〈개정 2005. 8. 4〉

1. 제4조 제1항의 규정에 의한 허가를 받지 아니하고 경비업을 영위한 자
2. 제7조 제4항의 규정에 위반하여 직무상 알게 된 비밀을 누설하거나

부당한 목적을 위하여 사용한 자

3. 제 7 조 제 7 항의 규정에 위반하여 경비업무의 중단을 통보하지 아니하거나 경비업무를 즉시 인수하지 아니한 특수경비업자 또는 경비대행업자

4. 과실로 인하여 제14조 제 2 항의 규정에 위반하여 국가중요시설의 정상적인 운영을 해치는 장해를 일으킨 특수경비원

5. 특수경비원으로서 경비구역 안에서 시설물의 절도, 손괴, 위험물의 폭발 등의 사유로 인한 위급사태가 발생한 때에 제15조 제 1 항 또는 제 2 항의 규정에 위반한 자

6. 제15조의2 제 2 항의 규정을 위반하여 경비원에게 경비업무의 범위를 벗어난 행위를 하게 한 자

③ 제14조 제 4 항 후단의 규정에 위반하여 정당한 사유없이 무기를 소지하고 배치된 경비구역을 벗어난 특수경비원은 2년 이하의 징역 또는 2천만원 이하의 벌금에 처한다.

④ 다음 각호의 1에 해당하는 자는 1년 이하의 징역 또는 1천만원 이하의 벌금에 처한다. 〈개정 2005. 8. 4〉

1. 제14조 제 7 항의 규정에 위반한 관리책임자
2. 제15조 제 3 항의 규정에 위반하여 쟁의행위를 한 특수경비원
3. 제18조 제 3 항의 규정을 위반하여 경찰관서장의 배치폐지 명령을 따르지 아니한 자

⑤ 제15조의2 제 1 항의 규정을 위반하여 경비업무의 범위를 벗어난 행위를 한 경비원은 1천만원 이하의 벌금에 처한다. 〈신설 2005. 8. 4〉

제29조(형의 가중처벌) 특수경비원이 무기를 휴대하고 경비업무를 수행중에 제14조 제 8 항의 규정 및 제15조 제 4 항의 규정에 의한 무기의 안전수칙을 위반하여 형법 제257조 제 1 항, 제258조 제 1 항·제 2 항, 제259조 제 1 항, 제260조 제 1 항, 제262조, 제268조, 제276조 제 1 항, 제277조 제 1 항, 제281조 제 1 항, 제283조 제 1 항, 제324조, 제350조 및 제366조의 죄를 범한 때에는 그 죄에 정한 형의 2분의 1까지 가중처벌한다.

제30조(양벌규정) 법인의 대표자나 법인 또는 개인의 대리인, 사용인, 그 밖의 종업원이 그 법인 또는 개인의 업무에 관하여 제28조의 위반행위를 하면 그 행위자를 벌하는 외에 그 법인 또는 개인에게도 해당 조문의 벌금형을 과(科)한다.다만, 법인 또는 개인이 그 위반행위를 방지하기 위하여 해당 업무에 관하여 상당한 주의와 감독을 게을리하지 아니한 경우에는 그러하지 아니하다.
[전문개정 2008. 12. 26]

제31조(과태료) ① 다음 각호의 1에 해당하는 경비업자 또는 시설주는 500만원 이하의 과태료에 처한다.

1. 제4조 제3항 또는 제18조 제2항의 규정에 위반하여 신고를 하지 아니한 자
2. 제7조 제6항의 규정에 위반하여 경비대행업자 지정신고를 하지 아니한 자
3. 제9조 제1항의 규정에 위반하여 설명의무를 이행하지 아니한 자
4. 제12조 제1항의 규정에 위반하여 경비지도사를 선임하지 아니한 자
5. 제14조 제6항의 규정에 의한 감독상 필요한 명령을 정당한 이유없이 이행하지 아니한 자
6. 제18조 제1항의 규정에 위반하여 명부를 작성·비치하지 아니한 자

② 제1항의 규정에 의한 과태료는 대통령령이 정하는 바에 의하여 지방경찰청장 또는 경찰관서장이 부과·징수한다.

③ 제2항의 규정에 의한 과태료처분에 불복이 있는 자는 그 처분의 고지를 받은 날부터 30일 이내에 지방경찰청장 또는 경찰관서장에게 이의를 제기할 수 있다.

④ 제2항의 규정에 의한 과태료처분을 받은 자가 제3항이 규정에 의하여 이의를 제기한 때에는 지방경찰청장 또는 경찰관서장은 지체없이 관할법원에 그 사실을 통보하여야 하며, 그 통보를 받은 관할법원은 비송사건절차법에 의한 과태료의 재판을 한다.

⑤ 제3항의 규정에 의한 기간 이내에 이의를 제기하지 아니하고 과태료를 납부하지 아니한 때에는 국세체납처분의 예에 의하여 이를 징수한다.

부칙 〈제9579호, 2009. 4. 1〉

이 법은 공포한 날부터 시행한다.

경비업법 시행령 6

[시행 2011. 7. 5] [대통령령 제22832호, 2011. 4. 4, 일부개정]

제 1 조(목적) 이 영은 경비업법에서 위임된 사항과 그 시행에 관하여 필요한 사항을 규정함을 목적으로 한다.

제 2 조(국가중요시설) 경비업법(이하 "법"이라 한다) 제 2 조 제 1 호 마목에서 "대통령령이 정하는 국가중요시설"이라 함은 공항·항만, 원자력발전소 등의 시설중 국가정보원장이 지정하는 국가보안목표시설과 「통합방위법」 제21조 제 4 항의 규정에 의하여 국방부장관이 지정하는 국가중요시설을 말한다. 〈개정 2003. 11. 11, 2009. 11. 17〉

제 3 조(허가신청 등) ① 법 제 4 조 제 1 항에 따라 경비업의 허가를 받으려는 경우에는 허가신청서에, 경비업의 허가를 받은 법인(이하 "경비업자"라 한다)이 허가를 받은 경비업무를 변경하거나 새로운 경비업무를 추가하려는 경우에는 변경허가신청서에 행정안전부령으로 정하는 서류를 첨부하여 법인의 주사무소를 관할하는 지방경찰청장 또는 해당 지방경찰청 소속의 경찰서장에게 제출하여야 한다. 이 경우 신청서를 제출받은 경찰서장은 지체 없이 관할 지방경찰청장에게 보내야 한다. 〈개정 2011. 4. 4〉

② 제 1 항의 규정에 의하여 허가 또는 변경허가 신청서를 제출하는 법인은 별표 1의 규정에 의한 경비인력·자본금·시설 및 장비를 갖추어야 한다. 다만, 경비업의 허가 또는 변경허가를 신청하는 때에 별표 1의 규정에 의한 시설 등(자본금을 제외한다. 이하 이 항에서 같다)을 갖출 수 없는 경우에는 허가 또는 변경허가의 신청시 시설 등의 확보계획서를 제출한 후 허가 또는 변경허가를 받은 날부터 1월 이내에 별표 1의 규정에 의한 시설 등을 갖추고 지방경찰청장의 확인을 받아야 한다.

제 4 조(허가절차 등) ① 지방경찰청장은 제 3 조 제 1 항의 규정에 의하여 허가 또는 변경허가의 신청을 받은 때에는 경비업을 영위하고자 하는 법인의 임원중 법 제 5 조의 규정에 의한 결격사유에 해당하는 자가 있는지의 유무, 경비인력·시설 및 장비의 확보 또는 확보가능성의 여부, 자본금과 대표자·임원의 경력 및 신용 등을 검토하여 허가여부를 결정하여야 한다.

② 지방경찰청장은 제 1 항에 따른 검토를 한 후 경비업을 허가하거나 변경허가를 한 경우에는 해당 법인의 주사무소를 관할하는 경찰서장을 거쳐 신청인에게 허가증을 발급하여야 한다. 〈개정 2011. 4. 4〉

③ 경비업자는 경비업 허가증을 잃어버리거나 경비업 허가증이 못쓰게 된 경우에는 허가증 재교부신청서에 다음 각 호의 구분에 따른 서류를 첨부하여 법인의 주사무소를 관할하는 지방경찰청장 또는 해당 지방경찰청 소속의 경찰서장에게 재발급을 신청하여야 하고, 신청서를 제출받은 경찰서장은 지체 없이 관할 지방경찰청장에게 보내야 한다. 〈개정 2011. 4. 4〉

1. 허가증을 잃어버린 경우에는 그 사유서
2. 허가증이 못쓰게 된 경우에는 그 허가증

제 5 조(폐업 또는 휴업 등의 신고) ① 경비업자는 폐업을 한 경우에는 법 제 4 조 제 3 항 제 1 호에 따라 폐업을 한 날부터 7일 이내에 폐업신고서에 허가증을 첨부하여 법인의 주사무소를 관할하는 지방경찰청장 또는 해당 지방경찰청 소속의 경찰서장에게 제출하여야 한다. 이 경우 폐업신고서를 제출받은 경찰서장은 지체 없이 관할 지방경찰청장에게 보내야 한다. 〈개정 2011. 4. 4〉

② 경비업자는 휴업을 한 경우에는 법 제 4 조 제 3 항 제 1 호에 따라 휴업한 날부터 7일 이내에 휴업신고서를 법인의 주사무소를 관할하는 지방경찰청장 또는 해당 지방경찰청 소속의 경찰서장에게 제출하여야 하고, 휴업신고서를 제출받은 경찰서장은 지체 없이 관할 지방경찰청장에게 보내야 한다. 이 경우 휴업신고를 한 경비업자가 신고한 휴업기간이 끝나기 전에 영업을 다시 시작하거나 신고한 휴업기간을 연장하려는 경우에는 영업을 다시 시작한 후 7일 이내에 또는 신고한 휴업기간이 끝난 후 7일 이내에 영업재개신고서 또는 휴업기간연장신고서를 제출하여야 한다. 〈개정 2011. 4. 4〉

③ 법 제 4 조 제 3 항 제 3 호의 규정에 의하여 신설·이전 또는 폐지한 때에 신고를 하여야 하는 출장소는 주사무소 외의 장소로서 일상적으로 일정 지역안의 경비업무를 지휘·총괄하는 영업거점인 지점·지사 또는 사업소 등의 장소로 한다.

④ 법 제 4 조 제 3 항 제 6 호에서 "그밖에 대통령령이 정하는 중요사항"이라 함은 정관의 목적을 말한다. 〈개정 2003. 11. 11〉

⑤ 법 제 4 조 제 3 항 제 2 호 내지 제 6 호의 규정에 의한 신고는 그 사유가 발생한 날부터 15일 이내에 하여야 한다.

[제목개정 2003. 11. 11]

제 6 조(특수경비업자의 업무개시전의 조치) ① 법 제 2 조 제 1 호 마목의 규정에 의한 특수경비업무를 수행하는 경비업자(이하 "특수경비업자"라 한다)는 법 제 4 조 제 3 항 제 5 호의 규정에 의하여 첫 업무개시의 신고를 하기 전에 지

방경찰청장의 비밀취급인가를 받아야 한다.

② 지방경찰청장은 제1항의 규정에 의하여 특수경비업자에게 비밀취급인가를 하고자 하는 때에는 법 제25조의 규정에 의하여 특수경비업자로 하여금 경찰청장을 거쳐 국가정보원장에게 보안측정을 요청하도록 하여야 한다.

제7조(기계경비업자의 대응체제) 법 제2조 제1호 라목의 규정에 의한 기계경비업무를 수행하는 경비업자(이하 "기계경비업자"라 한다)는 법 제8조의 규정에 의하여 관제시설 등에서 경보를 수신한 때에는 경보를 수신한 때부터 늦어도 25분 이내에는 도착시킬 수 있는 대응체제를 갖추어야 한다.

제7조의2(특수경비업자가 할 수 있는 경비관련업) ① 법 제7조 제8항에서 "대통령령이 정하는 경비관련업"이라 함은 별표 1의2의 규정에 의한 경비관련업을 말한다.

② 제1항의 규정에 의한 경비관련업의 범위에 관하여는 법 또는 이 영에 특별한 규정이 있는 경우를 제외하고는 「통계법」의 규정에 의하여 통계청장이 고시하는 한국표준산업분류표에 의한다. 〈개정 2007. 10. 23〉

[본조신설 2003. 11. 11]

제8조(오경보의 방지를 위한 설명 등) ① 법 제9조 제1항의 규정에 의하여 기계경비업자가 계약상대방에게 하여야 하는 설명은 다음 각호의 사항을 기재한 서면 또는 전자문서(이하 "서면등"이라 하며, 이 조에서 전자문서는 계약상대방이 원하는 경우에 한한다)를 교부하는 방법에 의한다.

1. 당해 기계경비업무와 관련된 관제시설 및 출장소(제5조 제3항의 규정에 의한 출장소를 말한다. 이하 같다)의 명칭·소재지
2. 기계경비업자가 경비대상시설에서 발생한 경보를 수신한 경우에 취하는 조치
3. 기계경비업무용 기기의 설치장소 및 종류와 그밖의 기계장치의 개요
4. 오경보의 발생원인과 송신기기의 유지·관리방법

② 기계경비업자는 제1항 각호의 사항을 기재한 서면등과 함께 법 제26조의 규정에 의한 손해배상의 범위와 손해배상액에 관한 사항을 기재한 서면등을 계약상대방에게 교부하여야 한다.

제9조(기계경비업자의 관리 서류) ① 기계경비업자는 법 제9조 제2항의 규정에 의하여 출장소별로 다음 각호의 사항을 기재한 서류를 갖추어 두어야 한다.

1. 경비대상시설의 명칭·소재지 및 경비계약기간
2. 기계경비지도사의 명단·배치일자·배치장소와 출동차량의 대수
3. 경보의 수신 및 현장도착 일시와 조치의 결과
4. 오경보인 경우 오경보가 발생한 경비대상시설 및 그 오경보에 대한 조

치의 결과

② 제1항 제3호 및 제4호의 규정에 의한 사항을 기재한 서류는 당해 경보를 수신한 날부터 1년간 이를 보관하여야 한다.

제10조(경비지도사의 구분) 법 제10조 내지 제12조의 규정에 의한 경비지도사는 다음 각호와 같이 구분한다.

1. 일반경비지도사: 다음 각목의 경비업무에 종사하는 경비원을 지도·감독 및 교육하는 경비지도사

가. 시설경비업무

나. 호송경비업무

다. 신변보호업무

라. 특수경비업무

2. 기계경비지도사: 기계경비업무에 종사하는 경비원을 지도·감독 및 교육하는 경비지도사

제11조(경비지도사시험의 시행 및 공고) ① 경찰청장은 경비지도사의 수급상황을 조사하여 경비지도사를 새로이 선발할 필요가 있다고 인정되는 때에는 법 제11조 제1항의 규정에 의한 경비지도사시험(이하 "시험"이라 한다)의 실시계획을 수립하여야 한다.

② 경찰청장은 제1항의 규정에 의한 시험의 실시계획에 따라 시험을 실시하고자 하는 때에는 응시자격·시험과목·시험일시·시험장소 및 선발예정인원 등을 시험시행일 60일전까지 공고하여야 한다.

③ 제2항의 규정에 의한 공고는 관보게재와 각 지방경찰청 게시판 및 인터넷 홈페이지에 게시하는 방법에 의한다.

제12조(시험의 방법 및 과목 등) ① 시험은 필기시험의 방법에 의하되, 제1차시험과 제2차시험으로 구분하여 실시한다. 이 경우 경찰청장이 필요하다고 인정하는 때에는 제1차시험과 제2차시험을 병합하여 실시할 수 있다.

② 제1차시험 및 제2차시험은 각각 선택형으로 하되, 제2차시험에 있어서는 선택형 외에 단답형을 추가할 수 있다.

③ 제1차시험 및 제2차시험의 과목은 별표 2와 같다.

④ 제2차시험은 제1차시험에 합격한 자에 대하여 실시한다. 다만, 제1항 후단의 규정에 의하여 제1차시험과 제2차시험을 병합하여 실시하는 경우에는 그러하지 아니하다.

⑤ 제1항 후단의 규정에 의하여 제1차시험과 제2차시험을 병합하여 실시하는 경우에는 제1차시험에 불합격한 자가 치른 제2차시험은 이를 무효로 한다

⑥ 제1차시험에 합격한 자에 대하여는 다음 회의 시험에 한하여 제1차시험을 면제한다. 〈신설 2003. 11. 11〉

제13조(시험의 일부면제) 법 제11조 제3항에 따라 다음 각 호의 어느 하나에 해당하는 사람은 경비지도사 제1차 시험을 면제한다.

1. 「경찰공무원법」에 따른 경찰공무원으로 7년 이상 재직한 사람
2. 「대통령 등의 경호에 관한 법률」에 따른 경호공무원 또는 별정직공무원으로 7년 이상 재직한 사람
3. 「군인사법」에 따른 각 군 전투병과 또는 헌병병과 부사관 이상 간부로 7년 이상 재직한 사람
4. 「경비업법」에 따른 경비업무에 7년 이상(특수경비업무의 경우에는 3년 이상) 종사하고 행정안전부령으로 정하는 교육과정을 이수한 사람
5. 「고등교육법」에 따른 대학 이상의 학교를 졸업한 사람으로서 재학 중 제12조 제3항에 따른 경비지도사 시험과목을 3과목 이상을 이수하고 졸업한 후 경비업무에 종사한 경력이 3년 이상인 사람
6. 「고등교육법」에 따른 전문대학을 졸업한 사람으로서 재학 중 제12조 제3항에 따른 경비지도사 시험과목을 3과목 이상을 이수하고 졸업한 후 경비업무에 종사한 경력이 5년 이상인 사람
7. 일반경비지도사의 자격을 취득한 후 기계경비지도사의 시험에 응시하는 사람 또는 기계경비지도사의 자격을 취득한 후 일반경비지도사의 시험에 응시하는 사람
8. 「공무원임용령」에 따른 행정직군 교정직렬 공무원으로 7년 이상 재직한 사람

[전문개정 2011. 4. 4]

제14조(시험합격자의 결정) ① 제1차시험의 합격결정에 있어서는 매 과목 100점을 만점으로 하며, 매과목 40점 이상, 전과목 평균 60점 이상 득점한 자를 합격자로 결정한다.

② 제2차시험의 합격결정에 있어서는 선발예정인원의 범위안에서 60점 이상을 득점한 자중에서 고득점 순으로 합격자를 결정한다. 이 경우 동점자로 인하여 선발예정인원이 초과되는 때에는 동점자 모두를 합격자로 한다.

③ 경찰청장은 제2차시험에 합격한 자에 대하여 합격공고를 하고, 합격 및 교육소집 통지서를 교부하여야 한다.

제15조(시험출제위원의 임명·위촉 등) ① 경찰청장은 시험문제의 출제를 위하여 다음 각호의 1에 해당하는 자중에서 시험출제위원을 임명 또는 위촉한다.

1. 고등교육법에 의한 전문대학 이상의 교육기관에서 경찰행정학과 등 경비업무 관련학과 및 법학과의 부교수(전문대학의 경우에는 교수) 이상으로 재직하고 있는 자
2. 석사 이상의 학위소지자로 경찰청장이 정하는 바에 의하여 경비업무에 관한 연구실적이나 전문경력이 인정되는 자

3. 방범·경비업무를 3년 이상 담당한 경감 이상 경찰공무원의 경력이 있는 자

② 제1항의 규정에 의한 시험출제위원의 수는 시험과목별로 2인 이상으로 한다.

③ 시험출제위원으로 임명 또는 위촉된 자는 경찰청장이 정하는 준수사항을 성실히 이행하여야 한다.

④ 시험출제위원과 시험관리업무에 종사하는 자에 대하여는 예산의 범위안에서 수당과 여비를 지급할 수 있다. 다만, 공무원인 위원이 그 소관업무와 직접적으로 관련하여 시험관리업무에 종사하는 경우에는 그러하지 아니하다.

제16조(경비지도사의 선임·배치) ① 경비업자는 법 제12조 제1항의 규정에 의하여 별표 3의 기준에 따라 경비지도사를 선임·배치하여야 한다.

② 경비업자는 제1항의 규정에 의하여 선임·배치된 경비지도사에 결원이 있거나 자격정지 등의 사유로 그 직무를 수행할 수 없는 때에는 15일 이내에 경비지도사를 새로이 충원하여야 한다.

제17조(경비지도사의 직무 및 준수사항) ① 법 제12조 제2항 제4호에서 "그밖에 대통령령이 정하는 직무"라 함은 다음 각호의 직무를 말한다.

1. 기계경비업무를 위한 기계장치의 운용·감독(기계경비지도사의 경우에 한한다)
2. 오경보방지 등을 위한 기기관리의 감독(기계경비지도사의 경우에 한한다)

② 경비지도사는 법 제12조 제3항에 따라 같은 조 제2항 제1호·제2호의 직무 및 제1항 각 호의 직무를 월 1회 이상 수행하여야 한다. 〈개정 2011. 4. 4〉

③ 경비지도사는 법 제12조 제2항 제1호에 따라 경비원에 대한 교육을 실시하고, 행정안전부령으로 정하는 경비원 직무교육 실시대장에 그 내용을 기록하여 2년간 보존하여야 한다. 〈신설 2011. 4. 4〉

제18조(일반경비원에 대한 교육) ① 일반경비업자는 법 제13조 제1항의 규정에 의하여 다음 각호의 1에 해당하는 사람에 대하여는 일반경비업자의 부담으로 신임교육을 받게 하여야 한다. 다만, 일반경비원으로 채용된 사람이 경찰공무원법에 의한 경찰공무원, 「대통령 등의 경호에 관한 법률」에 의한 경호공무원·별정직공무원 또는 군인사법에 의한 부사관 이상의 경력을 가진 사람인 경우에는 그를 신임교육의 대상에서 제외할 수 있다. 〈개정 2003. 11. 11, 2008. 2. 29〉

1. 경비원의 경력이 없는 사람으로서 일반경비원으로 채용된 사람
2. 경비원 교육을 받은 후 3년 이상의 기간동안 경비업무에 종사하지 아

니하다가 일반경비원으로 채용된 사람

② 일반경비업자는 법 제13조 제1항의 규정에 의하여 소속 일반경비원에 대하여 매월 행정안전부령이 정하는 시간 이상의 직무교육을 실시하여야 한다. 〈개정 2008. 2. 29〉

③ 제1항의 신임교육은 다음 각호의 기관 또는 단체가 실시하고, 직무교육은 경비업자가 실시한다.

1. 법 제22조 제1항의 규정에 의한 경비협회
2. 경찰교육기관
3. 경비업무 관련학과가 개설된 대학 등 경비원에 대한 교육을 전문적으로 수행할 수 있는 인력과 시설을 갖춘 기관 또는 단체중 경찰청장이 지정하여 고시하는 기관 또는 단체

④ 일반경비원에 대한 교육의 과목·시간 그밖에 교육의 실시에 관하여 필요한 사항은 행정안전부령으로 정한다. 〈개정 2008. 2. 29〉

제19조(특수경비원에 대한 교육) ① 특수경비업자는 법 제13조 제1항의 규정에 의하여 다음 각호의 1에 해당하는 사람에 대하여는 특수경비업자의 부담으로 경찰교육기관이나 행정안전부령이 정하는 기준에 적합한 기관 또는 단체에서 개설한 특수경비원신임교육을 받게 하여야 한다. 〈개정 2003. 11. 11, 2008. 2. 29〉

1. 특수경비원의 경력이 없는 사람으로서 특수경비원으로 채용된 사람
2. 특수경비원 교육을 받은 후 3년 이상의 기간동안 특수경비업무에 종사하지 아니하다가 다시 특수경비원으로 채용된 사람

② 삭제 〈2003. 11. 11〉

③ 특수경비업자는 법 제13조 제2항의 규정에 의하여 소속 특수경비원에 대하여 매월 행정안전부령이 정하는 시간 이상의 직무교육을 실시하여야 한다. 〈개정 2008. 2. 29〉

④ 특수경비원에 대한 교육의 과목·시간 그밖에 교육의 실시에 관하여 필요한 사항은 행정안전부령으로 정한다. 〈개정 2008. 2. 29〉

제20조(특수경비원 무기휴대의 절차 등) ① 시설주는 법 제14조 제4항의 규정에 의하여 특수경비원이 휴대할 무기를 대여받고자 하는 때에는 무기대여신청서를 관할경찰서장 및 공항경찰대장 등 국가중요시설의 경비책임자(이하 "관할경찰관서장"이라 한다)를 거쳐 지방경찰청장에게 제출하여야 한다.

② 시설주는 법 제14조 제4항의 규정에 의하여 관할경찰관서장으로부터 대여받은 무기를 특수경비원에게 휴대하게 하는 경우에는 동조 제9항의 규정에 의하여 관할경찰관서장의 사전승인을 얻어야 한다.

③ 제2항의 규정에 의한 사전승인을 함에 있어서 관할경찰관서장은 국가중요시설에 총기 또는 폭발물의 소지자나 무장간첩 침입의 우려가 있

는지의 여부 등을 고려하는 등 특수경비원에게 무기를 지급하여야 할 필요성이 있는지의 여부에 관하여 판단하여야 한다.

④ 시설주는 제 3 항의 규정에 의한 무기지급의 필요성이 해소되었다고 인정되는 때에는 특수경비원으로부터 즉시 무기를 회수하여야 한다.

⑤ 법 제14조 제 9 항의 규정에 의하여 특수경비원이 휴대할 수 있는 무기종류는 권총 및 소총으로 한다.

⑥ 경찰장비의사용기준등에관한규정 제18조 및 별표 2의 규정은 법 제14조 제 9 항의 규정에 의한 안전검사의 기준에 관하여 이를 준용한다.

⑦시설주, 법 제14조 제 7 항의 규정에 의한 관리책임자와 특수경비원은 행정안전부령이 정하는 무기관리수칙을 준수하여야 한다. 〈개정 2008. 2. 29〉

제21조(무기관리에 대한 지도·감독) 관할경찰관서장은 법 제14조 제 5 항의 규정에 의하여 시설주 및 특수경비원의 무기관리상황을 매월 1회 이상 점검하여야 한다.

제22조(결격사유자 등의 통보) 지방경찰청장 또는 경찰관서장은 법 제17조의 규정에 의하여 경비원이 결격사유에 해당하게 된 사실 등을 경비업자에게 통보하는 때에는 그 사유를 명시한 서면등으로 하여야 한다.

제23조(위반행위의 보고·통보) ① 경비업자의 출장소 또는 경비대상시설을 관할하는 지방경찰청장 또는 경찰관서장은 출장소의 임·직원이나 경비원이 법 또는 법에 의한 명령에 위반한 사실을 안 때에는 지체없이 그 사실을 서면등으로 당해 경비업을 허가한 지방경찰청장에게 통보하거나 보고하여야 한다.

② 제 1 항의 규정에 의하여 통보 또는 보고를 받은 지방경찰청장은 그 위반행위에 대하여 행정처분을 한 때에는 이를 해당 지방경찰청장 또는 경찰관서장에게 통보하여야 한다.

제24조(행정처분의 기준) 법 제19조 제 1 항의 규정에 의한 행정처분의 기준은 별표 4와 같다.

제25조(경비지도사의 자격정지처분의 기준) 법 제20조 제 2 항의 규정에 의한 경비지도사에 대한 자격정지처분의 기준은 별표 5와 같다.

제26조(경비협회) ① 경비업자는 법 제22조 제 1 항의 규정에 의하여 경비업자 5인 이상이 발기인이 되어 경비협회(이하 "협회"라 한다)를 설립할 수 있다.

② 협회는 정관이 정하는 바에 의하여 회원으로부터 회비를 징수할 수 있다.

제27조(공제사업) ① 협회는 법 제23조 제 1 항의 규정에 의하여 공제사업을 하는 경우 공제사업의 회계는 다른 사업의 회계와 구분하여 경리하여야 한다.

② 협회는 법 제26조 제 1 항 또는 제 2 항의 규정에 의한 경비업자의 손해배상책임의 보장 외의 목적으로 공제사업을 운영하여서는 아니된다.

제28조(허가증 등의 수수료) ① 법에 의한 경비업의 허가를 받거나 허가증을 재교부받고자 하는 자는 다음 각호의 수수료를 납부하여야 한다.

1. 법 제4조 제1항 및 법 제6조 제2항의 규정에 의한 경비업의 허가(추가·변경·갱신허가를 포함한다)의 경우에는 1만원
2. 허가사항의 변경신고로 인한 허가증 재교부의 경우에는 2천원

② 제1항의 규정에 의한 수수료는 허가 등의 신청서에 수입인지를 첨부하여 납부한다.

③ 시험에 응시하고자 하는 자는 경찰청장이 정하여 고시하는 수수료를 납부하여야 한다.

④ 제3항에 따라 납부한 응시수수료는 다음 각 호의 어느 하나에 해당하는 경우에는 반환하여야 한다. 이 경우 제1호의 경우에는 과오납한 금액을, 제2호와 제3호의 경우에는 납부한 응시수수료의 전액을 각각 반환한다. 〈신설 2011. 4. 4〉

1. 응시수수료를 과오납한 경우
2. 시험시행기관의 귀책사유로 시험에 응시하지 못한 경우
3. 시험시행일 3일 전까지 접수를 취소한 경우

⑤ 경찰청장 및 지방경찰청장은 제2항 및 제3항의 규정에 불구하고 정보통신망을 이용하여 전자화폐·전자결제 등의 방법으로 수수료를 납부하게 할 수 있다. 〈신설 2004. 3. 17, 2011. 4. 4〉

제29조(보안지도점검) 지방경찰청장은 법 제25조의 규정에 의하여 특수경비업자에 대하여 연 2회 이상의 보안지도·점검을 실시하여야 한다.

제30조(경비가 필요한 시설 등에 대한 경비의 요청) 지방경찰청장은 행사장 그밖에 많은 사람이 모이는 시설 또는 장소에서 혼잡 등으로 인한 위험의 발생을 방지하기 위하여 법 제2조 제3호의 규정에 의한 경비원에 의한 경비가 필요하다고 인정되는 때에는 행사개최일 전에 당해 행사의 주최자에게 경비원에 의한 경비를 실시하거나 부득이한 사유로 그것을 실시할 수 없는 경우에는 행사개최 24시간 전까지 지방경찰청장에게 그 사실을 통지하여 줄 것을 요청할 수 있다.

제31조(권한의 위임 및 위탁) ① 경찰청장은 법 제27조 제1항의 규정에 의하여 다음 각호의 권한을 지방경찰청장에게 위임한다.

1. 법 제20조의 규정에 의한 경비지도사의 자격의 취소 및 정지에 관한 권한
2. 법 제21조 제2호의 규정에 의한 경비지도사 자격의 취소 및 정지에 관한 청문의 권한

② 경찰청장 또는 경찰관서장은 법 제27조 제2항의 규정에 의하여 법 제11조 제1항의 규정에 의한 경비지도사시험의 관리와 경비지도사의

교육에 관한 업무를 경비업무에 관한 인력과 전문성을 갖춘 기관으로서 경찰청장이 지정하여 고시하는 기관 또는 단체에 위탁한다.

제32조(과태료의 부과기준 등) ① 법 제31조 제1항에 따른 과태료의 부과기준은 별표 6과 같다.

② 지방경찰청장 또는 경찰관서장은 「질서위반행위규제법」 제14조 각 호의 사항을 고려하여 별표 6에 따른 금액의 100분의 50의 범위에서 경감하거나 가중할 수 있다. 다만, 가중하는 때에는 법 제31조 제1항에 따른 과태료 금액의 상한을 초과할 수 없다.

③ 과태료를 부과받은 자는 과태료 부과 고지서를 받은 날부터 60일 이내에 납부하여야 한다. 다만, 천재지변이나 그 밖의 부득이한 사유로 과태료를 납부할 수 없는 때에는 그 사유가 없어진 날부터 5일 이내에 납부하여야 한다.

④ 제1항부터 제3항까지에서 규정한 사항 외에 과태료의 부과·징수절차에 관하여 필요한 사항은 행정안전부령으로 정한다.

[전문개정 2008. 11. 26]

부칙 〈제22832호, 2011. 4. 4〉

이 영은 공포 후 3개월이 경과한 날부터 시행한다. 다만, 제17조 제2항의 개정규정은 2011년 7월 1일부터 시행한다.

청원경찰법 7

[시행 2010. 7. 1] [법률 제10013호, 2010. 2. 4, 일부개정]

제 1 조(목적) 이 법은 청원경찰의 직무·임용·배치·보수·사회보장 및 그 밖에 필요한 사항을 규정함으로써 청원경찰의 원활한 운영을 목적으로 한다.
[전문개정 2010. 2. 4]

제 2 조(정의) 이 법에서 "청원경찰"이란 다음 각 호의 어느 하나에 해당하는 기관의 장 또는 시설·사업장 등의 경영자가 경비{이하 "청원경찰경비"(請願警察經費)라 한다}를 부담할 것을 조건으로 경찰의 배치를 신청하는 경우 그 기관·시설 또는 사업장 등의 경비(警備)를 담당하게 하기 위하여 배치하는 경찰을 말한다.

1. 국가기관 또는 공공단체와 그 관리하에 있는 중요 시설 또는 사업장
2. 국내 주재(駐在) 외국기관
3. 그 밖에 행정안전부령으로 정하는 중요 시설, 사업장 또는 장소

[전문개정 2010. 2. 4]

제 3 조(청원경찰의 직무) 청원경찰은 제 4 조 제 2 항에 따라 청원경찰의 배치 결정을 받은 자{이하 "청원주"(請願主)라 한다}와 배치된 기관·시설 또는 사업장 등의 구역을 관할하는 경찰서장의 감독을 받아 그 경비구역만의 경비를 목적으로 필요한 범위에서 「경찰관직무집행법」에 따른 경찰관의 직무를 수행한다.
[전문개정 2010. 2. 4]

제 4 조(청원경찰의 배치) ① 청원경찰을 배치받으려는 자는 대통령령으로 정하는 바에 따라 관할 지방경찰청장에게 청원경찰 배치를 신청하여야 한다.
② 지방경찰청장은 제 1 항의 청원경찰 배치 신청을 받으면 지체 없이 그 배치 여부를 결정하여 신청인에게 알려야 한다.
③ 지방경찰청장은 청원경찰 배치가 필요하다고 인정하는 기관의 장 또는 시설·사업장의 경영자에게 청원경찰을 배치할 것을 요청할 수 있다.
[전문개정 2010. 2. 4]

제 5 조(청원경찰의 임용 등) ① 청원경찰은 청원주가 임용하되, 임용을 할 때에는 미리 지방경찰청장의 승인을 받아야 한다.

② 「국가공무원법」 제33조 각 호의 어느 하나의 결격사유에 해당하는 사람은 청원경찰로 임용될 수 없다.

③ 청원경찰의 임용자격·임용방법·교육 및 보수에 관하여는 대통령령으로 정한다.

④ 청원경찰의 복무에 관하여는 「국가공무원법」 제57조, 제58조 제 1 항, 제60조, 제66조 제 1 항 및 「경찰공무원법」 제18조를 준용한다.

[전문개정 2010. 2. 4]

제 5 조의2(청원경찰의 징계) ① 청원주는 청원경찰이 다음 각 호의 어느 하나에 해당하는 때에는 대통령령으로 정하는 징계절차를 거쳐 징계처분을 하여야 한다.

1. 직무상의 의무를 위반하거나 직무를 태만히 한 때
2. 품위를 손상하는 행위를 한 때

② 청원경찰에 대한 징계의 종류는 파면, 해임, 정직, 감봉 및 견책으로 구분한다.

③ 청원경찰의 징계에 관하여 그 밖에 필요한 사항은 대통령령으로 정한다.

[본조신설 2010. 2. 4]

제 6 조(청원경찰경비) ① 청원주는 다음 각 호의 청원경찰경비를 부담하여야 한다.

1. 청원경찰에게 지급할 봉급과 각종 수당
2. 청원경찰의 피복비
3. 청원경찰의 교육비
4. 제 7 조에 따른 보상금 및 제 7 조의2에 따른 퇴직금

② 국가기관 또는 지방자치단체에 근무하는 청원경찰의 보수는 다음 각 호의 구분에 따라 같은 재직기간에 해당하는 경찰공무원의 보수를 감안하여 대통령령으로 정한다.

1. 재직기간 15년 미만: 순경
2. 재직기간 15년 이상 30년 미만: 경장
3. 재직기간 30년 이상: 경사

③ 청원주의 제 1 항 제 1 호에 따른 봉급·수당의 최저부담기준액(국가기관 또는 지방자치단체에 근무하는 청원경찰의 봉급·수당은 제외한다)과 같은 항 제 2 호 및 제 3 호에 따른 비용의 부담기준액은 경찰청장이 정하여 고시(告示)한다.

[전문개정 2010. 2. 4]

제 7 조(보상금) 청원주는 청원경찰이 다음 각 호의 어느 하나에 해당하게 되면 대통령령으로 정하는 바에 따라 청원경찰 본인 또는 그 유족에게 보상금을 지급하여야 한다.

1. 직무수행으로 인하여 부상을 입거나, 질병에 걸리거나 또는 사망한 경우
2. 직무상의 부상·질병으로 인하여 퇴직하거나, 퇴직 후 2년 이내에 사망한 경우

[전문개정 2010. 2. 4]

제 7 조의2(퇴직금) 청원주는 청원경찰이 퇴직할 때에는 「근로자퇴직급여 보장법」에 따른 퇴직금을 지급하여야 한다. 다만, 국가기관이나 지방자치단체에 근무하는 청원경찰의 퇴직금에 관하여는 따로 대통령령으로 정한다.

[전문개정 2010. 2. 4]

제 8 조(제복 착용과 무기 휴대) ① 청원경찰은 근무 중 제복을 착용하여야 한다.

② 지방경찰청장은 청원경찰이 직무를 수행하기 위하여 필요하다고 인정하면 청원주의 신청을 받아 관할 경찰서장으로 하여금 청원경찰에게 무기를 대여하여 지니게 할 수 있다.

③ 청원경찰의 복제(服制)와 무기 휴대에 필요한 사항은 대통령령으로 정한다.

[전문개정 2010. 2. 4]

제 9 조 삭제 〈1999. 3. 31〉

제 9 조의2 삭제 〈2001. 4. 7〉

제 9 조의3(감독) ① 청원주는 항상 소속 청원경찰의 근무 상황을 감독하고, 근무수행에 필요한 교육을 하여야 한다.

② 지방경찰청장은 청원경찰의 효율적인 운영을 위하여 청원주를 지도하며 감독상 필요한 명령을 할 수 있다.

[전문개정 2010. 2. 4]

제10조(직권남용 금지 등) ① 청원경찰이 직무를 수행할 때 직권을 남용하여 국민에게 해를 끼친 경우에는 6개월 이하의 징역이나 금고에 처한다.

② 청원경찰 업무에 종사하는 사람은 「형법」이나 그 밖의 법령에 따른 벌칙을 적용할 때에는 공무원으로 본다.

[전문개정 2010. 2. 4]

제10조의2(청원경찰의 불법행위에 대한 배상책임) 청원경찰(국가기관이나 지방자치단체에 근무하는 청원경찰은 제외한다)의 직무상 불법행위에 대한 배상책임에 관하여는 「민법」의 규정을 따른다.

[전문개정 2010. 2. 4]

제10조의3(권한의 위임) 이 법에 따른 지방경찰청장의 권한은 그 일부를 대통령령으로 정하는 바에 따라 관할 경찰서장에게 위임할 수 있다.

[전문개정 2010. 2. 4]

제10조의4(의사에 반한 면직) ① 청원경찰은 형의 선고, 징계처분 또는 신체상·정신상의 이상으로 직무를 감당하지 못할 때를 제외하고는 그 의사(意思)에

반하여 면직(免職)되지 아니한다.

② 청원주가 청원경찰을 면직시켰을 때에는 그 사실을 관할 경찰서장을 거쳐 지방경찰청장에게 보고하여야 한다.

[전문개정 2010. 2. 4]

제10조의5(배치의 폐지 등) ① 청원주는 청원경찰이 배치된 시설이 폐쇄되거나 축소되어 청원경찰의 배치를 폐지하거나 배치인원을 감축할 필요가 있다고 인정하면 청원경찰의 배치를 폐지하거나 배치인원을 감축할 수 있다. 다만, 청원주는 「경비업법」에 따른 특수경비원을 배치할 목적으로 청원경찰 배치를 폐지하거나 배치인원을 감축할 수 없다.

② 제1항에 따라 청원주가 청원경찰을 폐지하거나 감축하였을 때에는 청원경찰 배치 결정을 한 경찰관서의 장에게 알려야 하며, 그 사업장이 제4조 제3항에 따라 지방경찰청장이 청원경찰의 배치를 요청한 사업장일 때에는 그 폐지 또는 감축 사유를 구체적으로 밝혀야 한다.

[전문개정 2010. 2. 4]

제10조의6(당연 퇴직) 청원경찰이 다음 각 호의 어느 하나에 해당할 때에는 당연 퇴직된다.

1. 제5조 제2항에 따른 임용결격사유에 해당될 때
2. 제10조의5에 따라 청원경찰의 배치가 폐지되었을 때
3. 나이가 60세가 되었을 때. 다만, 그 날이 1월부터 6월 사이에 있으면 6월 30일에, 7월부터 12월 사이에 있으면 12월 31일에 각각 당연 퇴직된다.

[전문개정 2010. 2. 4]

제10조의7(휴직 및 명예퇴직) 국가기관이나 지방자치단체에 근무하는 청원경찰의 휴직 및 명예퇴직에 관하여는 「국가공무원법」 제71조부터 제73조까지 및 제74조의2를 준용한다.

[전문개정 2010. 2. 4]

제11조(벌칙) 청원경찰로서 제5조 제4항에 따라 준용되는 「국가공무원법」 제66조 제1항을 위반한 사람은 1년 이하의 징역 또는 200만원 이하의 벌금에 처한다.

[전문개정 2010. 2. 4]

제12조(과태료) ① 다음 각 호의 어느 하나에 해당하는 자에게는 500만원 이하의 과태료를 부과한다.

1. 제4조 제2항에 따른 지방경찰청장의 배치 결정을 받지 아니하고 청원경찰을 배치하거나 제5조 제1항에 따른 지방경찰청장의 승인을 받지 아니하고 청원경찰을 임용한 자
2. 정당한 사유 없이 제6조 제3항에 따라 경찰청장이 고시한 최저부담기준액 이상의 보수를 지급하지 아니한 자

3. 제 9 조의3제 2 항에 따른 감독상 필요한 명령을 정당한 사유 없이 이행하지 아니한 자

② 제 1 항에 따른 과태료는 대통령령으로 정하는 바에 따라 지방경찰청장이 부과·징수한다.

[전문개정 2010. 2. 4]

부칙 〈제10013호, 2010. 2. 4〉

① (시행일) 이 법은 2010년 7월 1일부터 시행한다.

② (청원경찰의 보수에 관한 적용례) 제 6 조 제 2 항의 개정규정은 이 법 시행 당시 국가기관 또는 지방자치단체에 근무하는 청원경찰의 보수에 대하여도 적용한다.

저자 약력

양재열(梁在烈)

보문고등학교 졸업
숭전대학교 영문학과 졸업
연세대학교 행정대학원 행정학 석사
명지대학교 일반대학원 행정학 박사
서울대학교 경영대학 최고경영자 과정 수료(AMP 제59기)
서울과학종합대학원 최고경영자 과정 수료(4TCEO 제 5 기)
환경재단 기후변화리더십 과정 수료(제 4 기)
서울과학종합대학원 녹색성장 과정 수료(제 1 기)
청와대 대통령경호실 재직(1981~2006): 5개 정부 25년 근무
－선발경호과장, 경호계획과장, 경호전담교관, 제 3 차 서울ASEM담당관,
선발경호부장, 경호계획부장, 교리부장, 검측부장,
경호 1처장, 경호실차장(2003~2006)
한국전기안전공사 사장
aSSIST CEO Forum 회장
現 가엘 씨큐리티 서비스 대표이사
명지대학교 객원교수
서울과학종합대학원 산업보안 MBA석사 과정 출강
중앙공무원교육원 교육정책 자문위원

〈논문 및 저서〉
경호의 기본적 이론에 관한 연구(연세대학교 석사학위논문, 1995)
요인경호 시스템 변화와 개선방안(명지대학교 박사학위논문, 2004)
요인 신변보호의 사전예방작용에 관한 연구(한국경호경비학회, 2000)
ASEM 정상회의시 NGO 집회 및 시위 성향에 따른 대응방안(한국경호경비학회, 2001)

〈칼럼 및 기고문, 방송출연〉
태국 사태로 본 경호의 ABC(매일경제, 2009. 4. 14자)
G20 성공으로 대한민국 국격 높여야(THE PEOPLE, 2010. 11월호)
G20 소통이 성공열쇠(매일경제, 2010. 10. 11자)
G20 특별 생방송 출연(MBN, "정상경호는 어떻게?," 2010. 11. 10)

경호학원론

2012년 2월 17일 초판인쇄
2012년 2월 27일 초판발행

저 자 양 재 열
발행인 안 종 만
발행처 (주) 박영사
서울특별시 종로구 평동 13-31번지
전화 (733)6771 FAX (736)4818
등록 1959. 3. 11. 제300-1959-1호(倫)

저자와 협의하여 인지 첩부를 생략함

www.pybook.co.kr e-mail: pys@pybook.co.kr

정 가 20,000원 ISBN 978-89-6454-218-7